Kapitel 33 Ich möchte dir meine Gefühle zeigen

AF635614

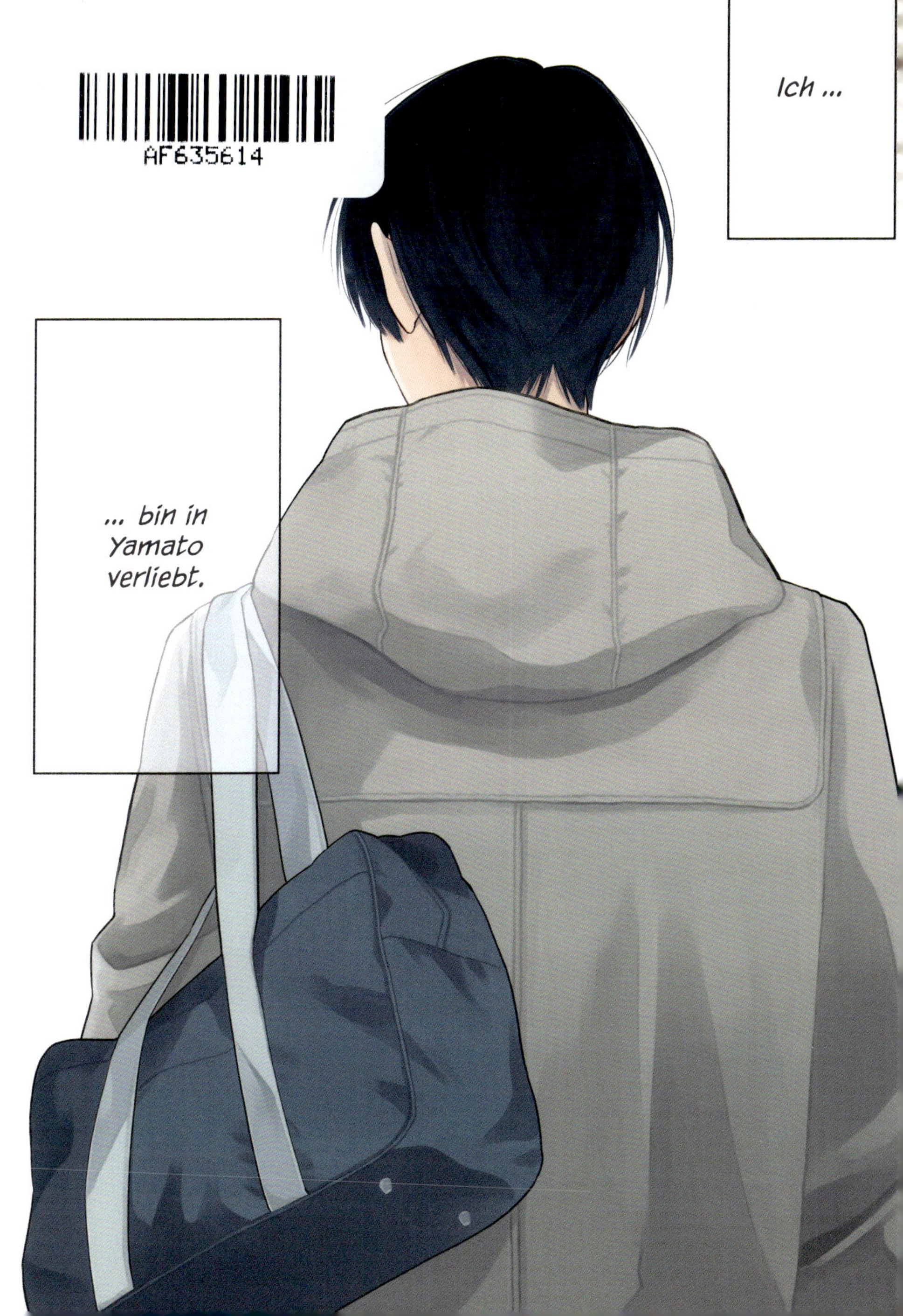

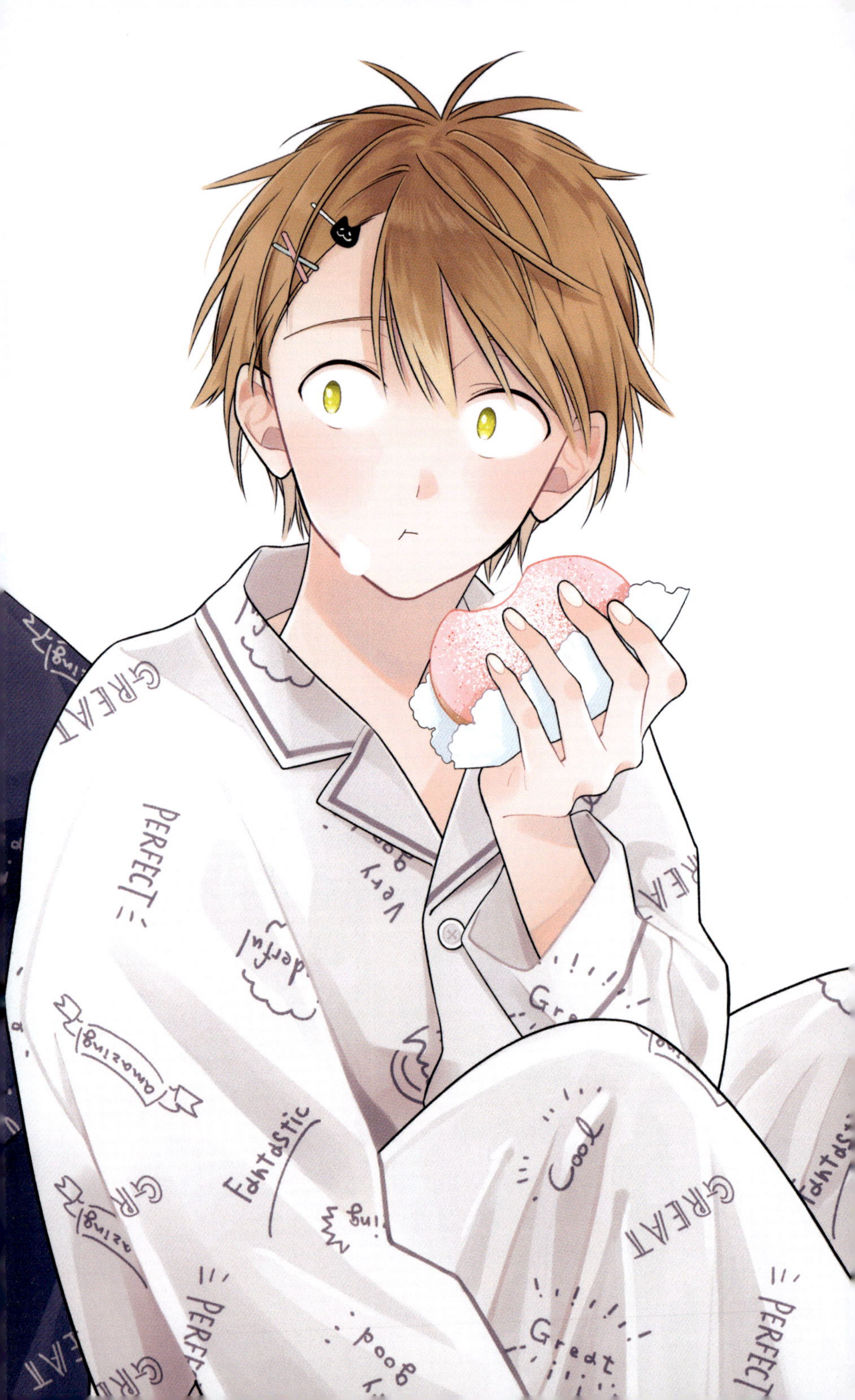

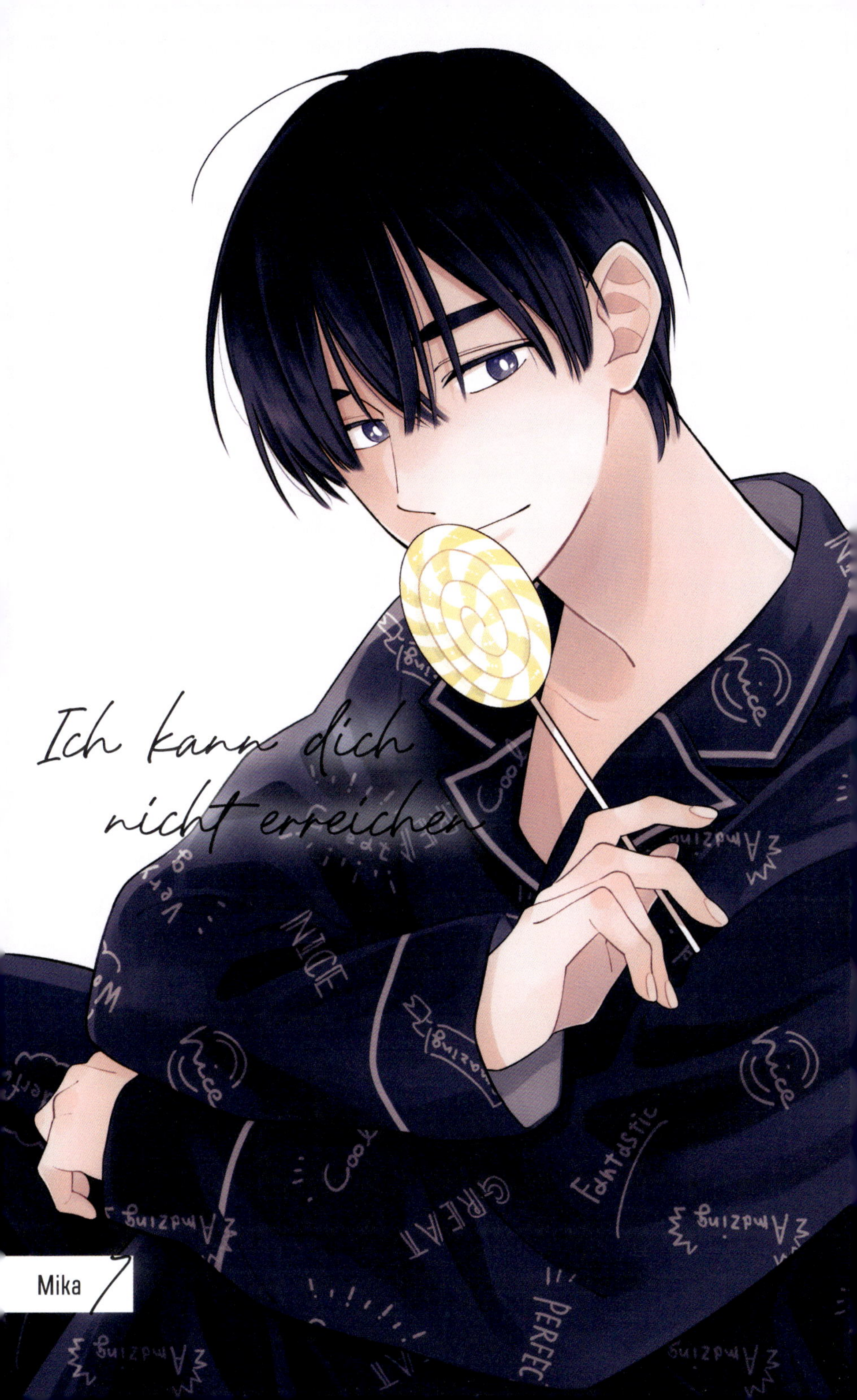
Ich kann dich nicht erreichen
Mika
7

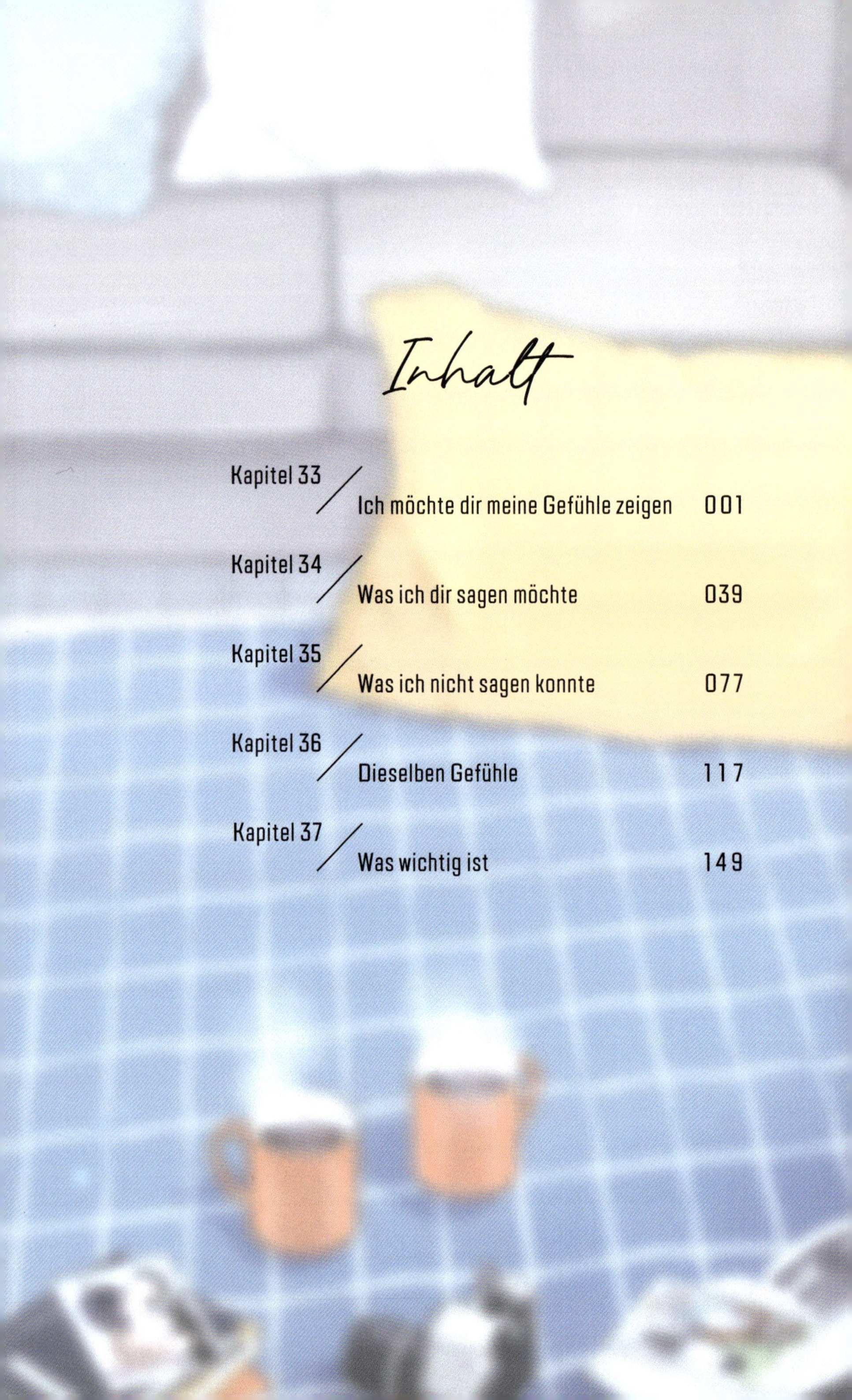

Inhalt

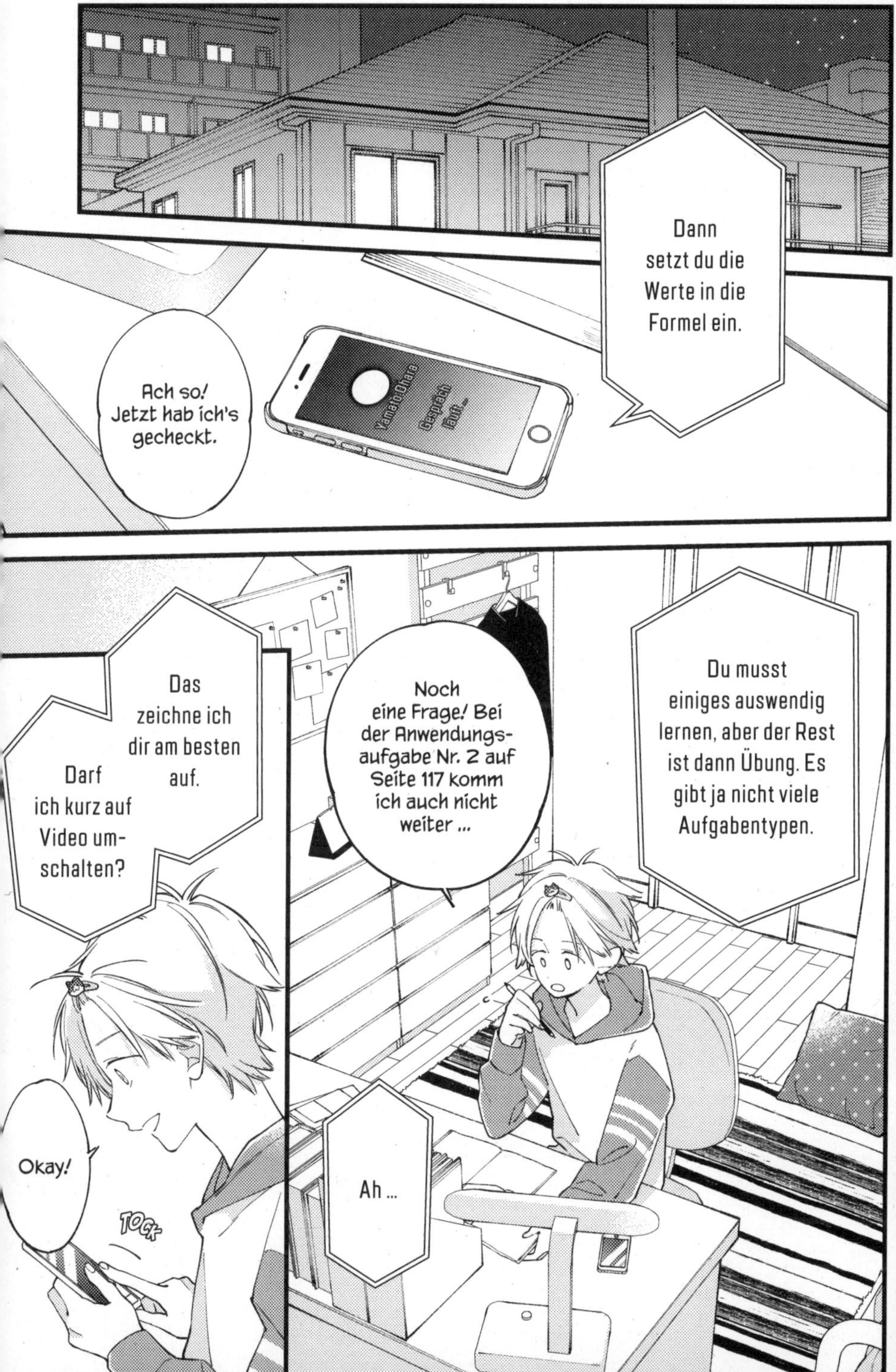
Dann setzt du die Werte in die Formel ein.
Yamato Ohara
Gespräch läuft ...
Ach so! Jetzt hab ich's gecheckt.
Du musst einiges auswendig lernen, aber der Rest ist dann Übung. Es gibt ja nicht viele Aufgabentypen.
Noch eine Frage! Bei der Anwendungsaufgabe Nr. 2 auf Seite 117 komm ich auch nicht weiter ...
Ah ...
Das zeichne ich dir am besten auf.
Darf ich kurz auf Video umschalten?
Okay!
TOCK

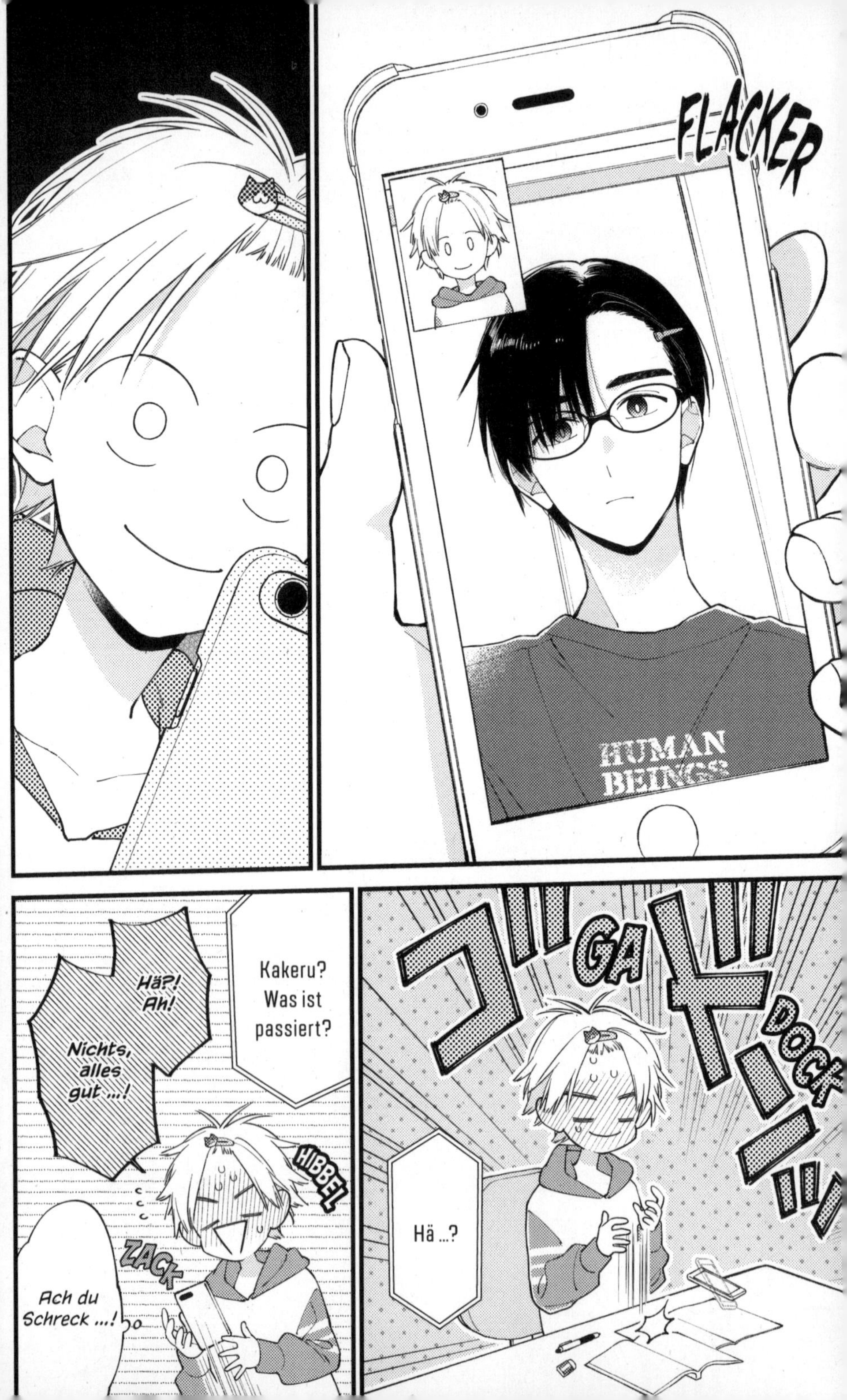
FLACKER
HUMAN BEINGS
GA
DOCK
Hä ...?
Kakeru? Was ist passiert?
Hä?! Ah!
Nichts, alles gut ...!
HIBBEL
ZACK
Ach du Schreck ...!

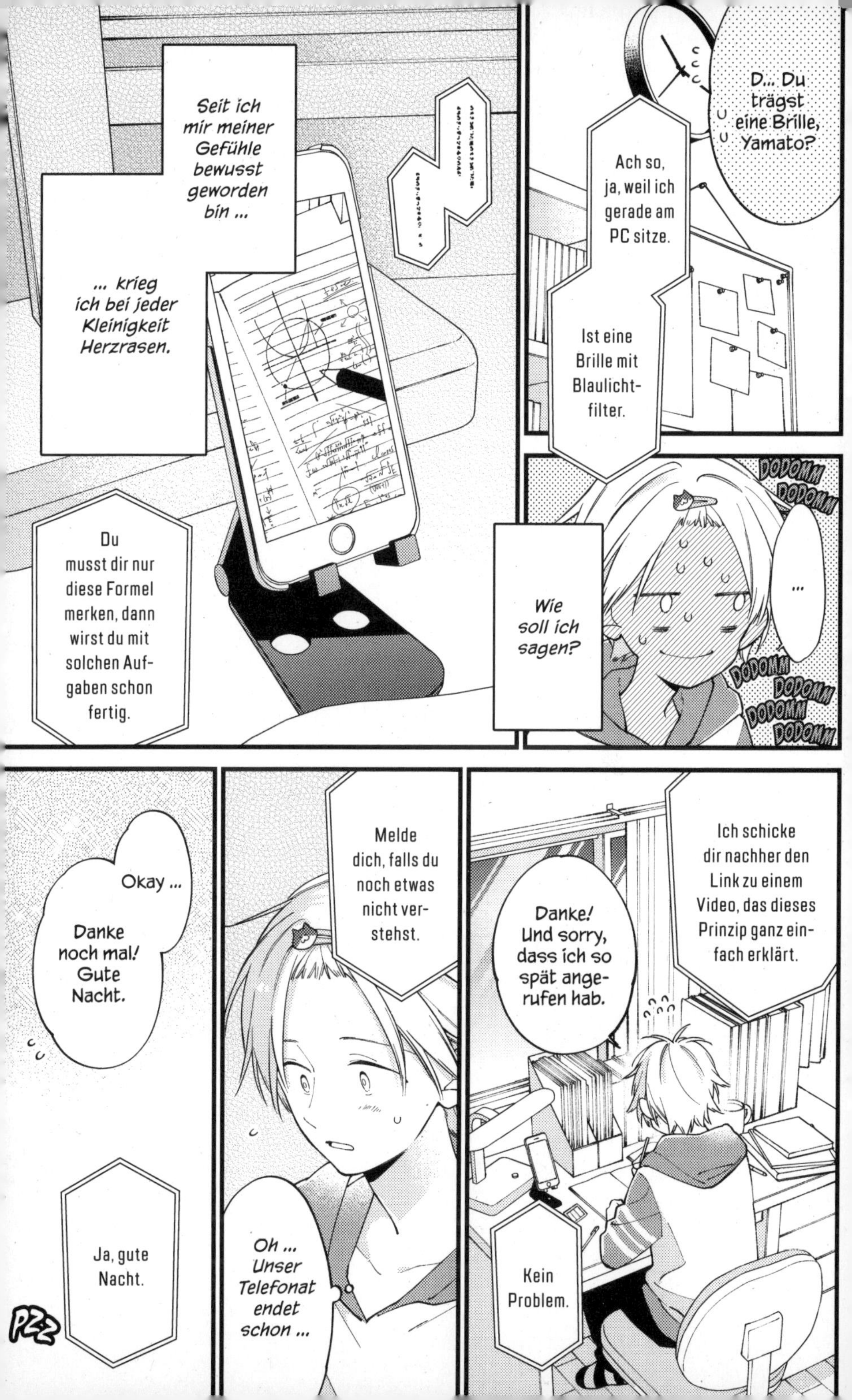
D... Du trägst eine Brille, Yamato?
Ach so, ja, weil ich gerade am PC sitze.
Ist eine Brille mit Blaulichtfilter.
DODOMM DODOMM
...
Wie soll ich sagen?
DODOMM DODOMM DODOMM DODOMM
Seit ich mir meiner Gefühle bewusst geworden bin ...
... krieg ich bei jeder Kleinigkeit Herzrasen.
Du musst dir nur diese Formel merken, dann wirst du mit solchen Aufgaben schon fertig.
Ich schicke dir nachher den Link zu einem Video, das dieses Prinzip ganz einfach erklärt.
Danke! Und sorry, dass ich so spät angerufen hab.
Kein Problem.
Melde dich, falls du noch etwas nicht verstehst.
Oh ... Unser Telefonat endet schon ...
Okay ...
Danke noch mal! Gute Nacht.
Ja, gute Nacht.
PZZ

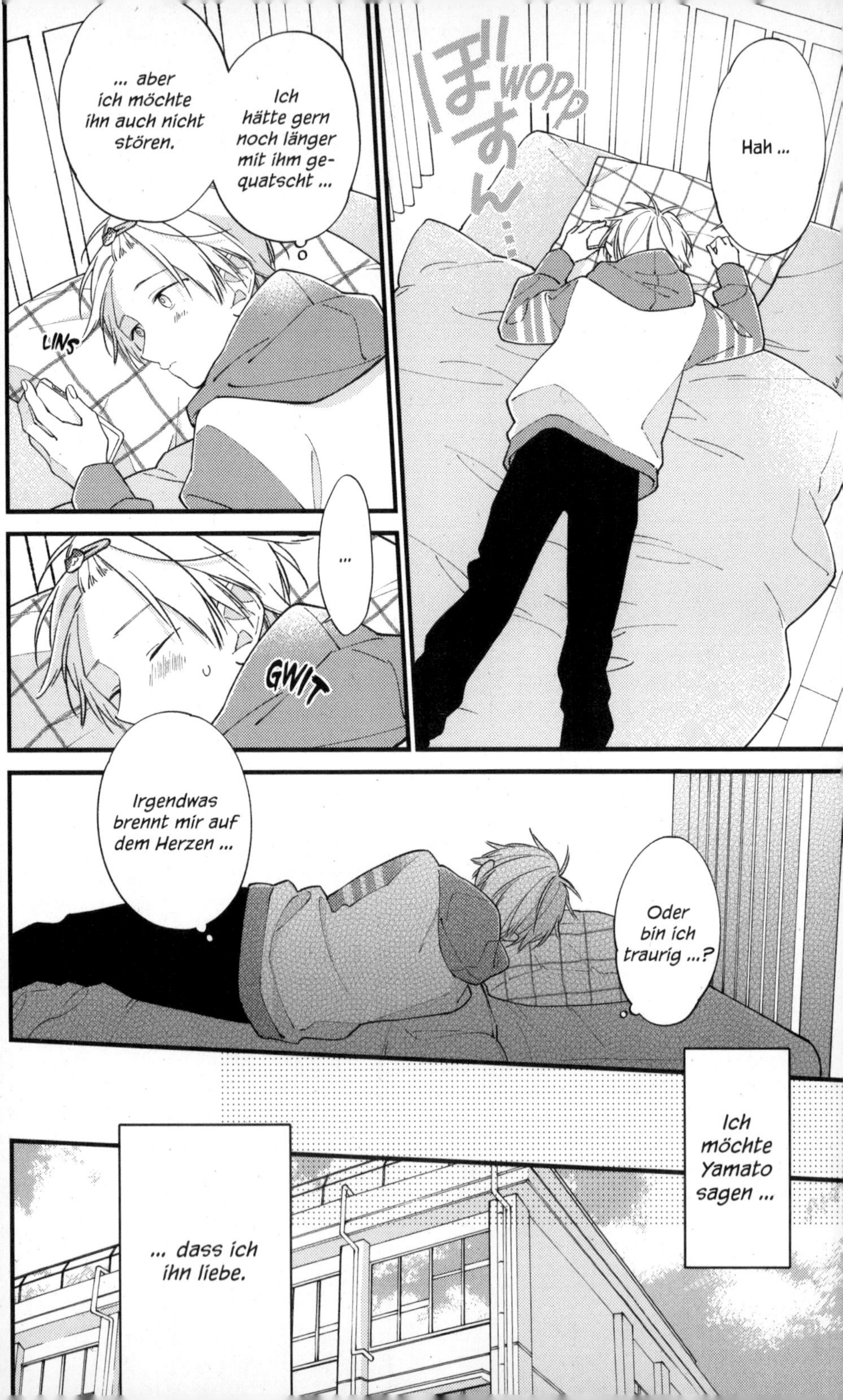
ぼすん…
WOPP
Hah ...
Ich hätte gern noch länger mit ihm gequatscht ...
... aber ich möchte ihn auch nicht stören.
LINS
...
GWIT
Irgendwas brennt mir auf dem Herzen ...
Oder bin ich traurig ...?
Ich möchte Yamato sagen ...
... dass ich ihn liebe.

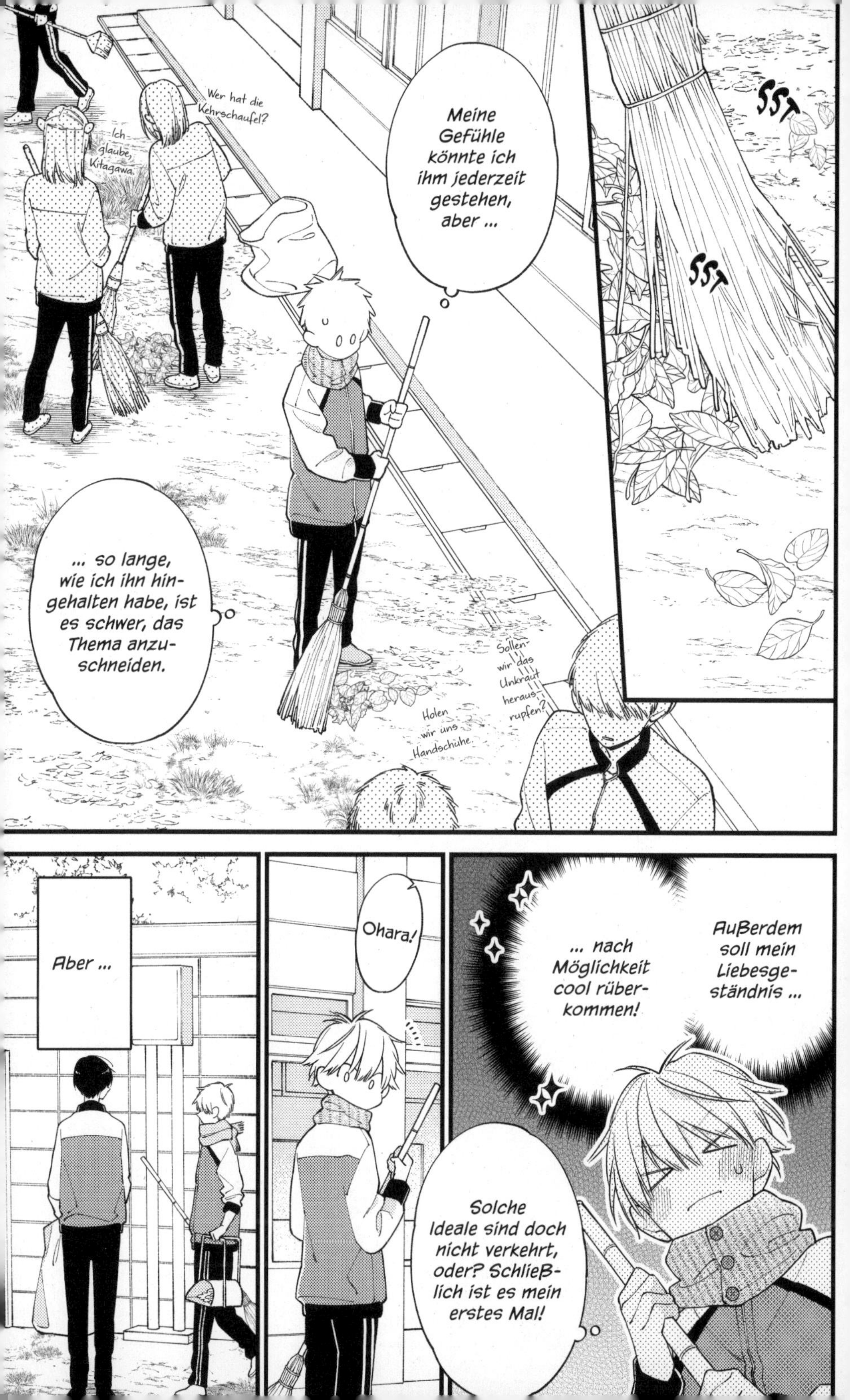
SST
SST
Meine Gefühle könnte ich ihm jederzeit gestehen, aber ...
Wer hat die Kehrschaufel?
Ich glaube, Kitagawa.
... so lange, wie ich ihn hingehalten habe, ist es schwer, das Thema anzuschneiden.
Sollen wir das Unkraut herausrupfen?
Holen wir uns Handschuhe.
Außerdem soll mein Liebesgeständnis ...
... nach Möglichkeit cool rüberkommen!
Solche Ideale sind doch nicht verkehrt, oder? Schließlich ist es mein erstes Mal!
Ohara!
Aber ...

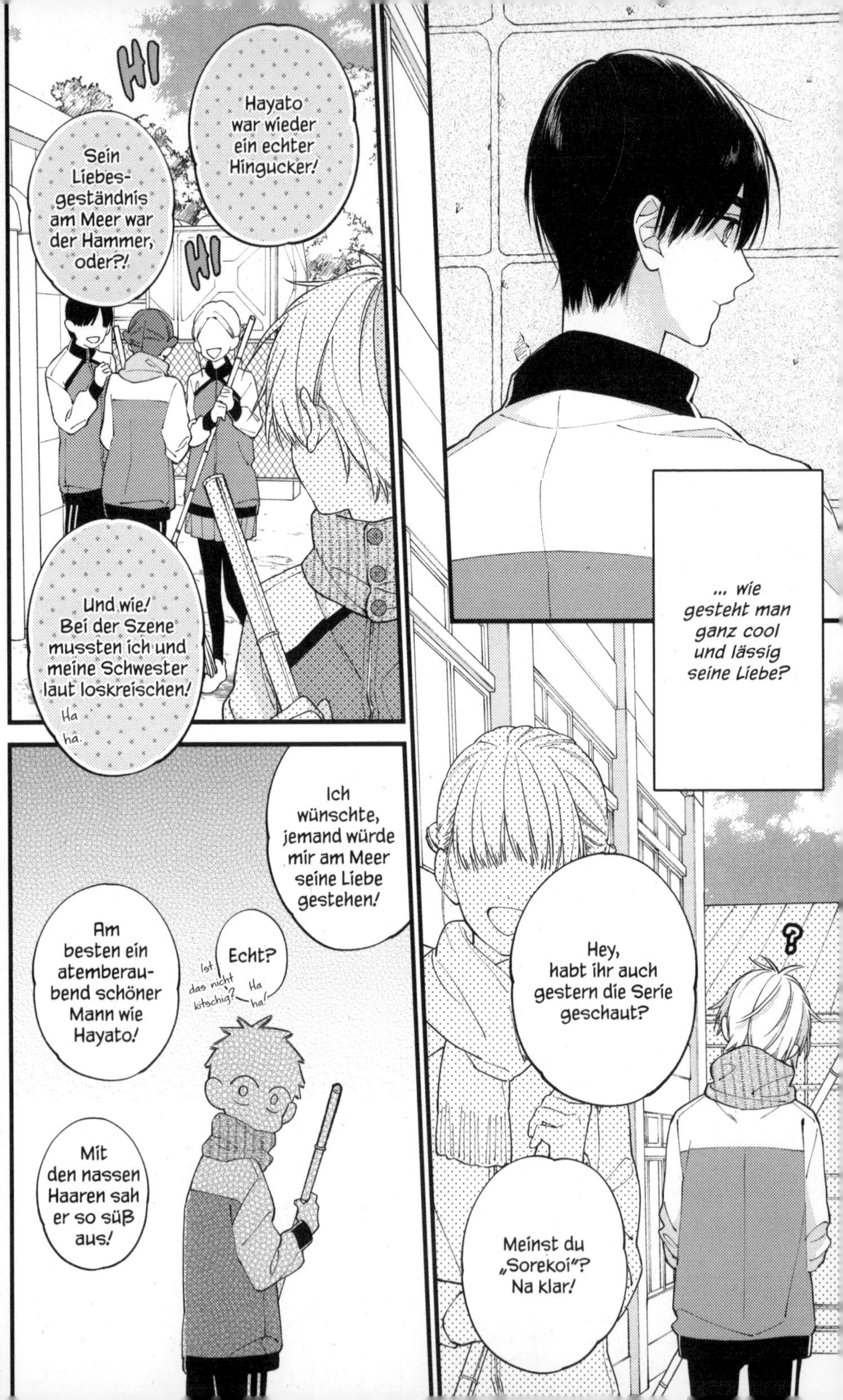
... wie gesteht man ganz cool und lässig seine Liebe?
Hey, habt ihr auch gestern die Serie geschaut?
?
Meinst du „Sorekoi"? Na klar!
Hayato war wieder ein echter Hingucker!
HI
Sein Liebes-geständnis am Meer war der Hammer, oder?!
HI
Und wie! Bei der Szene mussten ich und meine Schwester laut loskreischen!
Ha ha.
Ich wünschte, jemand würde mir am Meer seine Liebe gestehen!
Echt?
Ha ha!
Ist das nicht kitschig?
Am besten ein atemberaubend schöner Mann wie Hayato!
Mit den nassen Haaren sah er so süß aus!

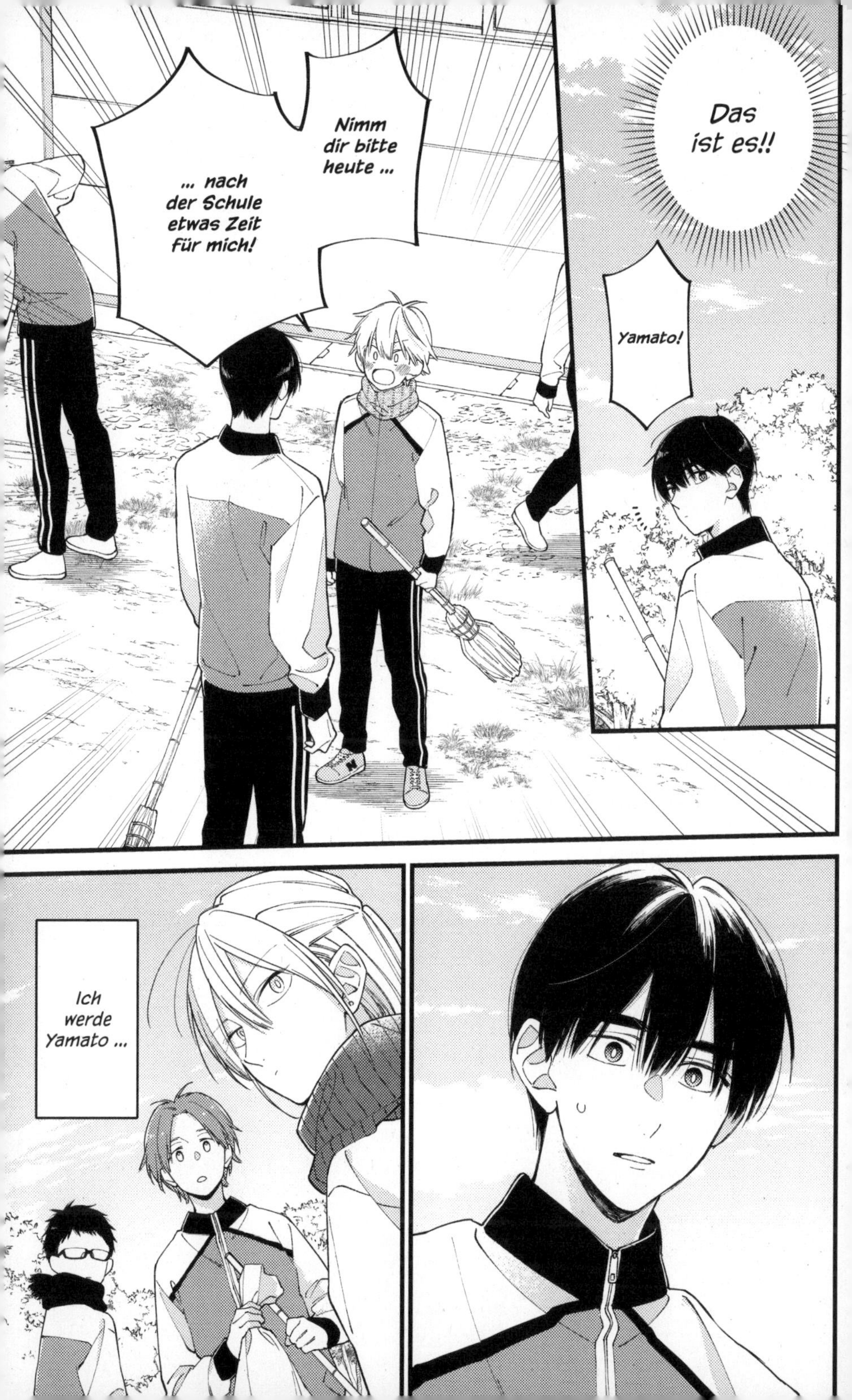
Das ist es!!
Yamato!
Nimm dir bitte heute ...
... nach der Schule etwas Zeit für mich!
Ich werde Yamato ...

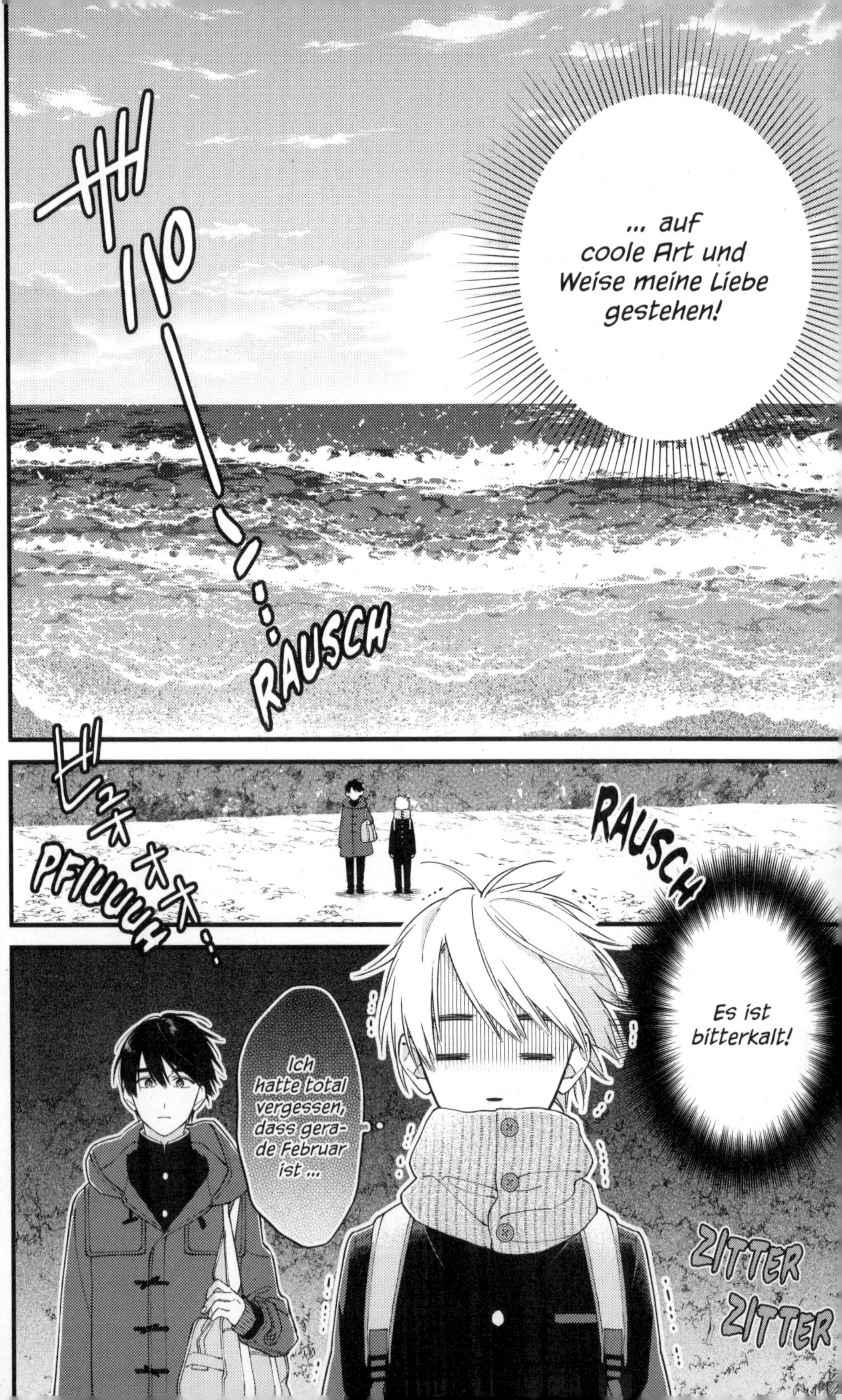
... auf coole Art und Weise meine Liebe gestehen!
RAUSCH
RAUSCH
PFIUUUUH
Es ist bitterkalt!
Ich hatte total vergessen, dass gerade Februar ist ...
ZITTER ZITTER

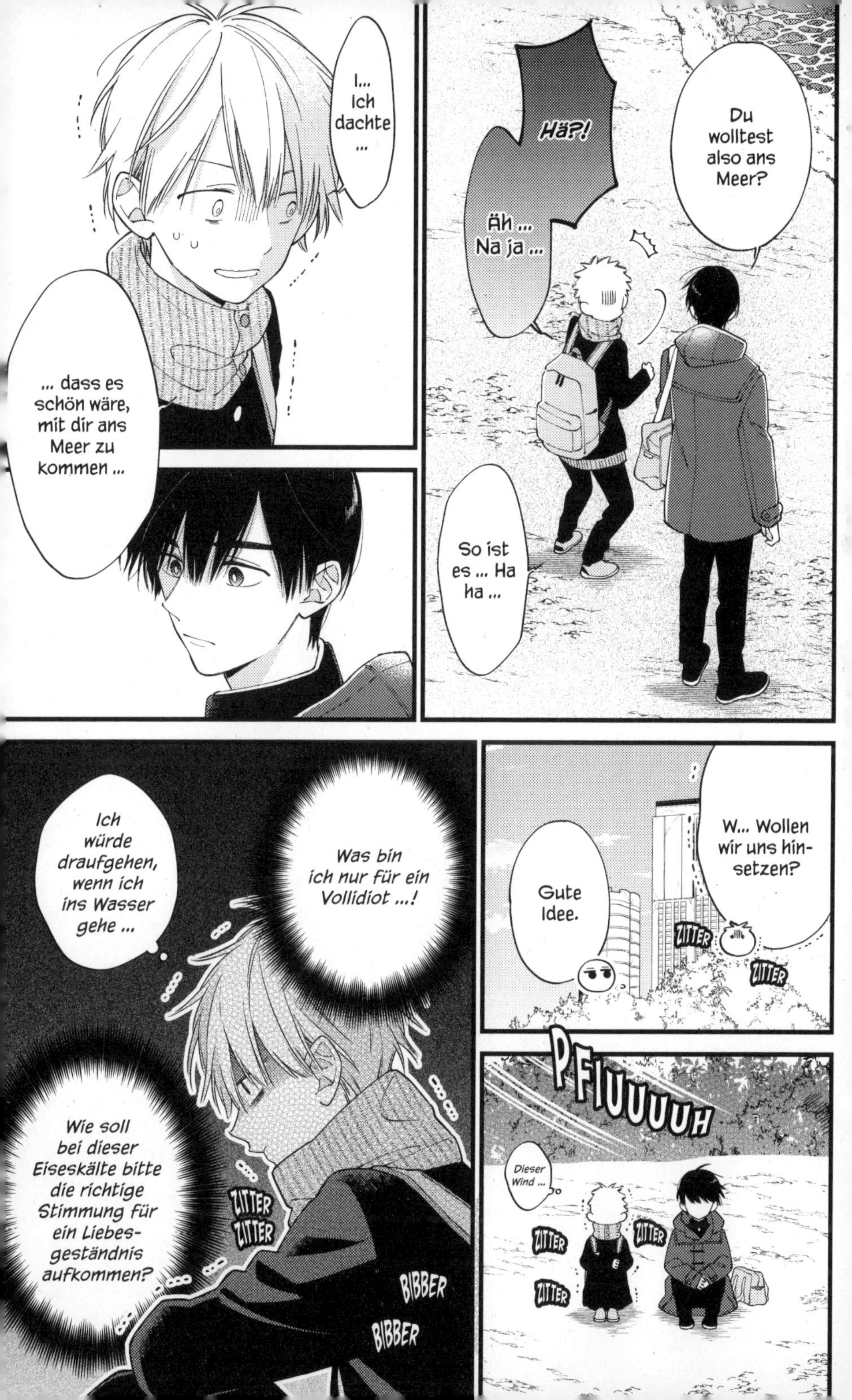
Du wolltest also ans Meer?
Hä?!
Äh ... Na ja ...
So ist es ... Ha ha ...
I... Ich dachte ...
... dass es schön wäre, mit dir ans Meer zu kommen ...
W... Wollen wir uns hin-setzen?
ZITTER
ZITTER
Gute Idee.
PFIUUUUUH
Dieser Wind ...
ZITTER
ZITTER
ZITTER
Was bin ich nur für ein Vollidiot ...!
Ich würde draufgehen, wenn ich ins Wasser gehe ...
Wie soll bei dieser Eiseskälte bitte die richtige Stimmung für ein Liebes-geständnis aufkommen?
ZITTER
ZITTER
BIBBER
BIBBER

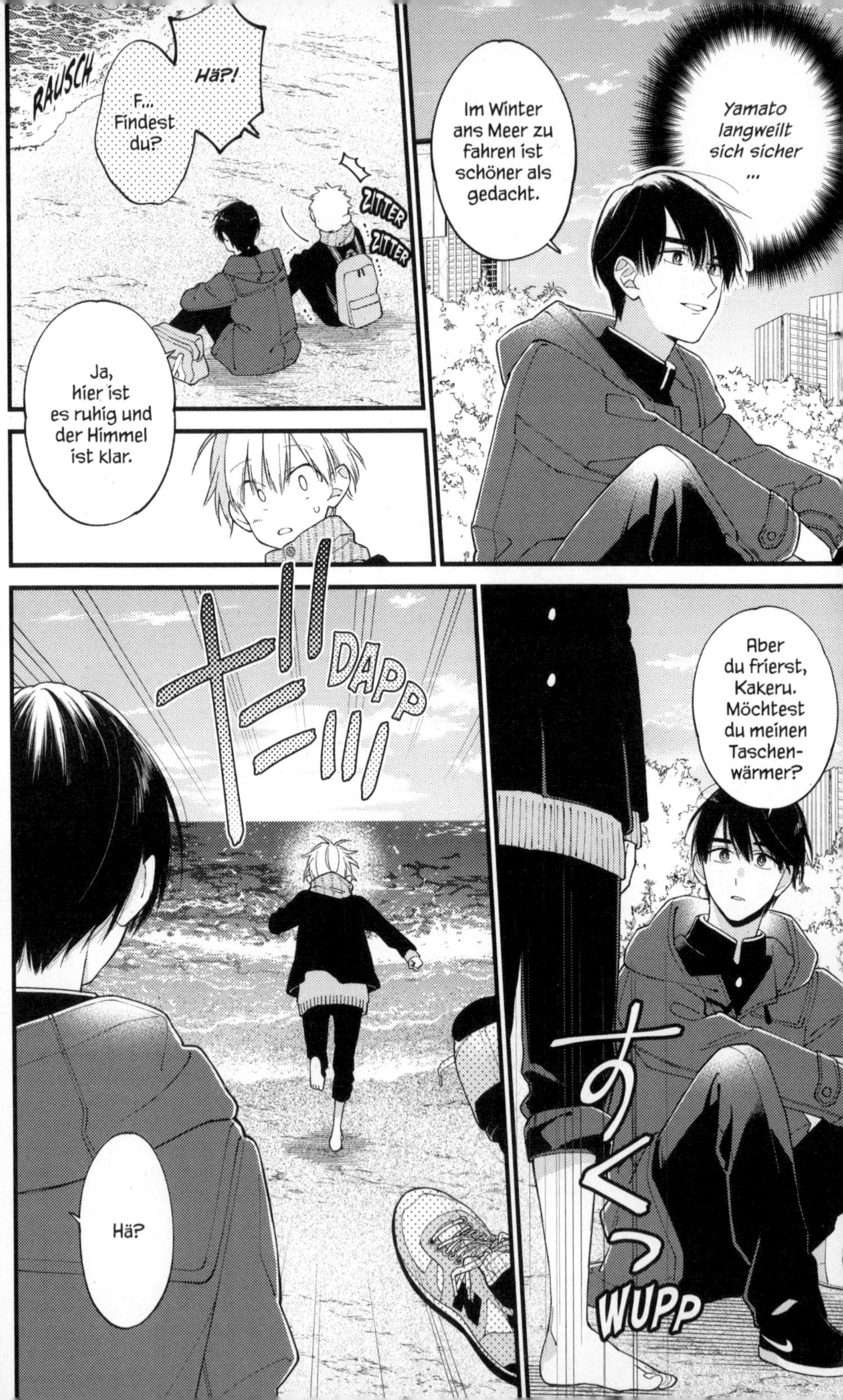
Yamato langweilt sich sicher ...
Im Winter ans Meer zu fahren ist schöner als gedacht.
RAUSCH
Hä?!
F... Findest du?
ZITTER ZITTER
Ja, hier ist es ruhig und der Himmel ist klar.
Aber du frierst, Kakeru. Möchtest du meinen Taschenwärmer?
WUPP
DAPP
Hä?

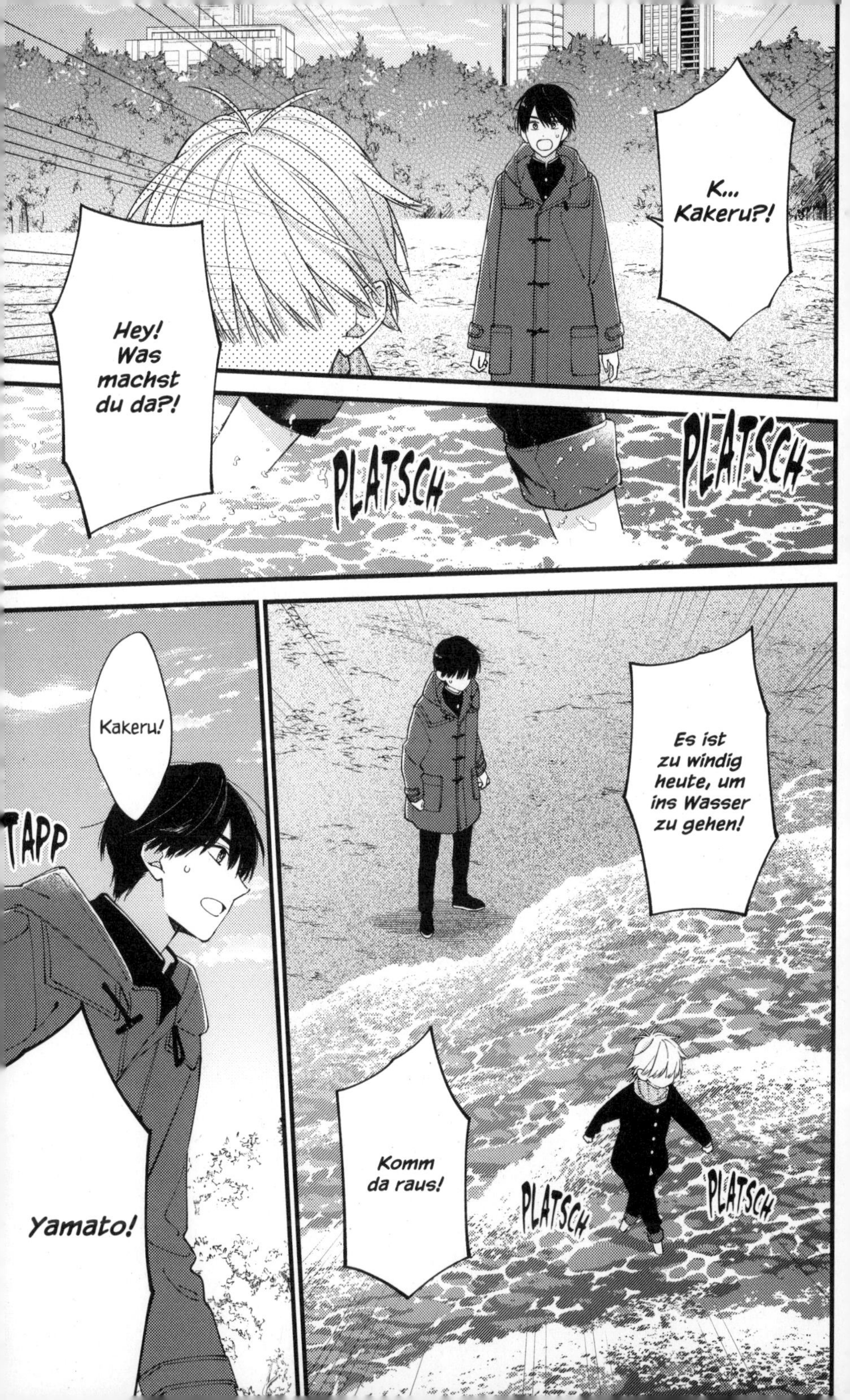
K...
Kakeru?!
Hey!
Was
machst
du da?!
PLATSCH
PLATSCH
Es ist
zu windig
heute, um
ins Wasser
zu gehen!
Komm
da raus!
PLATSCH
PLATSCH
Kakeru!
TAPP
Yamato!

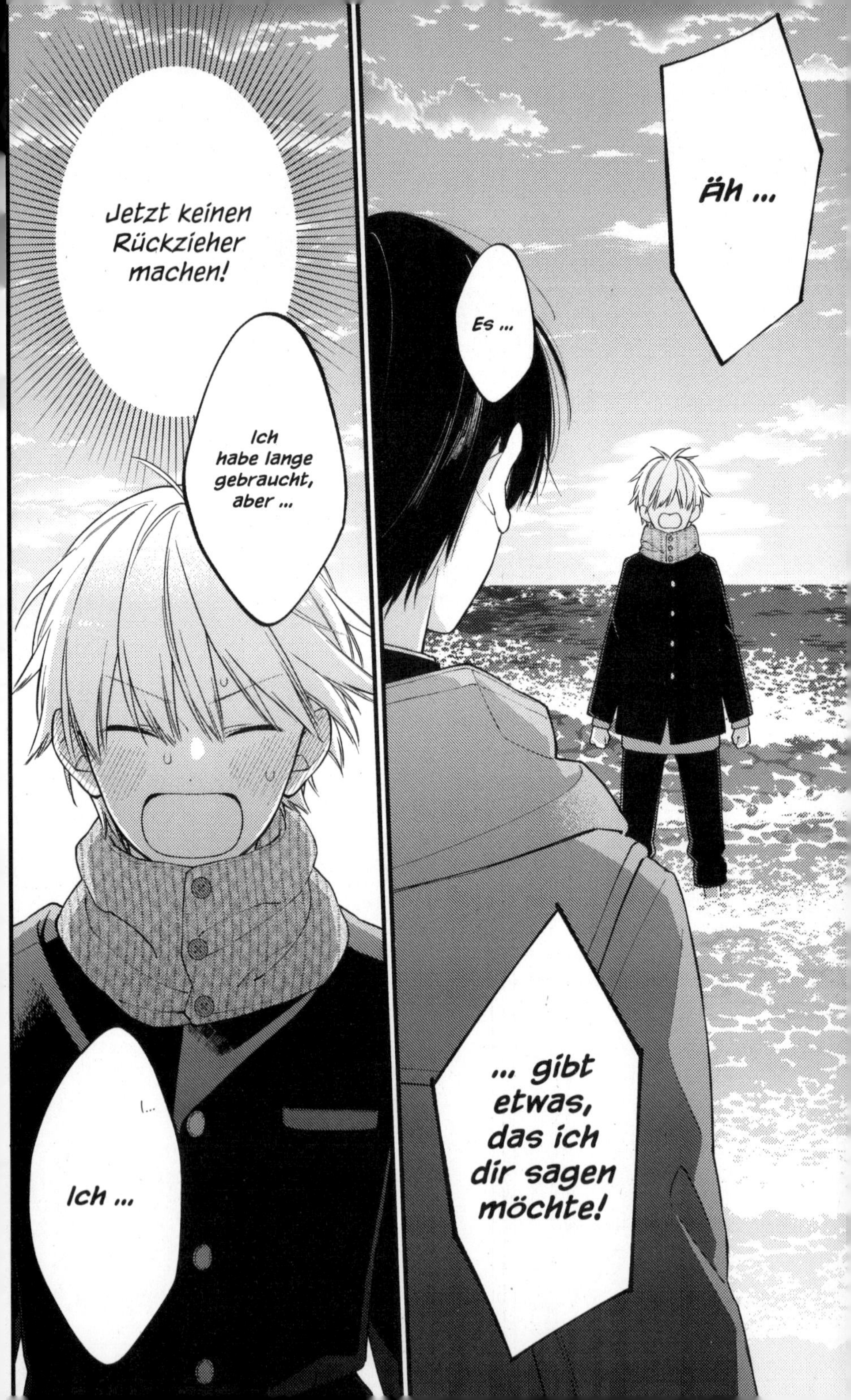
Äh ...
Es ...
... gibt etwas, das ich dir sagen möchte!
Jetzt keinen Rückzieher machen!
Ich habe lange gebraucht, aber ...
I...
Ich ...

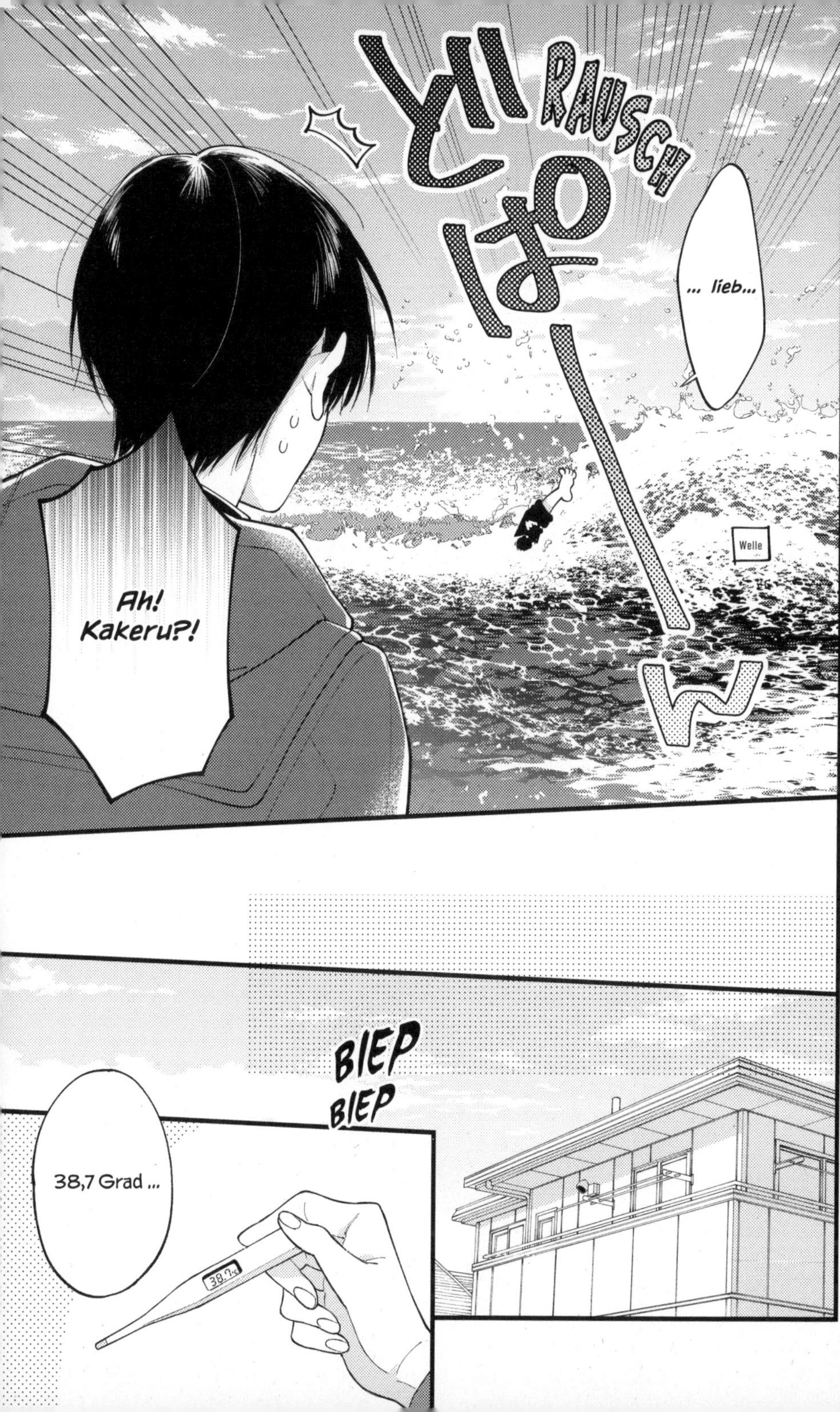
RAUSCH
... lieb...
Welle
Ah! Kakeru?!
BIEP
BIEP
38,7 Grad ...

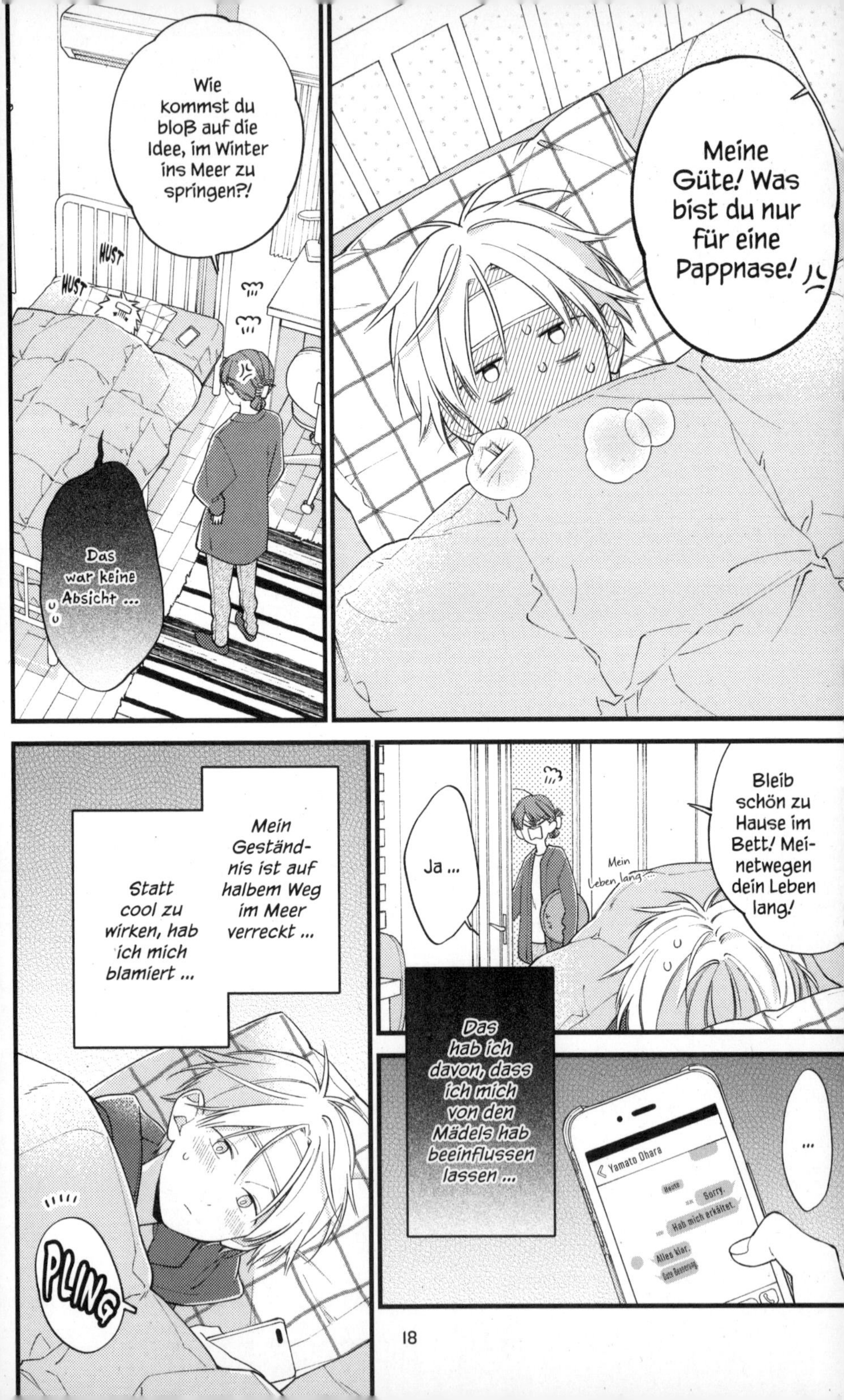
Meine Güte! Was bist du nur für eine Pappnase!
Wie kommst du bloß auf die Idee, im Winter ins Meer zu springen?!
HUST
HUST
Das war keine Absicht ...
Bleib schön zu Hause im Bett! Meinetwegen dein Leben lang!
Mein Leben lang ...
Ja ...
Das hab ich davon, dass ich mich von den Mädels hab beeinflussen lassen ...
...
Yamato Ohara
Heute
Sorry.
Hab mich erkältet.
Alles klar.
Gute Besserung.
Mein Geständnis ist auf halbem Weg im Meer verreckt ...
Statt cool zu wirken, hab ich mich blamiert ...
PLING

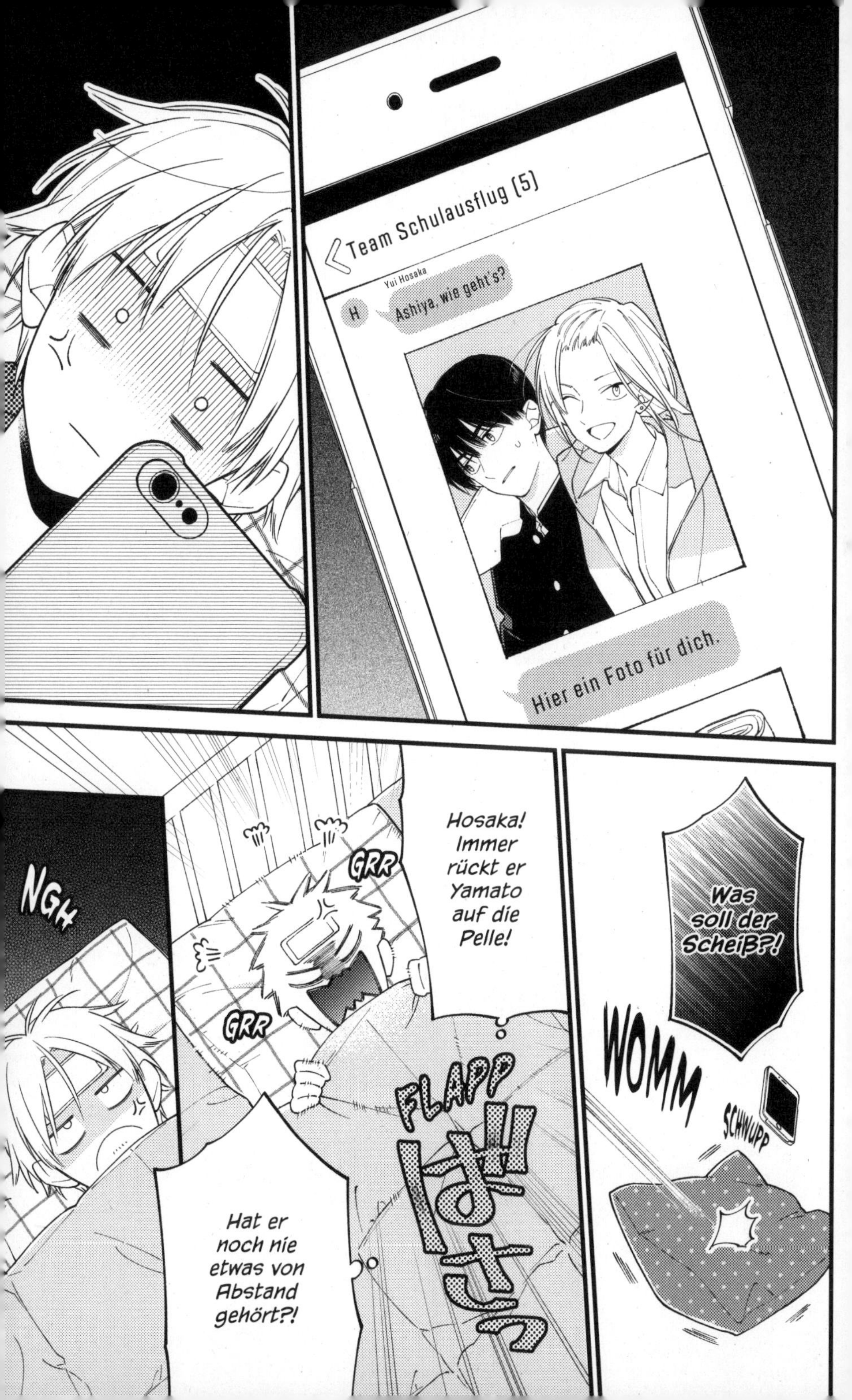
Team Schulausflug (5)
Yui Hosaka
Ashiya, wie geht's?
Hier ein Foto für dich.
Hosaka! Immer rückt er Yamato auf die Pelle!
GRR
GRR
NGH
FLAPP
ばさっ
Hat er noch nie etwas von Abstand gehört?!
Was soll der Scheiß?!
WOMM
SCHWUPP

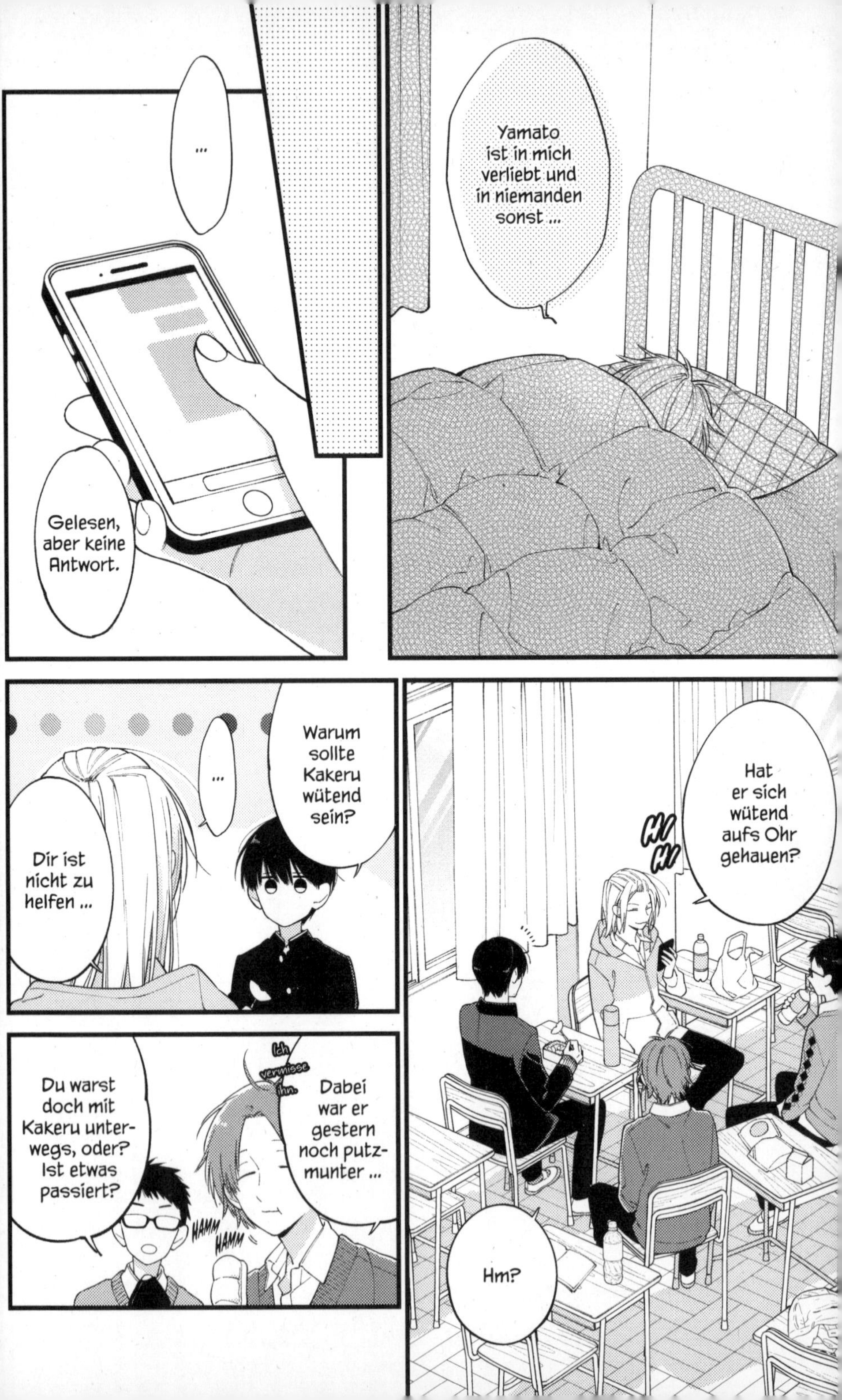
Yamato ist in mich verliebt und in niemanden sonst ...
...
Gelesen, aber keine Antwort.
Hat er sich wütend aufs Ohr gehauen?
HI! HI!
Hm?
Warum sollte Kakeru wütend sein?
...
Dir ist nicht zu helfen ...
Dabei war er gestern noch putzmunter ...
Ich vermisse ihn.
HAMM HAMM
Du warst doch mit Kakeru unterwegs, oder? Ist etwas passiert?

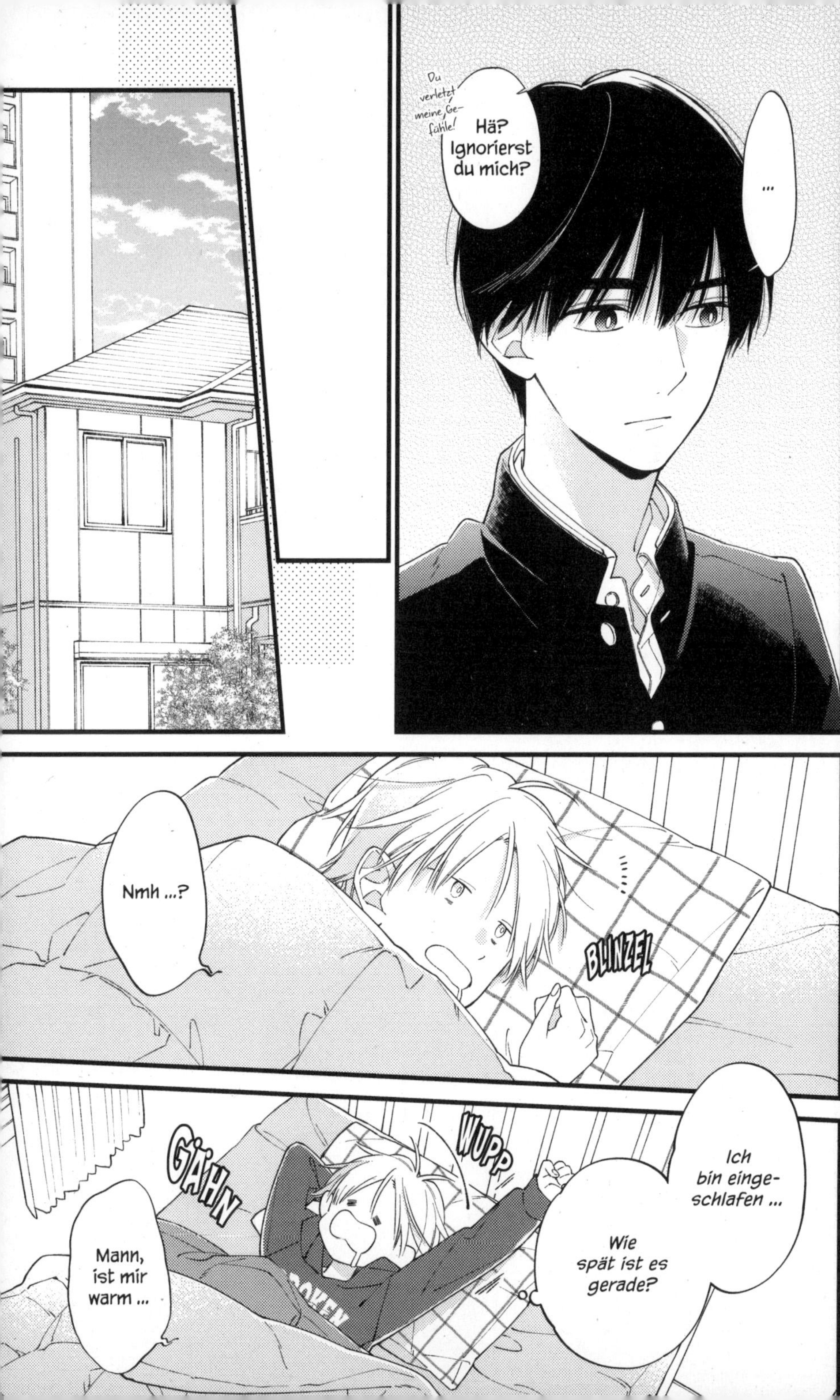
...
Hä? Ignorierst du mich?
Du verletzt meine Gefühle!
Nmh ...?
!!
BLINZEL
Ich bin eingeschlafen ...
Wie spät ist es gerade?
WUPP
GÄHN
Mann, ist mir warm ...

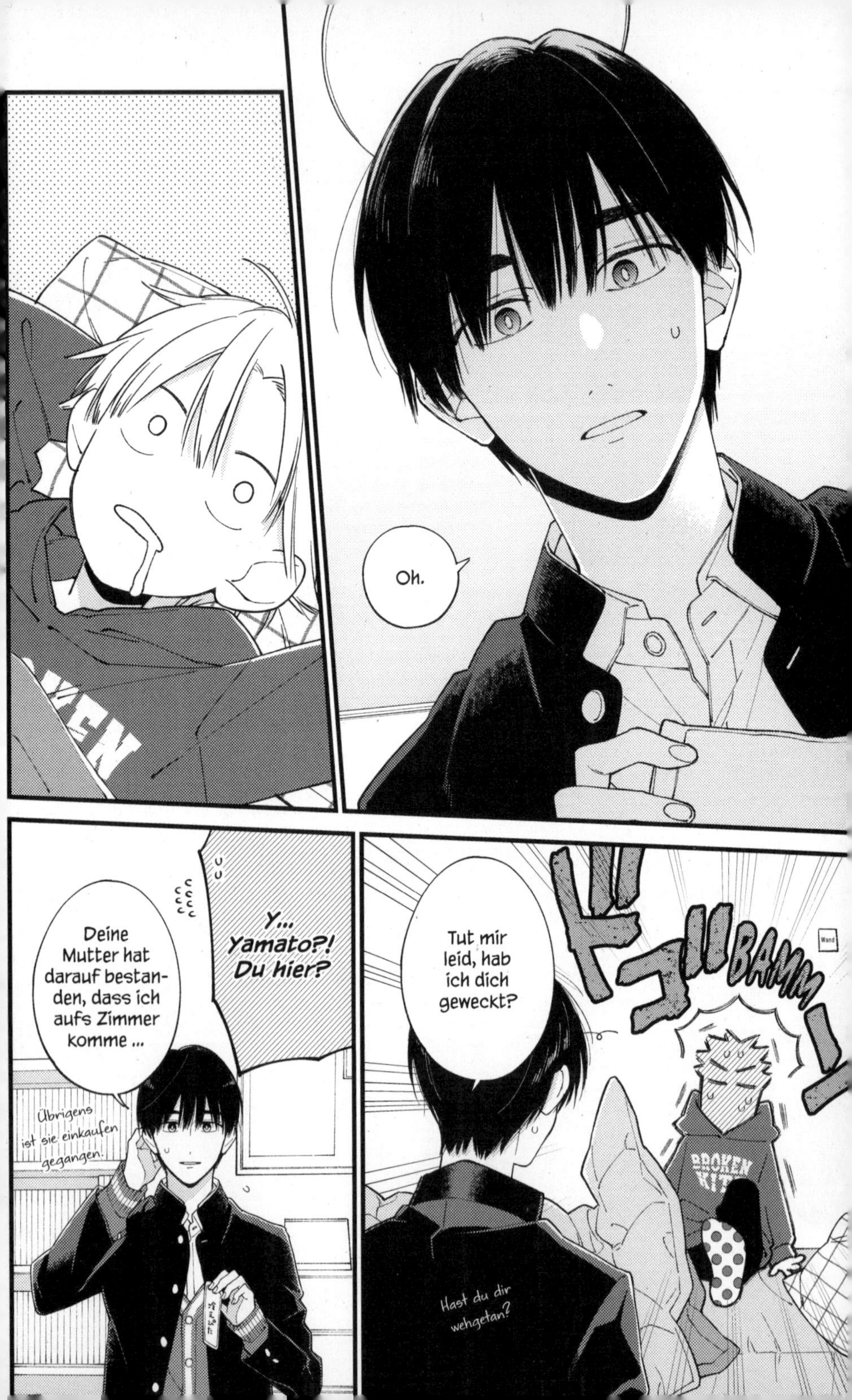
Oh.
Tut mir leid, hab ich dich geweckt?
BAMM
Wand
Hast du dir wehgetan?
Y... Yamato?! Du hier?
Deine Mutter hat darauf bestanden, dass ich aufs Zimmer komme ...
Übrigens ist sie einkaufen gegangen.

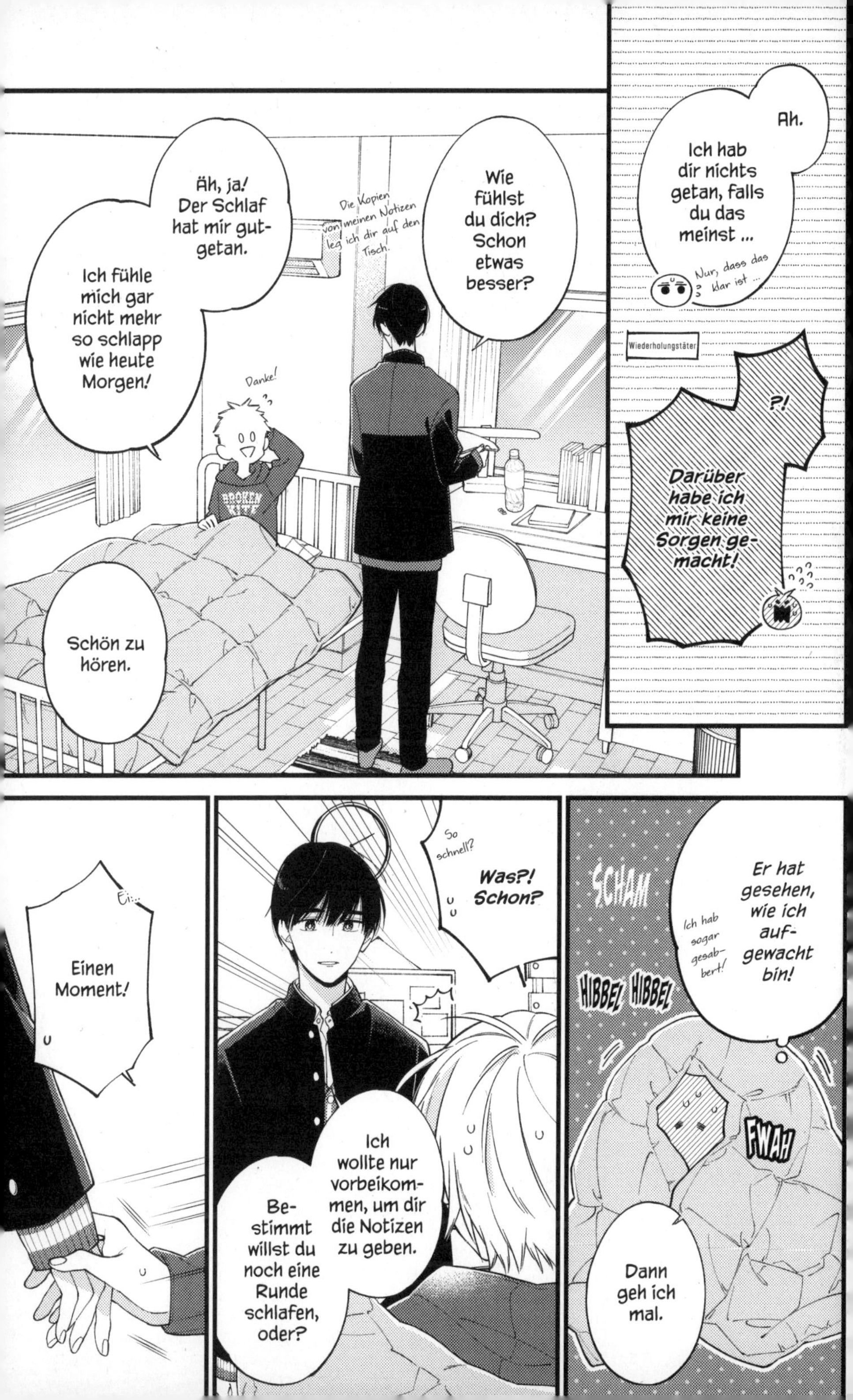
Ah.
Ich hab dir nichts getan, falls du das meinst ...
Nur, dass das klar ist ...
Wiederholungstäter
?!
Darüber habe ich mir keine Sorgen gemacht!
Wie fühlst du dich? Schon etwas besser?
Die Kopien von meinen Notizen leg ich dir auf den Tisch.
Äh, ja! Der Schlaf hat mir gutgetan.
Ich fühle mich gar nicht mehr so schlapp wie heute Morgen!
Danke!
BROKEN KITT
Schön zu hören.
Er hat gesehen, wie ich aufgewacht bin!
Ich hab sogar gesabbert!
SCHAM
HIBBEL HIBBEL
FWAH
Dann geh ich mal.
Was?! Schon?
So schnell?
Ich wollte nur vorbeikommen, um dir die Notizen zu geben.
Bestimmt willst du noch eine Runde schlafen, oder?
Ei...
Einen Moment!

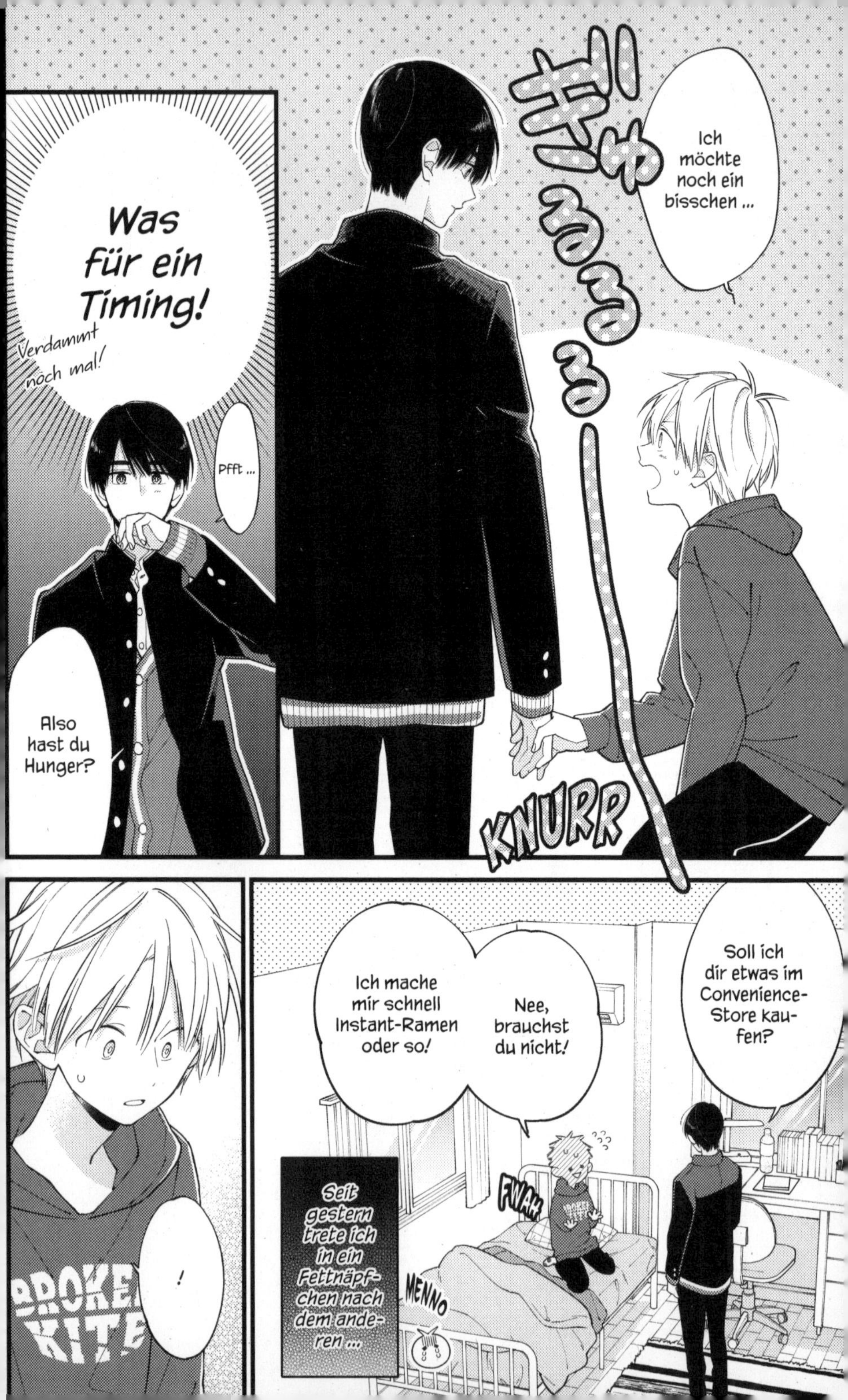
Ich möchte noch ein bisschen ...
ぎゅるるる
KNURR
Pfft ...
Was für ein Timing!
Verdammt noch mal!
Also hast du Hunger?
Soll ich dir etwas im Convenience-Store kaufen?
Nee, brauchst du nicht!
Ich mache mir schnell Instant-Ramen oder so!
FWAH
MENNO
Seit gestern trete ich in ein Fettnäpfchen nach dem anderen ...
!

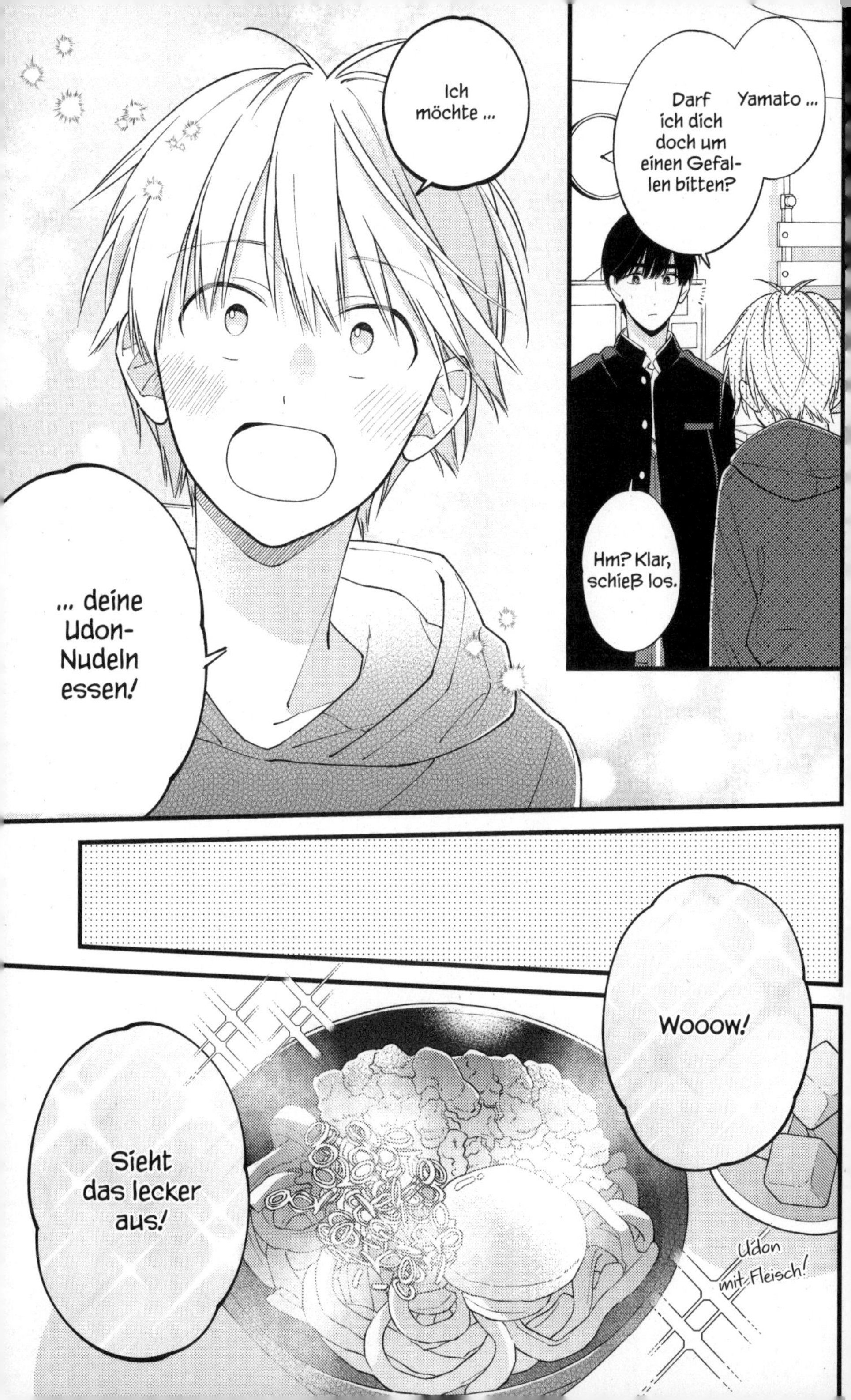

Yamato ... Darf ich dich doch um einen Gefallen bitten?
Hm? Klar, schieß los.
Ich möchte ...
... deine Udon-Nudeln essen!
Wooow!
Sieht das lecker aus!
Udon mit Fleisch!

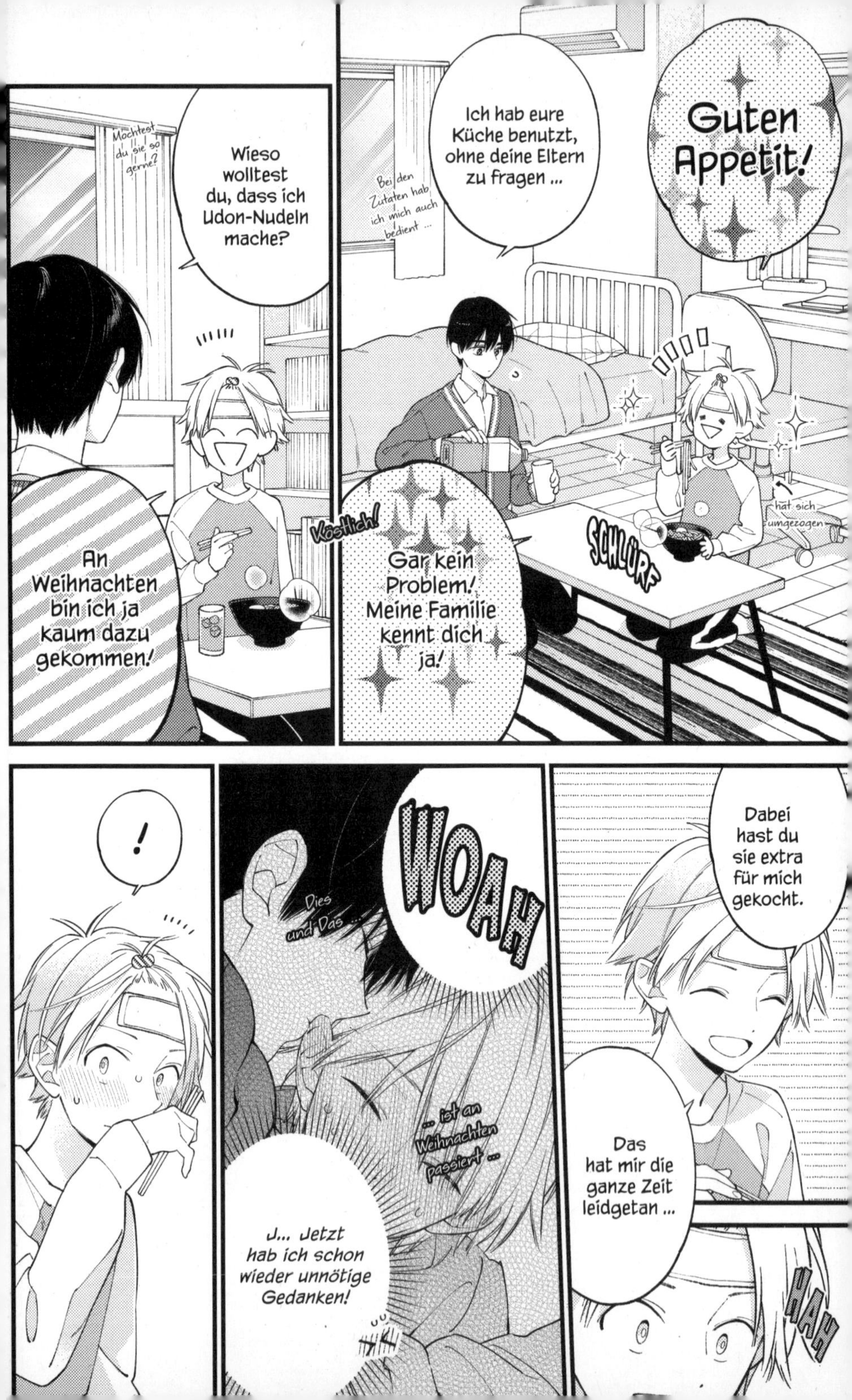
Guten Appetit!
Ich hab eure Küche benutzt, ohne deine Eltern zu fragen ...
Bei den Zutaten hab ich mich auch bedient ...
hat sich umgezogen
SCHLÜRF
Köstlich!
Gar kein Problem! Meine Familie kennt dich ja!
Wieso wolltest du, dass ich Udon-Nudeln mache?
Mochtest du sie so gerne?
An Weihnachten bin ich ja kaum dazu gekommen!
Dabei hast du sie extra für mich gekocht.
Das hat mir die ganze Zeit leidgetan ...
HAH
WOAH
Dies und Das ...
... ist an Weihnachten passiert ...
J... Jetzt hab ich schon wieder unnötige Gedanken!
!

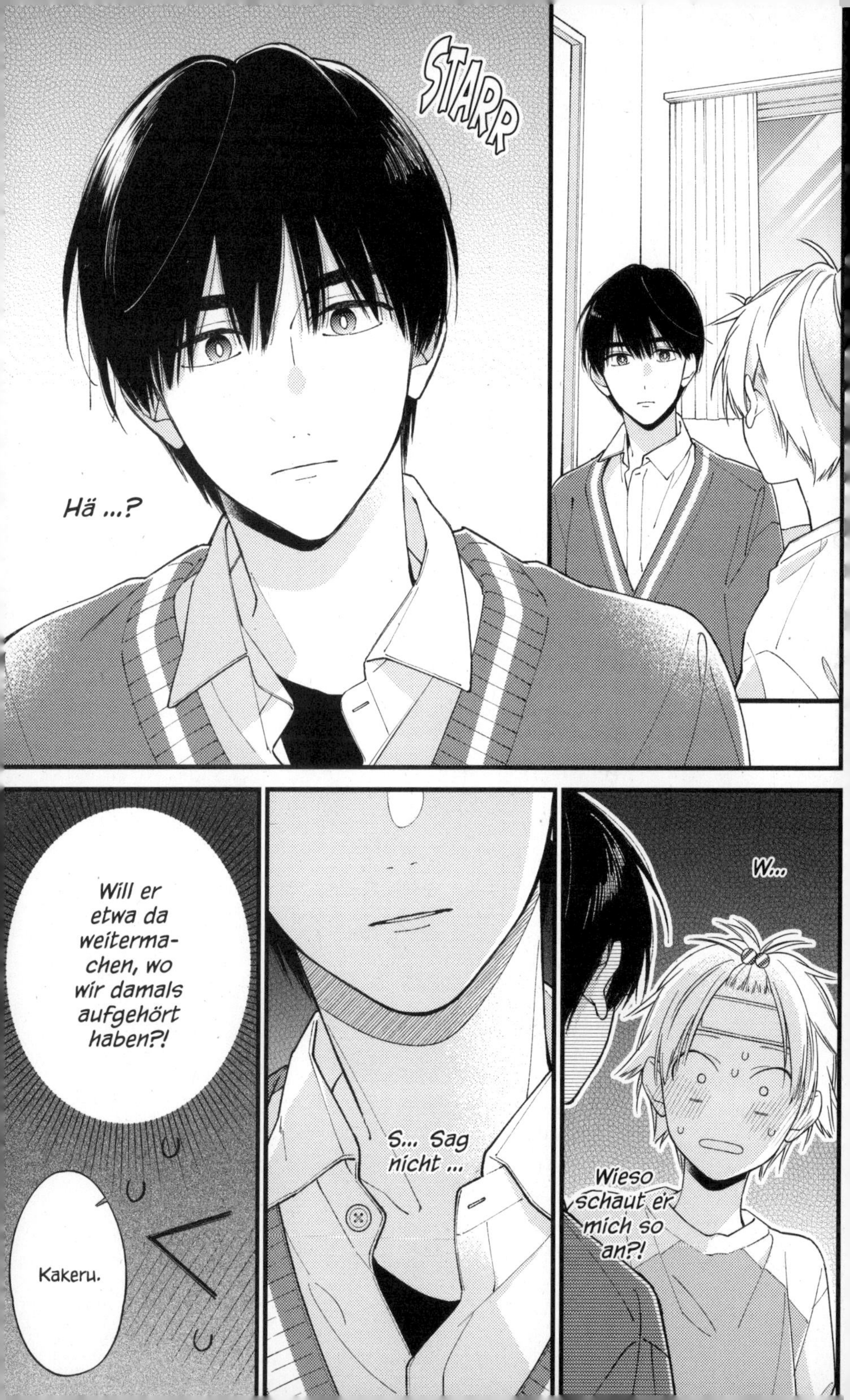
STARR
Hä ...?
W...
Wieso schaut er mich so an?!
S... Sag nicht ...
Will er etwa da weitermachen, wo wir damals aufgehört haben?!
Kakeru.

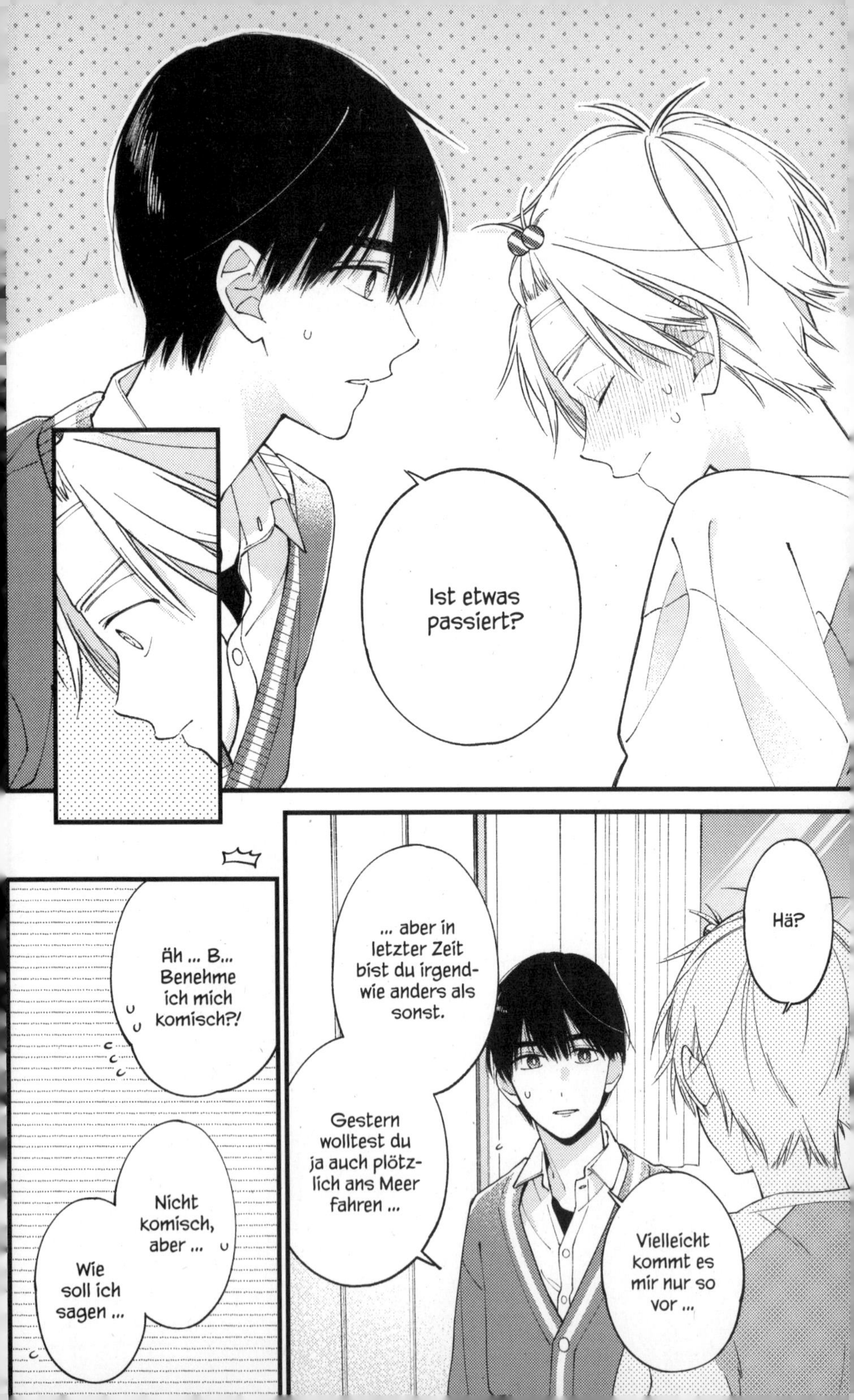
Ist etwas passiert?
Hä?
Vielleicht kommt es mir nur so vor ...
... aber in letzter Zeit bist du irgend-wie anders als sonst.
Gestern wolltest du ja auch plötz-lich ans Meer fahren ...
Äh ... B... Benehme ich mich komisch?!
Nicht komisch, aber ...
Wie soll ich sagen ...

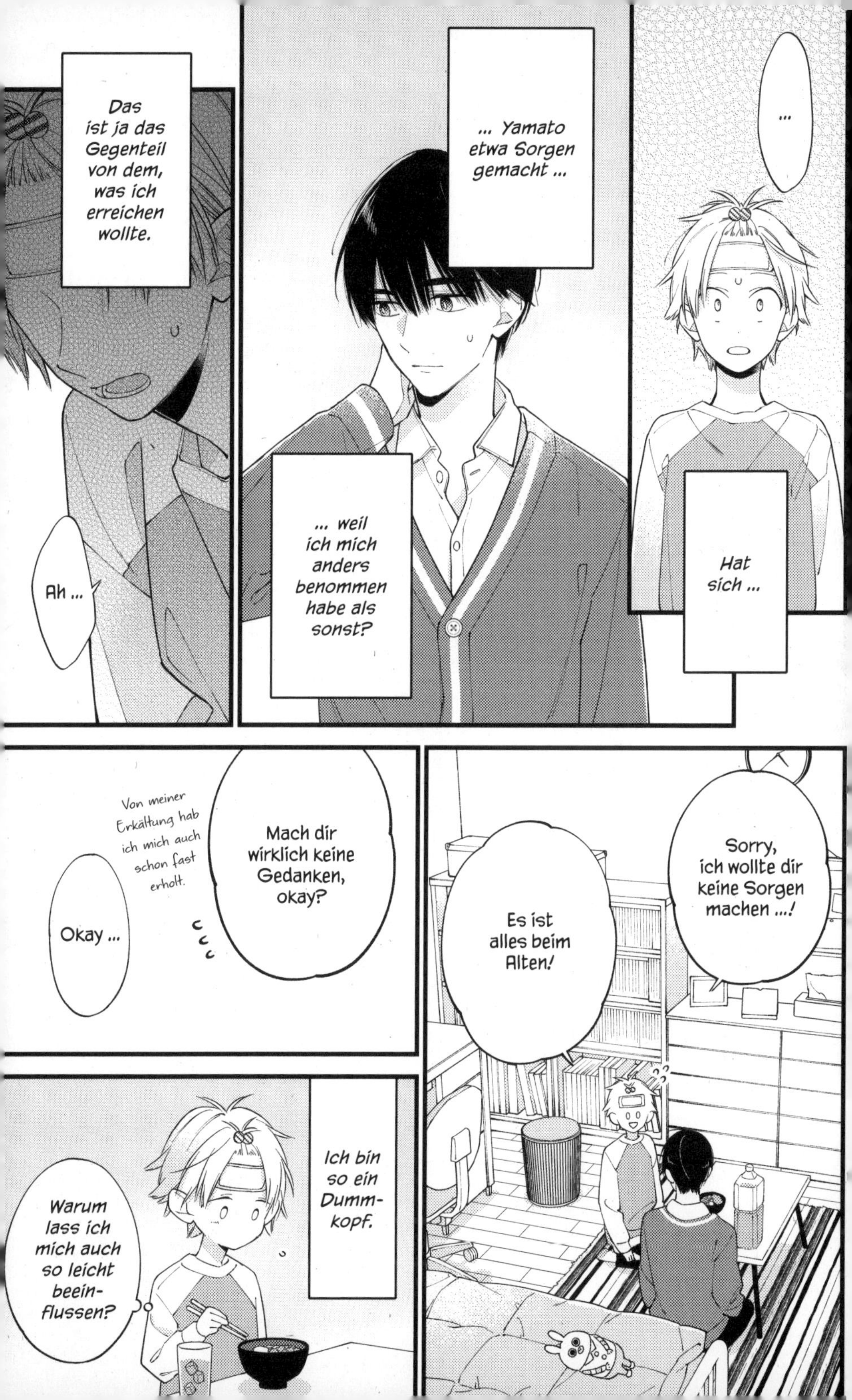
...
Hat sich ...
... Yamato etwa Sorgen gemacht ...
... weil ich mich anders benommen habe als sonst?
Das ist ja das Gegenteil von dem, was ich erreichen wollte.
Ah ...
Sorry, ich wollte dir keine Sorgen machen ...!
Es ist alles beim Alten!
Mach dir wirklich keine Gedanken, okay?
Von meiner Erkältung hab ich mich auch schon fast erholt.
Okay ...
Ich bin so ein Dummkopf.
Warum lass ich mich auch so leicht beeinflussen?

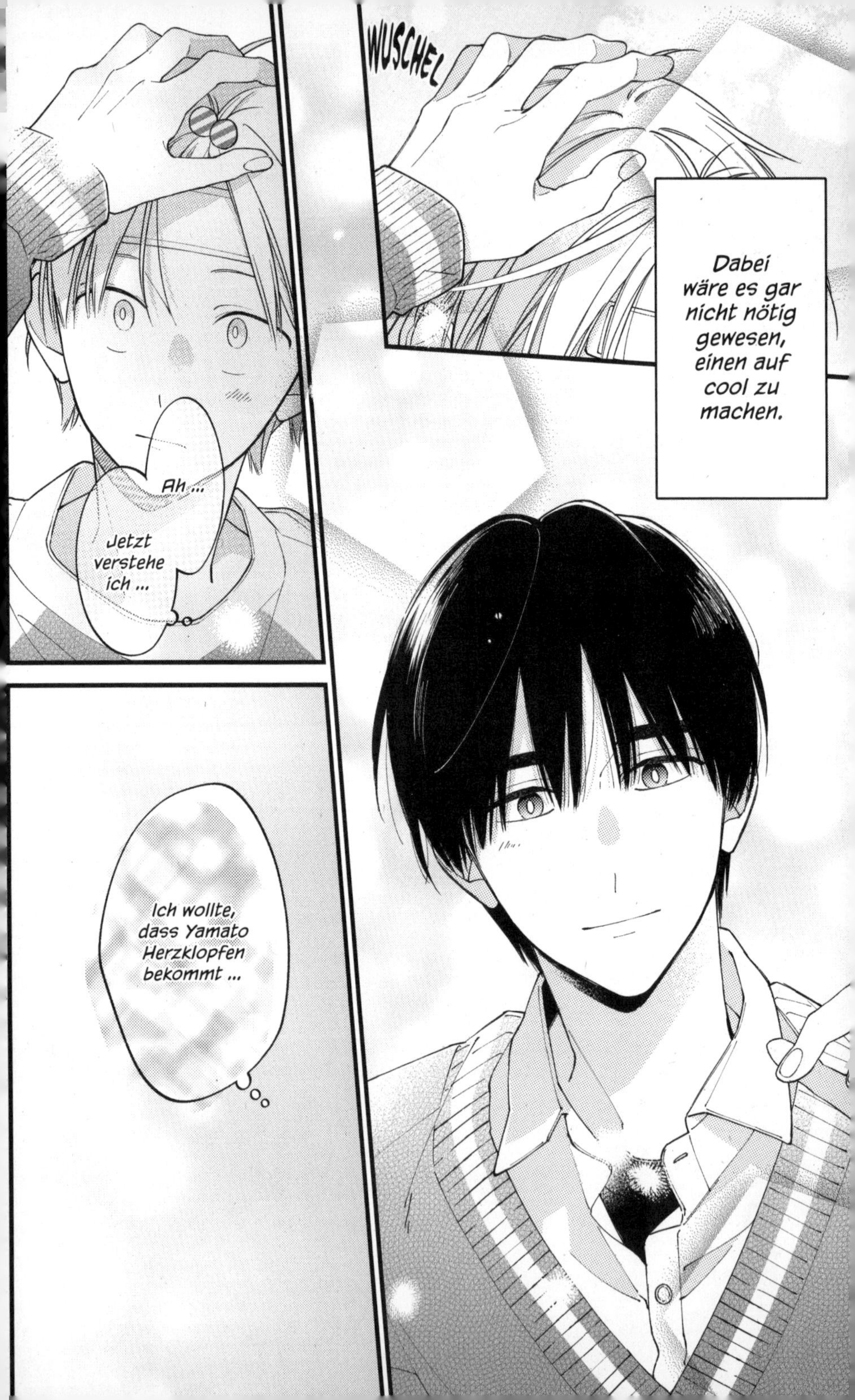
WUSCHEL
Dabei wäre es gar nicht nötig gewesen, einen auf cool zu machen.
Ah ...
Jetzt verstehe ich ...
Ich wollte, dass Yamato Herzklopfen bekommt ...

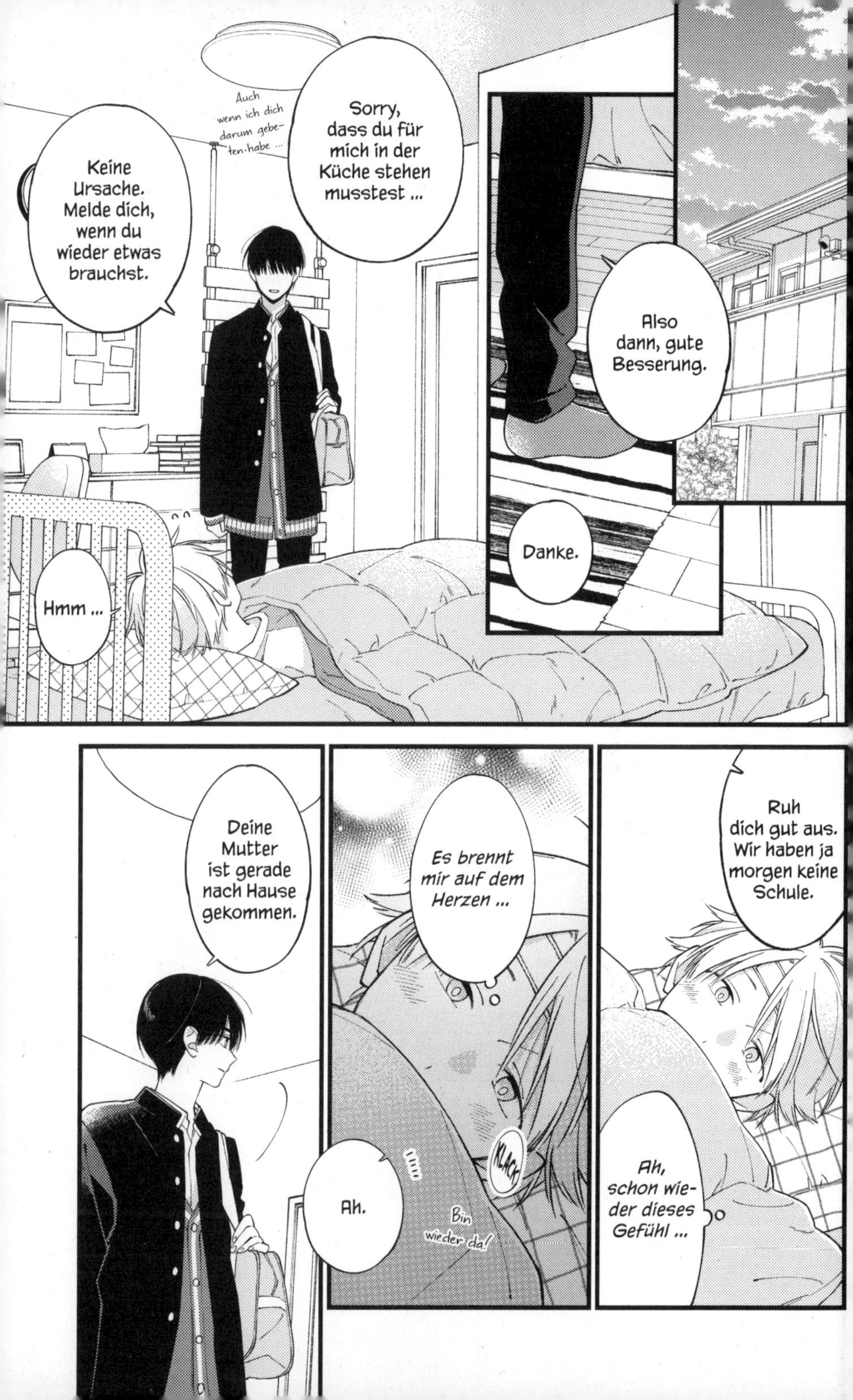

Also dann, gute Besserung.
Danke.
Sorry, dass du für mich in der Küche stehen musstest ...
Auch wenn ich dich darum gebeten habe ...
Keine Ursache. Melde dich, wenn du wieder etwas brauchst.
Hmm ...
Ruh dich gut aus. Wir haben ja morgen keine Schule.
Ah, schon wieder dieses Gefühl ...
Es brennt mir auf dem Herzen ...
KLACK
Bin wieder da!
Ah.
Deine Mutter ist gerade nach Hause gekommen.

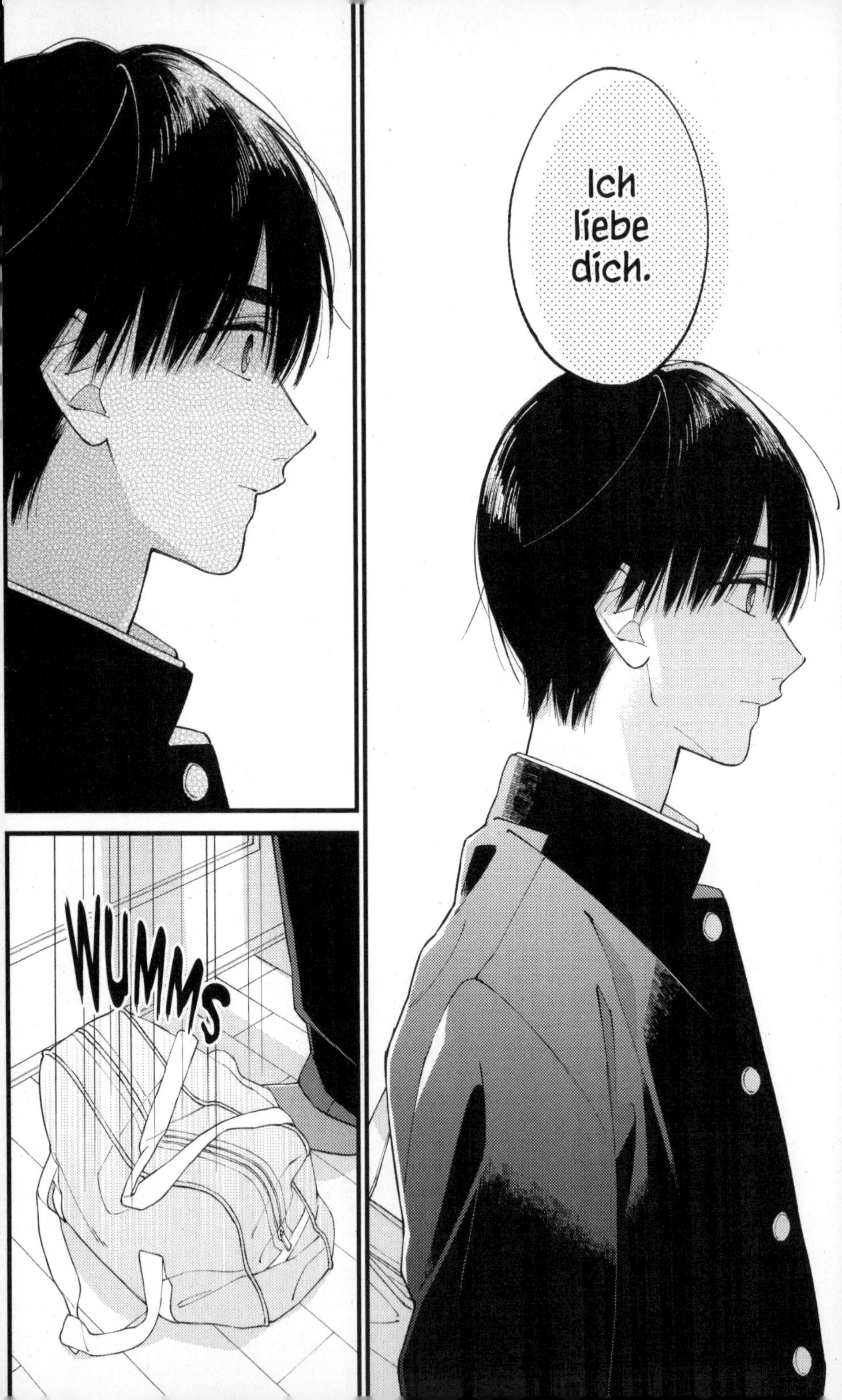
Ich liebe dich.
WUMMS

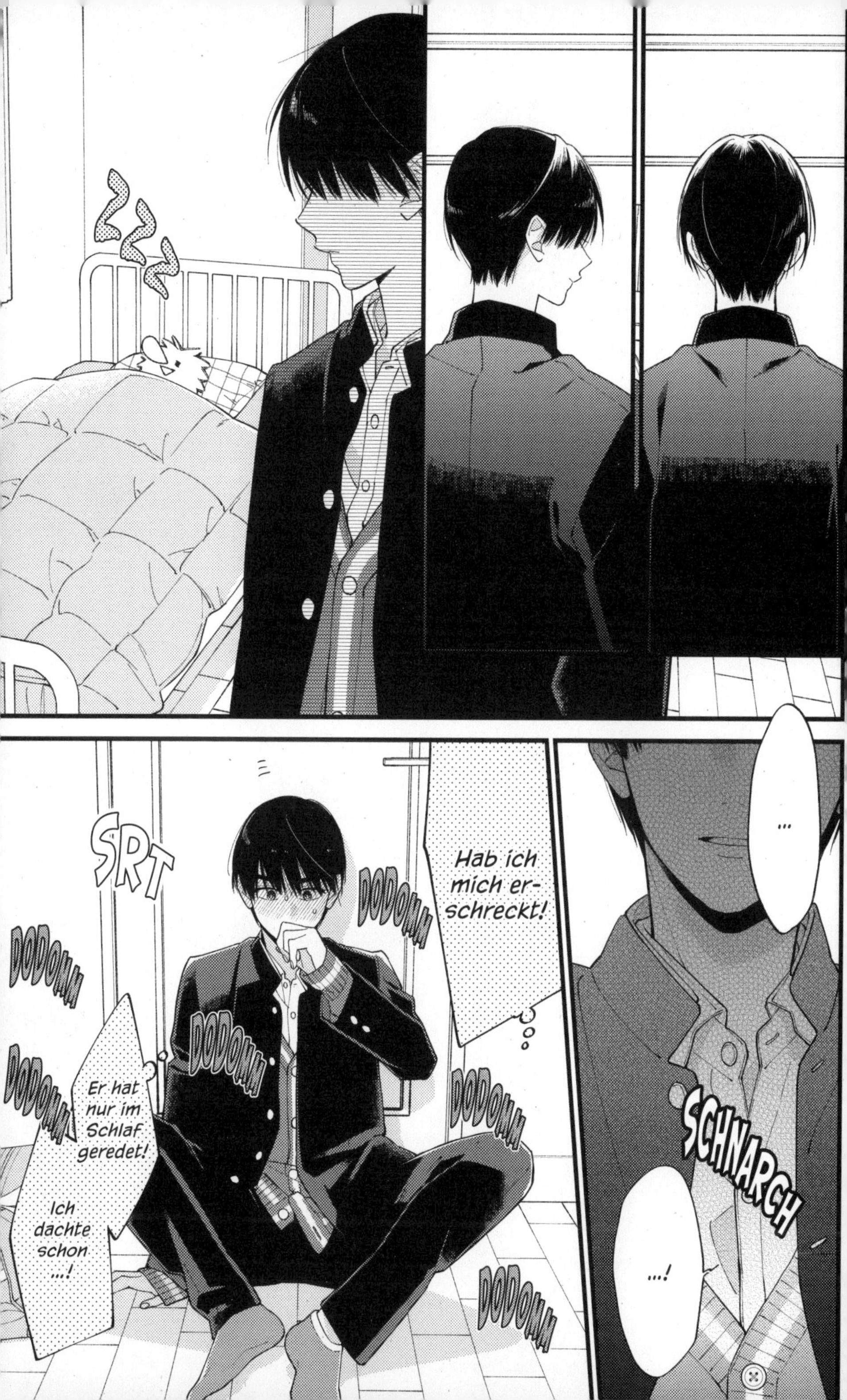
ZZZ
...
SCHNARCH
...!
SRT
Hab ich mich er-schreckt!
DODOMM
DODOMM
DODOMM
DODOMM
DODOMM
DODOMM
Er hat nur im Schlaf geredet!
Ich dachte schon ...!

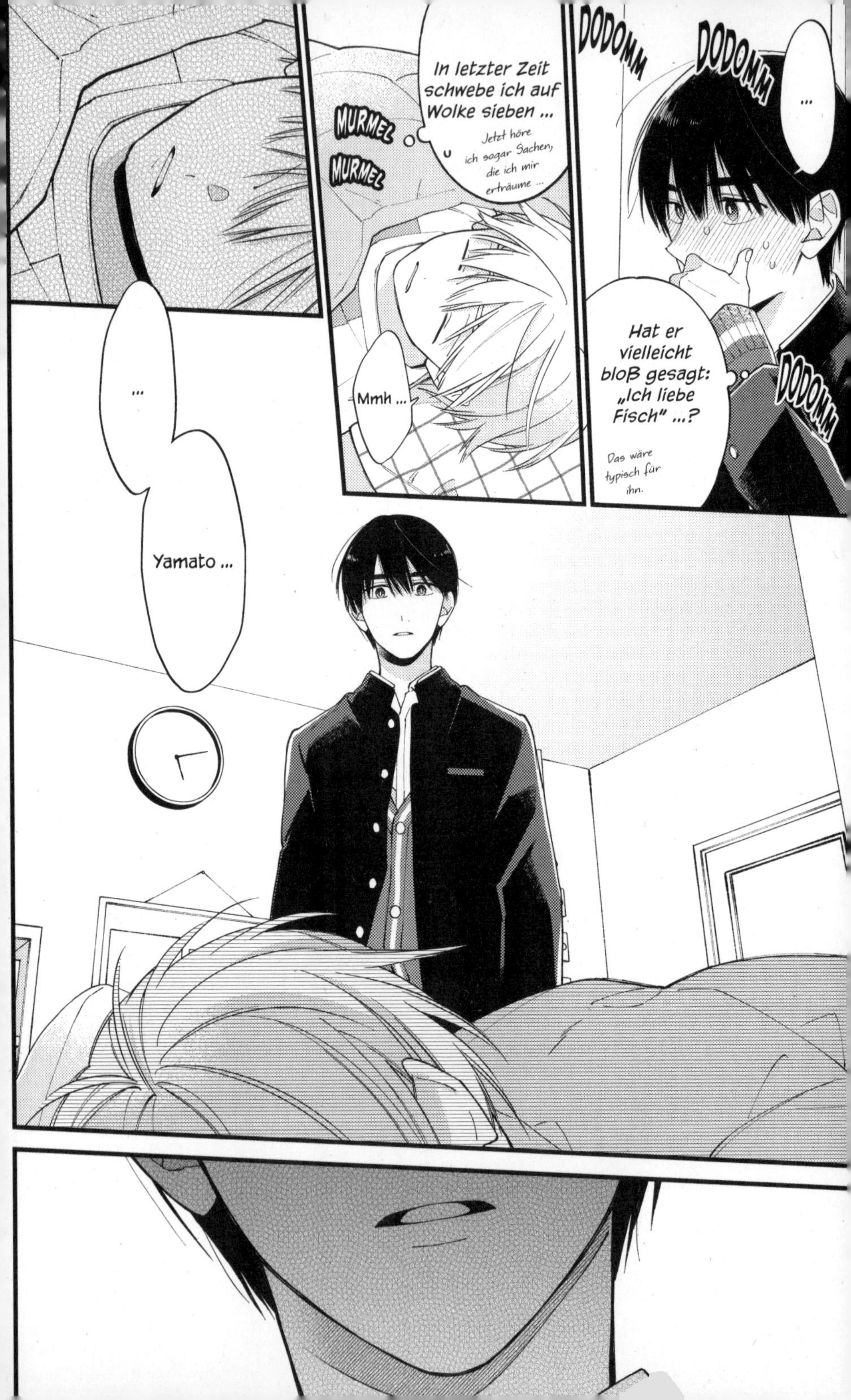
DODOMM
DODOMM
...
Hat er vielleicht bloß gesagt: „Ich liebe Fisch" ...?
Das wäre typisch für ihn.
DODOMM
In letzter Zeit schwebe ich auf Wolke sieben ...
Jetzt höre ich sogar Sachen, die ich mir erträume ...
MURMEL
MURMEL
Mmh ...
...
Yamato ...

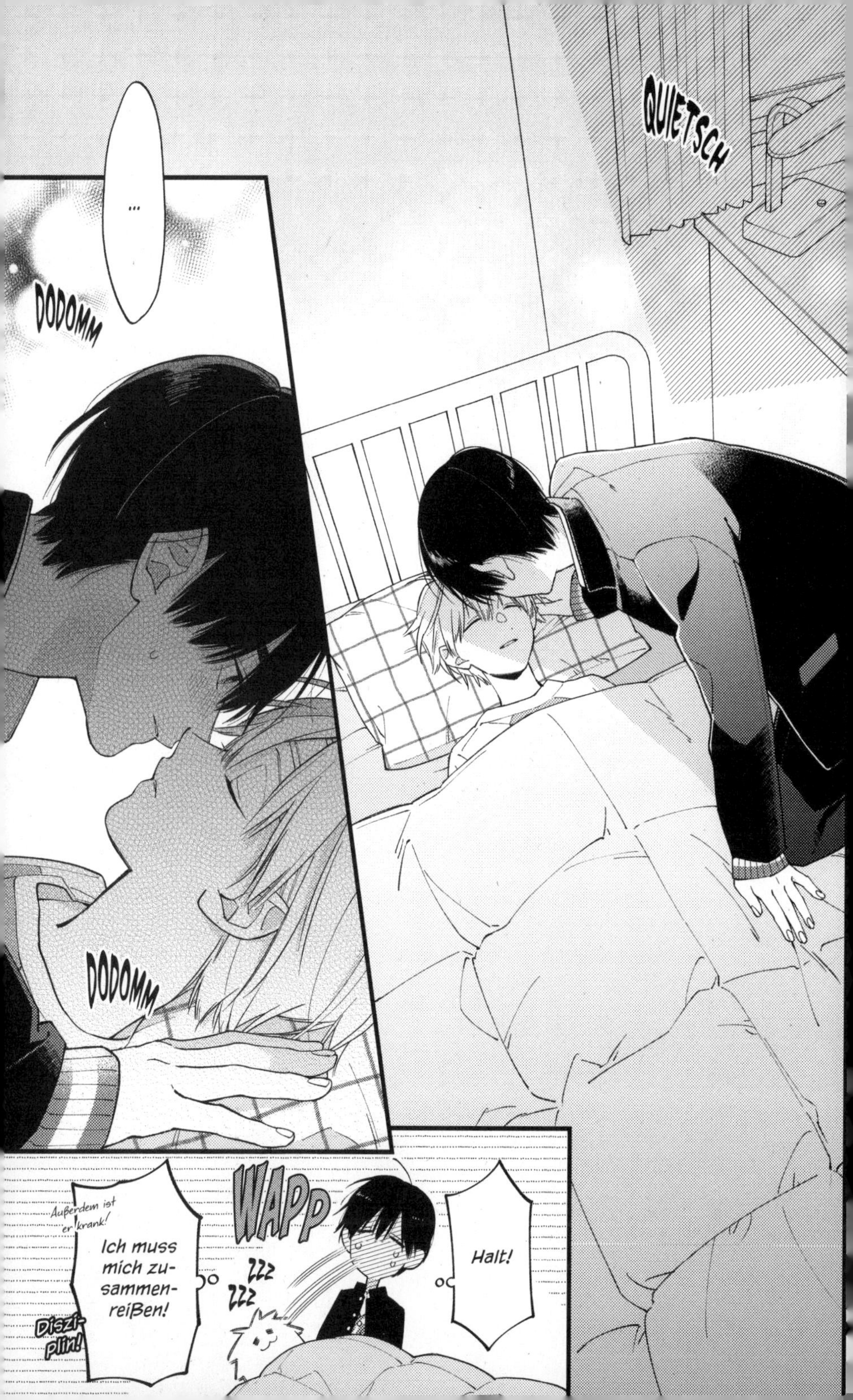
QUIETSCH
...
DODOMM
DODOMM
Halt!
ZZZ
ZZZ
WAPP
Ich muss mich zu-sammen-reißen!
Außerdem ist er krank!
Diszi-plin!

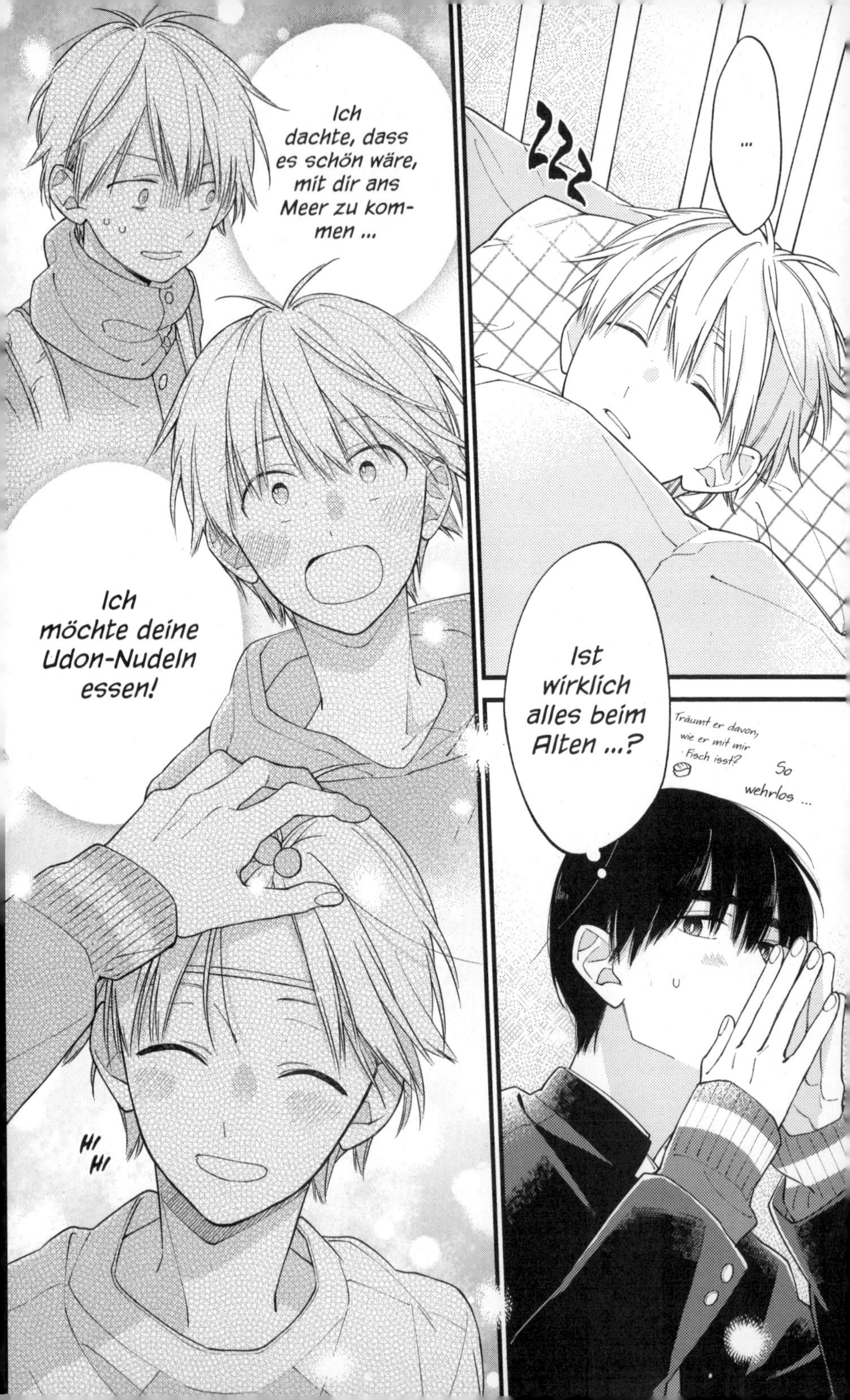
ZZZ
...
Ist wirklich alles beim Alten ...?
Träumt er davon, wie er mit mir Fisch isst?
So wehrlos ...
Ich dachte, dass es schön wäre, mit dir ans Meer zu kommen ...
Ich möchte deine Udon-Nudeln essen!
HI HI

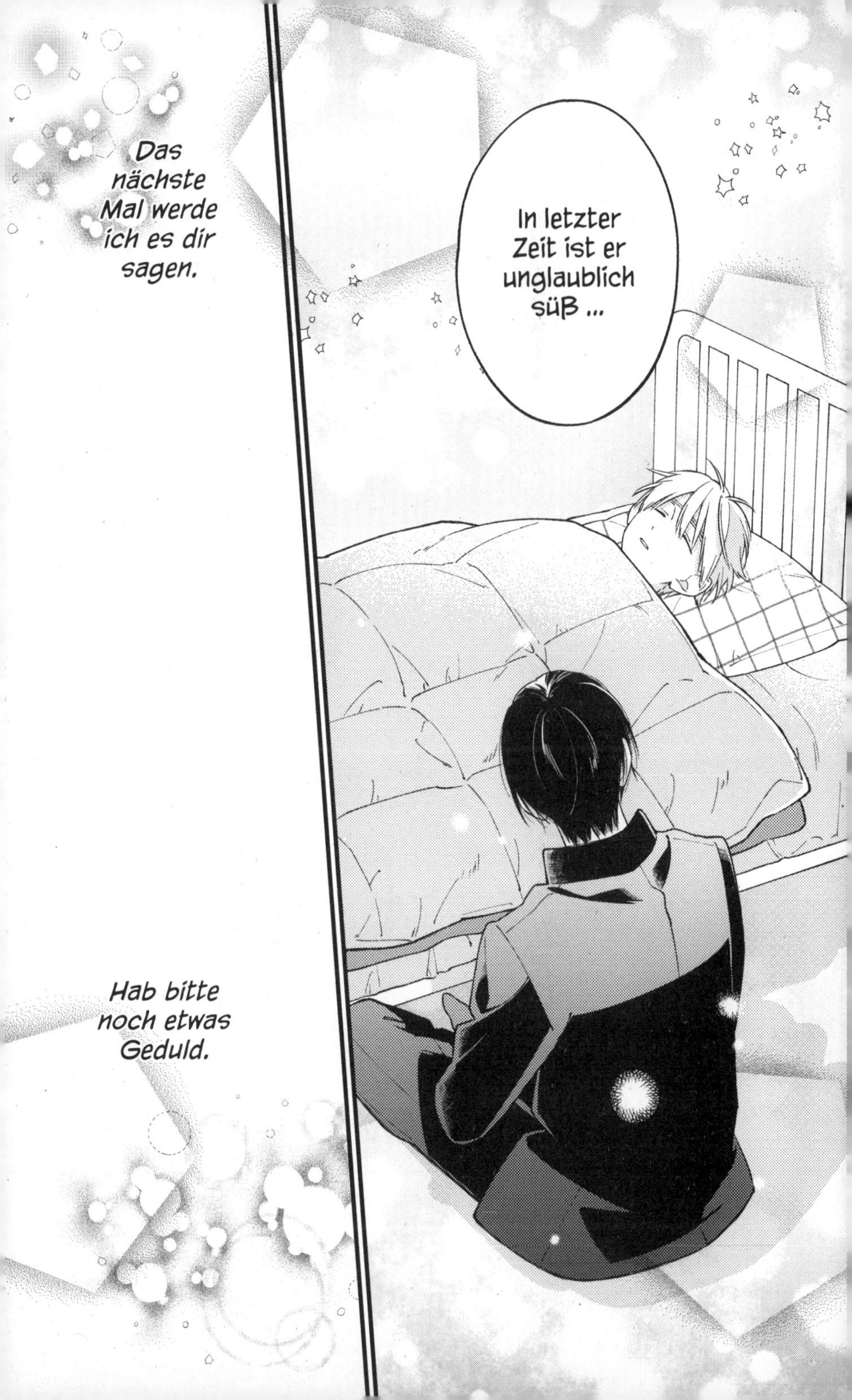
In letzter Zeit ist er unglaublich süß ...
Das nächste Mal werde ich es dir sagen.
Hab bitte noch etwas Geduld.

Reportage über die Vertonung der Hörspiel-CD

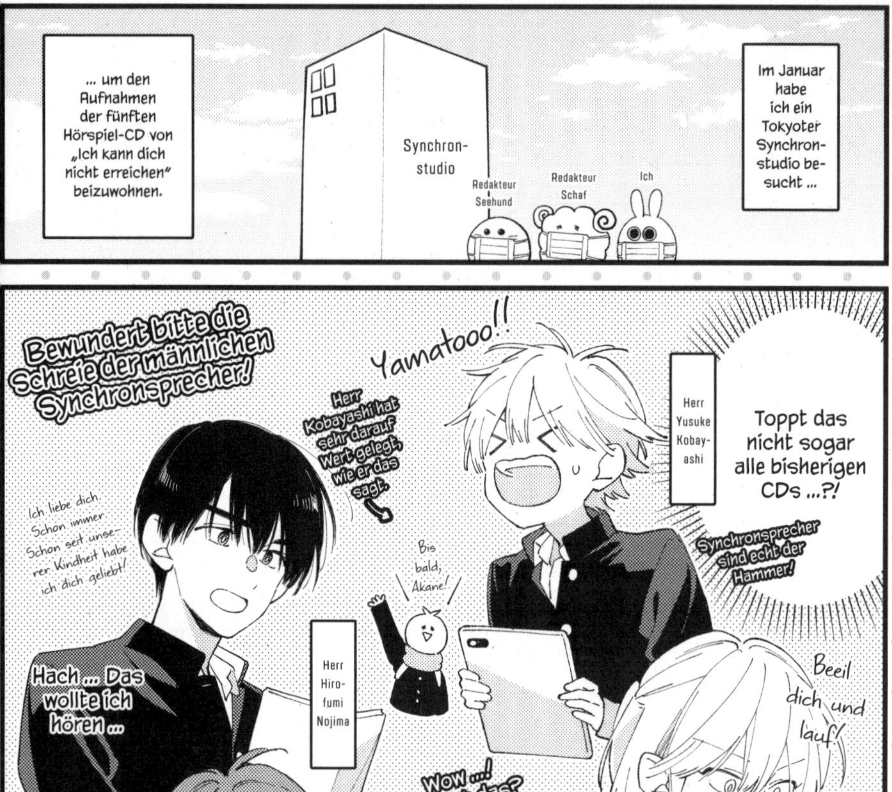

Und schon ist die Seite voll ...
Die fünfte Hörspiel-CD dreht sich um den Schulausflug!
Ich würde mich freuen, wenn ihr sie euch anhört!

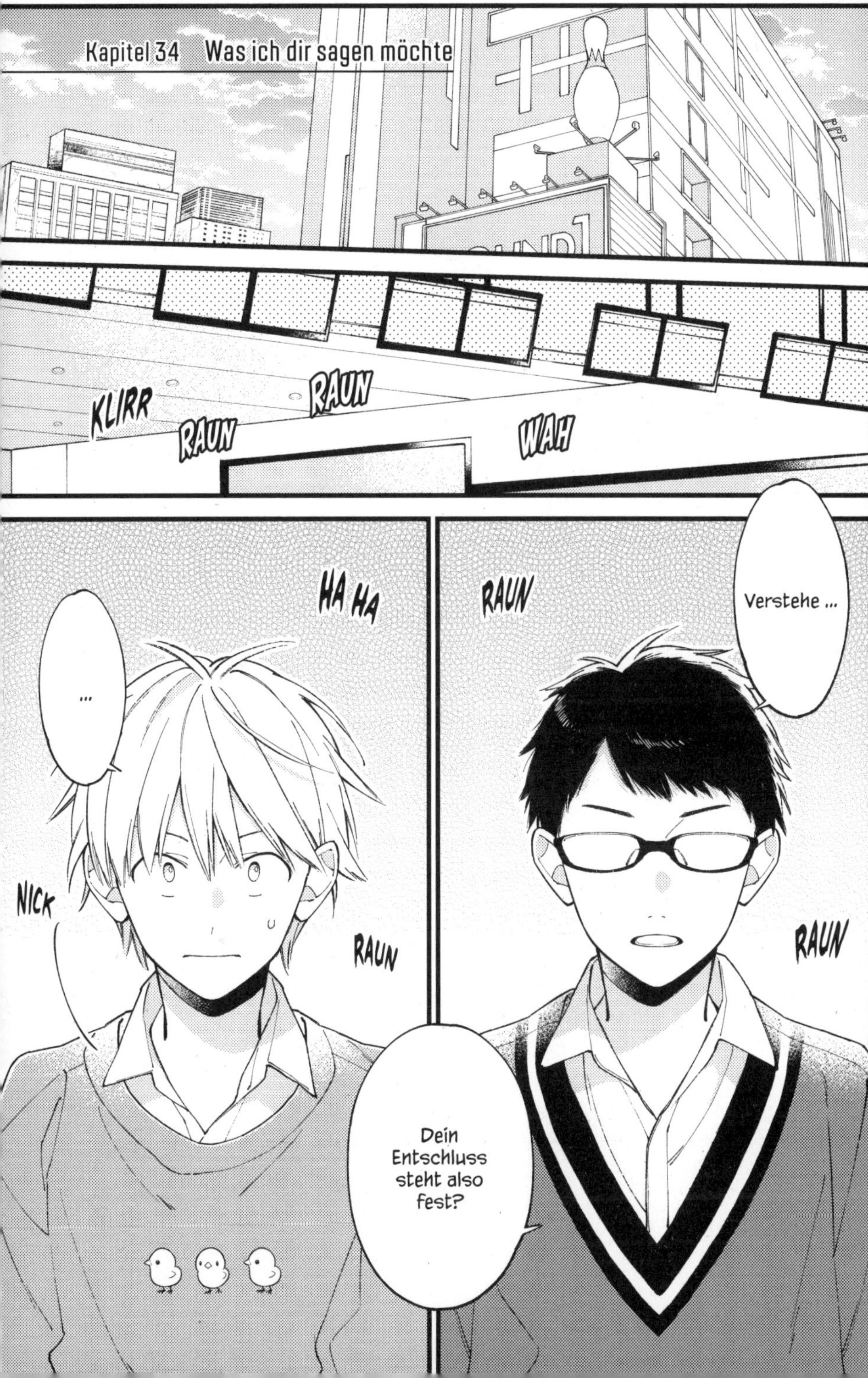
Kapitel 34 Was ich dir sagen möchte
KLIRR
RAUN
RAUN
WAH
RAUN
Verstehe ...
RAUN
Dein Entschluss steht also fest?
HA HA
...
NICK
RAUN

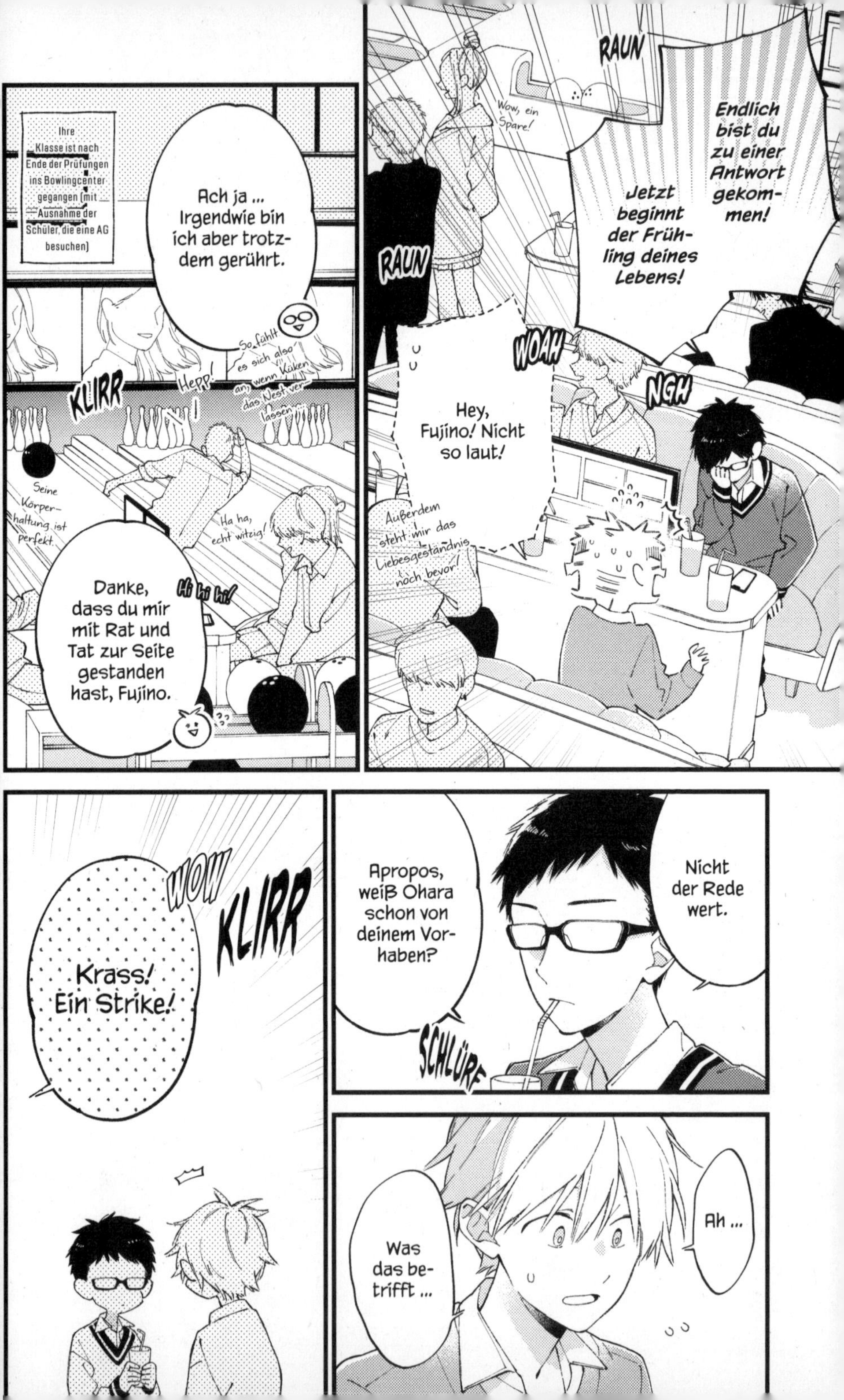
RAUN
Endlich bist du zu einer Antwort gekommen!
Jetzt beginnt der Frühling deines Lebens!
Wow, ein Spare!
RAUN
WOAH
NGH
Hey, Fujino! Nicht so laut!
Außerdem steht mir das Liebesgeständnis noch bevor!
Ihre Klasse ist nach Ende der Prüfungen ins Bowlingcenter gegangen (mit Ausnahme der Schüler, die eine AG besuchen)
Ach ja ... Irgendwie bin ich aber trotzdem gerührt.
So fühlt es sich also an, wenn Küken das Nest verlassen ...
KLIRR
Hepp!
Seine Körperhaltung ist perfekt.
Ha ha, echt witzig!
Hi hi hi!
Danke, dass du mir mit Rat und Tat zur Seite gestanden hast, Fujino.
Nicht der Rede wert.
Apropos, weiß Ohara schon von deinem Vorhaben?
SCHLÜRF
WOW
KLIRR
Krass! Ein Strike!
Ah ...
Was das betrifft ...

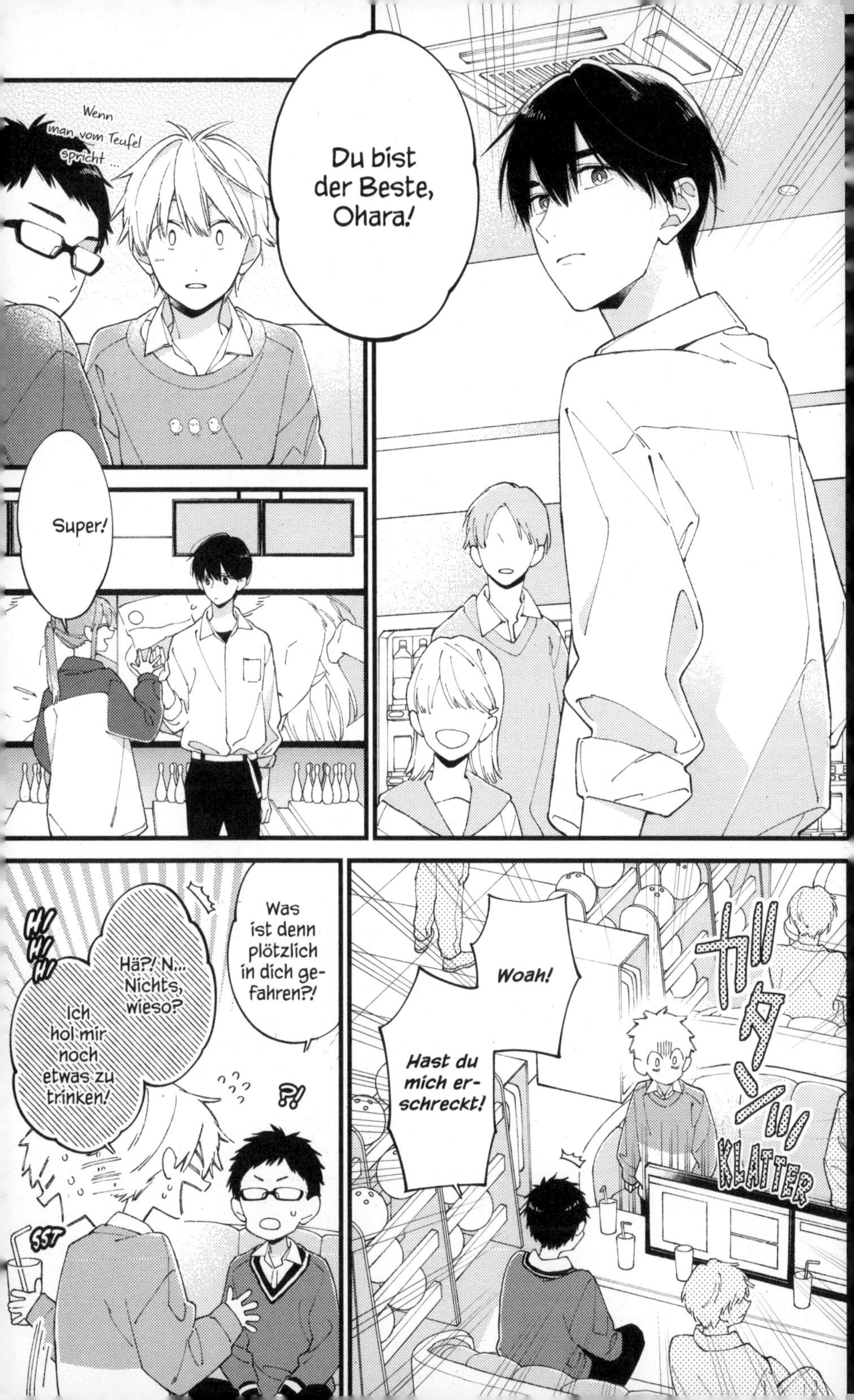

Du bist der Beste, Ohara!
Wenn man vom Teufel spricht ...
Super!
KLATTER
Woah!
Hast du mich erschreckt!
Was ist denn plötzlich in dich gefahren?!
Hä?! N... Nichts, wieso?
Ich hol mir noch etwas zu trinken!
SST
?!

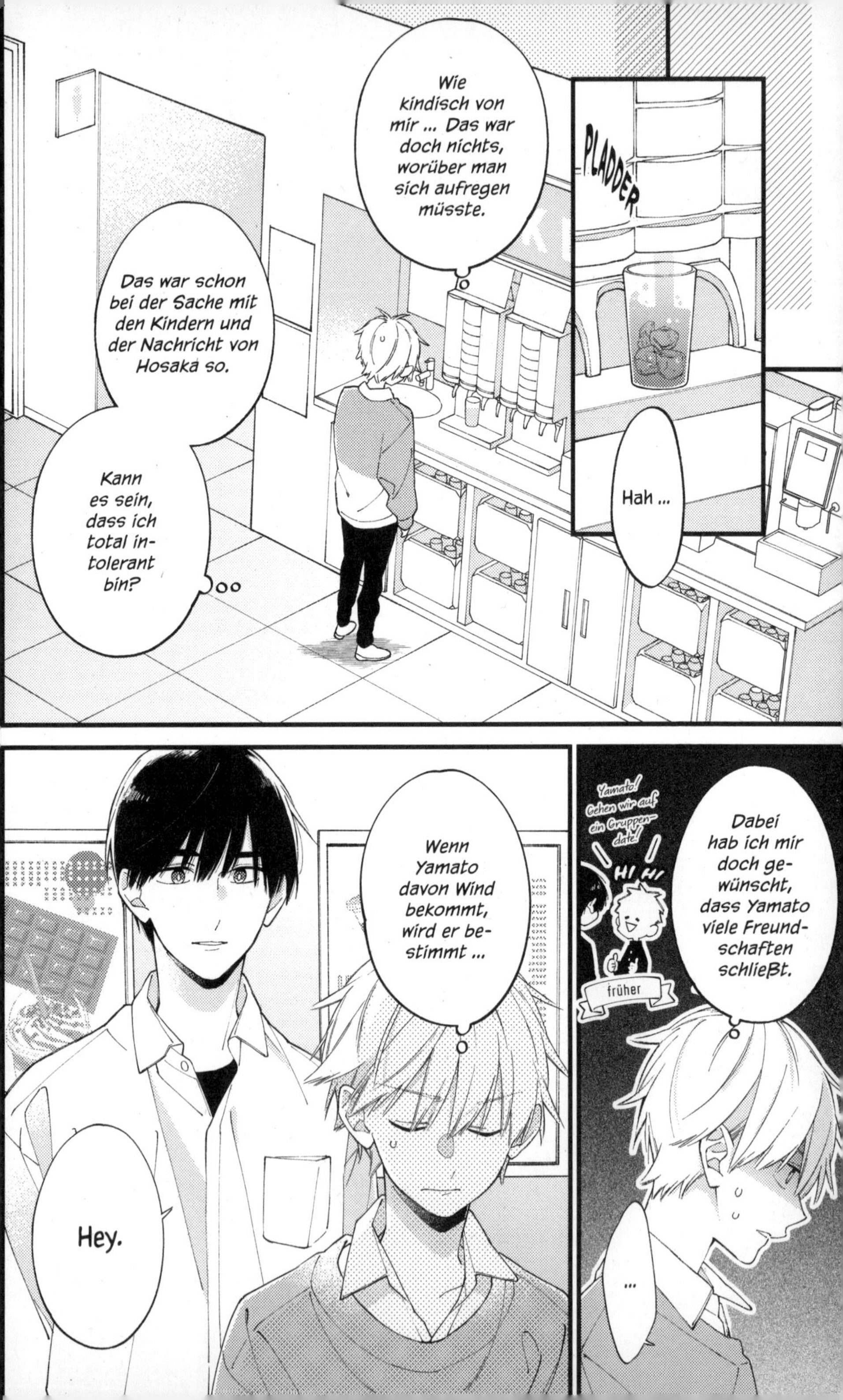
PLADDER
Hah ...
Wie kindisch von mir ... Das war doch nichts, worüber man sich aufregen müsste.
Das war schon bei der Sache mit den Kindern und der Nachricht von Hosaka so.
Kann es sein, dass ich total intolerant bin?
Dabei hab ich mir doch gewünscht, dass Yamato viele Freundschaften schließt.
Yamato! Gehen wir auf ein Gruppendate!
HI HI
früher
...
Wenn Yamato davon Wind bekommt, wird er bestimmt ...
Hey.

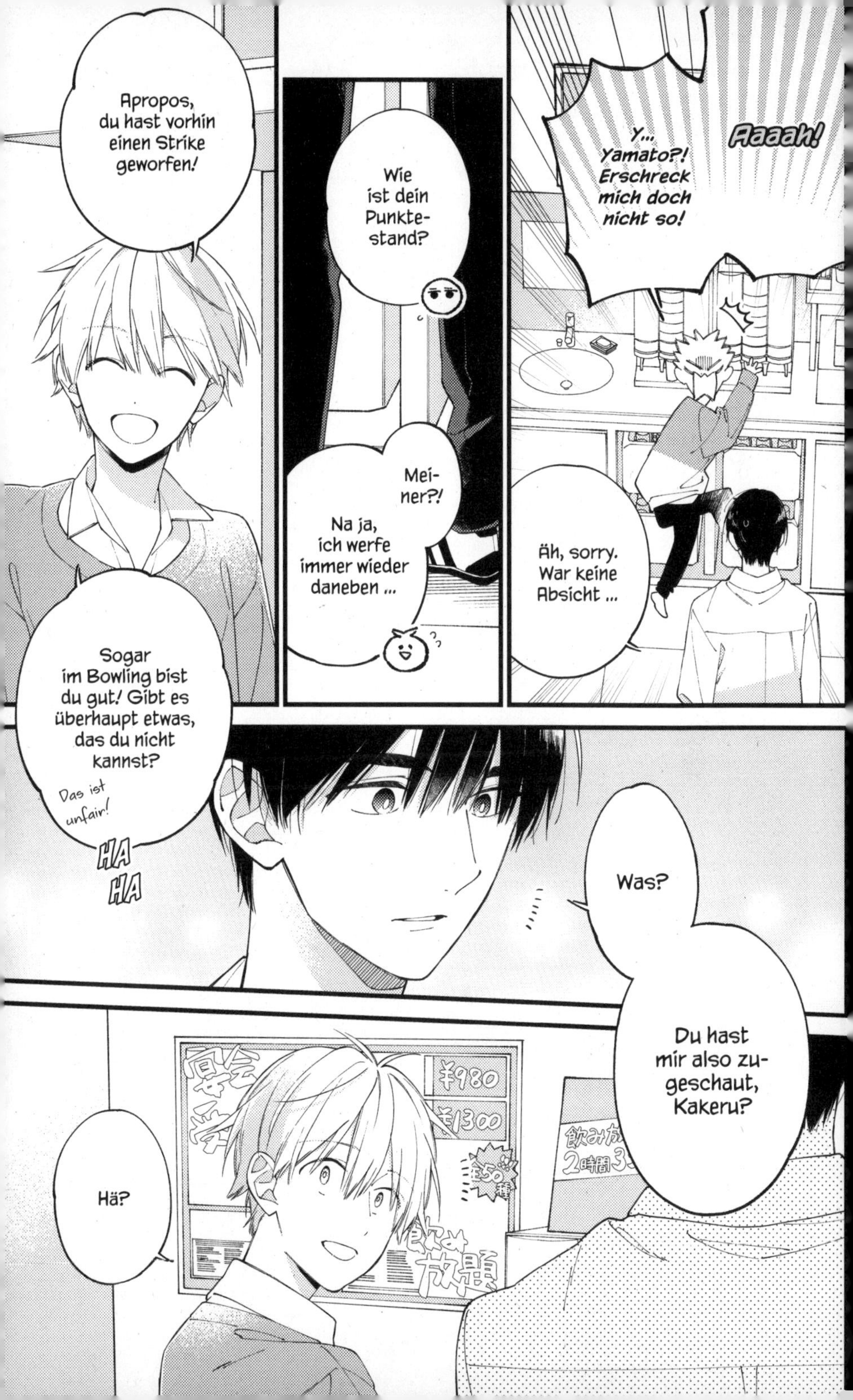
Aaaah!
Y... Yamato?! Erschreck mich doch nicht so!
Äh, sorry. War keine Absicht ...
Wie ist dein Punkte-stand?
Mei-ner?!
Na ja, ich werfe immer wieder daneben ...
Apropos, du hast vorhin einen Strike geworfen!
Sogar im Bowling bist du gut! Gibt es überhaupt etwas, das du nicht kannst?
Das ist unfair!
HA HA
Was?
Du hast mir also zu-geschaut, Kakeru?
Hä?
¥980
¥1300
飲み放題

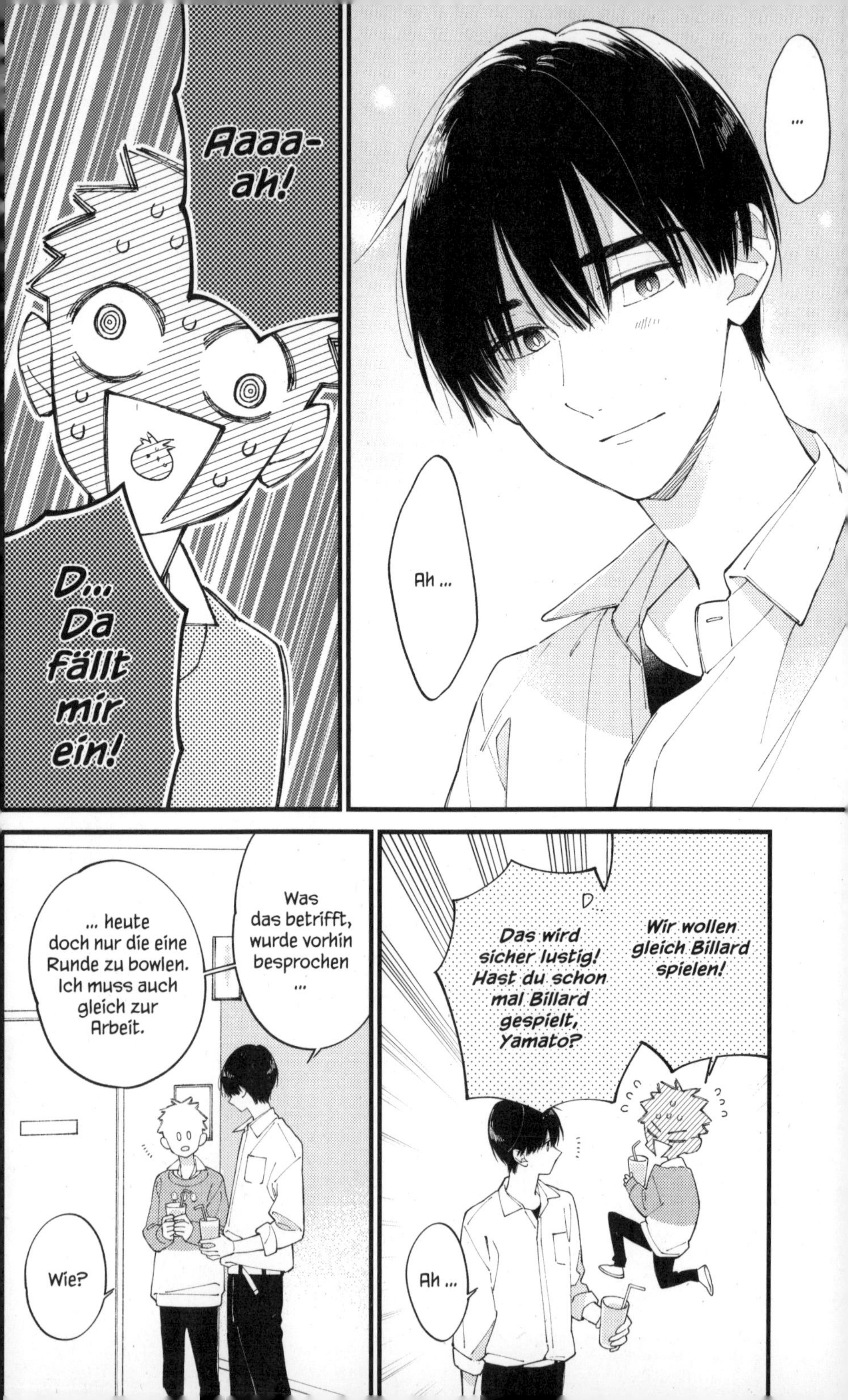
...
Ah ...
Aaaa-ah!
D... Da fällt mir ein!
D..
Wir wollen gleich Billard spielen!
Das wird sicher lustig! Hast du schon mal Billard gespielt, Yamato?
Ah ...
Was das betrifft, wurde vorhin besprochen ...
... heute doch nur die eine Runde zu bowlen. Ich muss auch gleich zur Arbeit.
Wie?

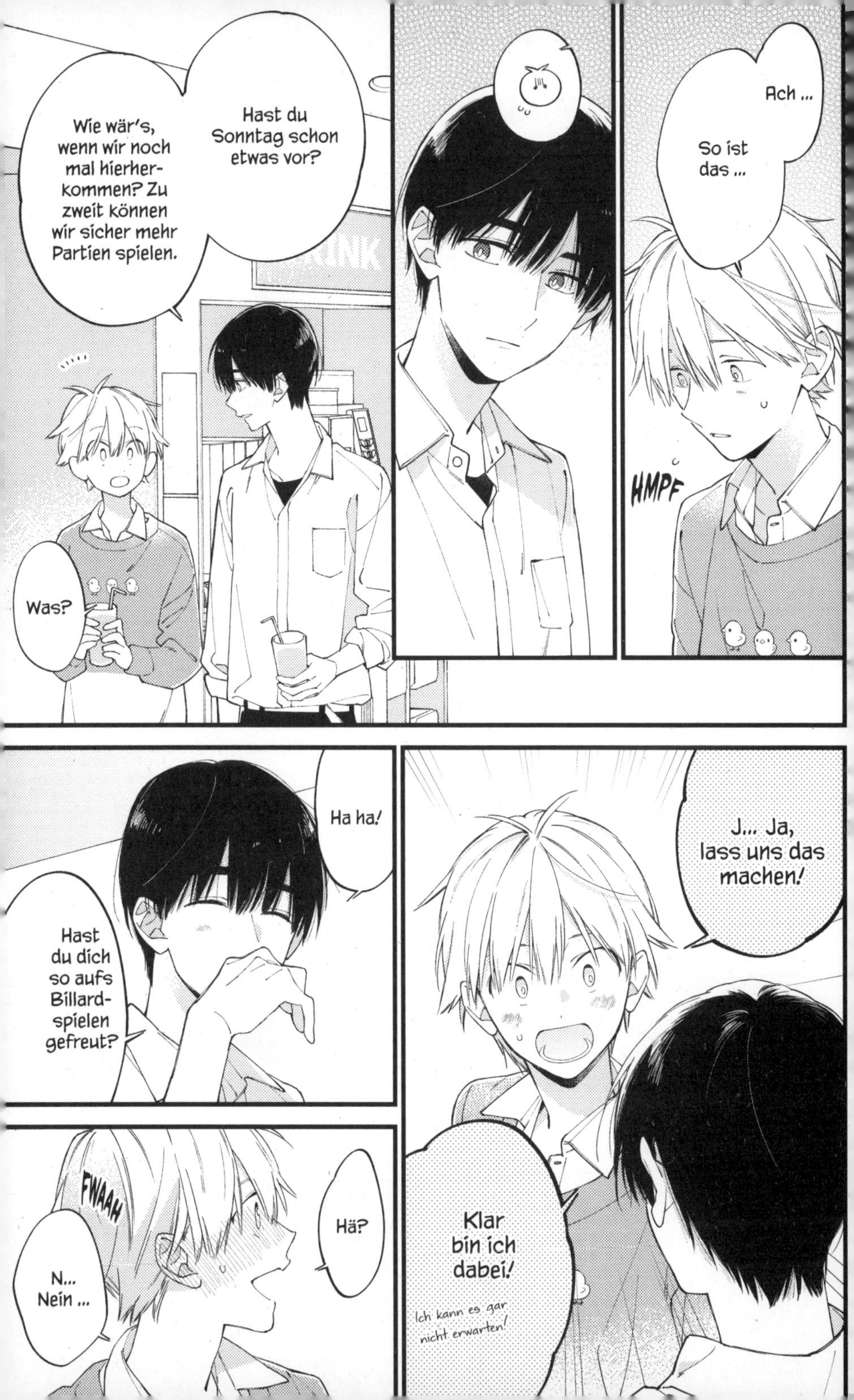
Hast du Sonntag schon etwas vor?
Wie wär's, wenn wir noch mal hierherkommen? Zu zweit können wir sicher mehr Partien spielen.
Was?
Ach ...
So ist das ...
HMPF
J... Ja, lass uns das machen!
Klar bin ich dabei!
Ich kann es gar nicht erwarten!
Ha ha!
Hast du dich so aufs Billardspielen gefreut?
Hä?
FWAAH
N... Nein ...

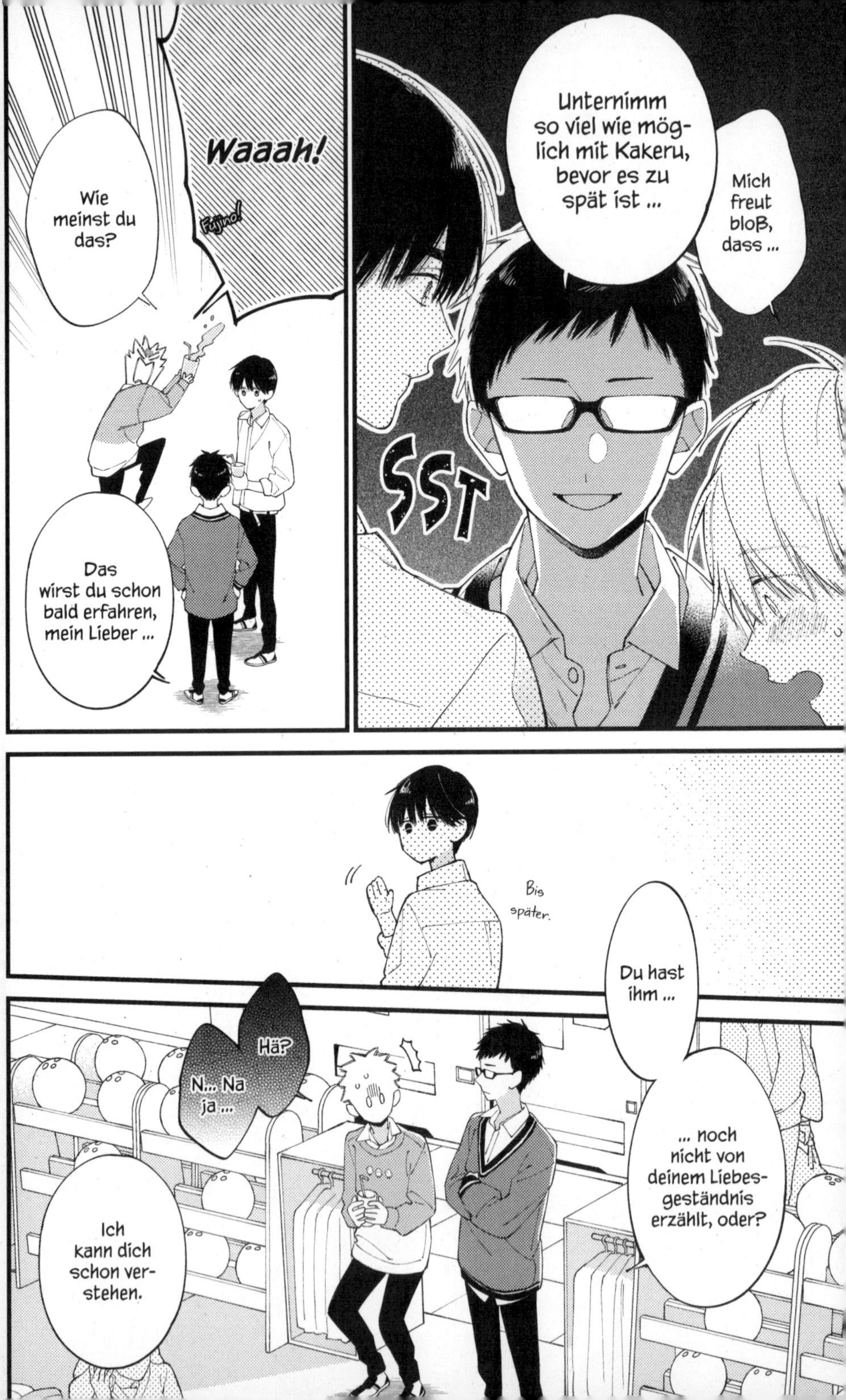
Mich freut bloß, dass ...
Unternimm so viel wie mög-lich mit Kakeru, bevor es zu spät ist ...
SST
Waaah!
Fujino!
Wie meinst du das?
Das wirst du schon bald erfahren, mein Lieber ...
Bis später.
Du hast ihm ...
... noch nicht von deinem Liebes-geständnis erzählt, oder?
Hä?
N... Na ja ...
Ich kann dich schon ver-stehen.

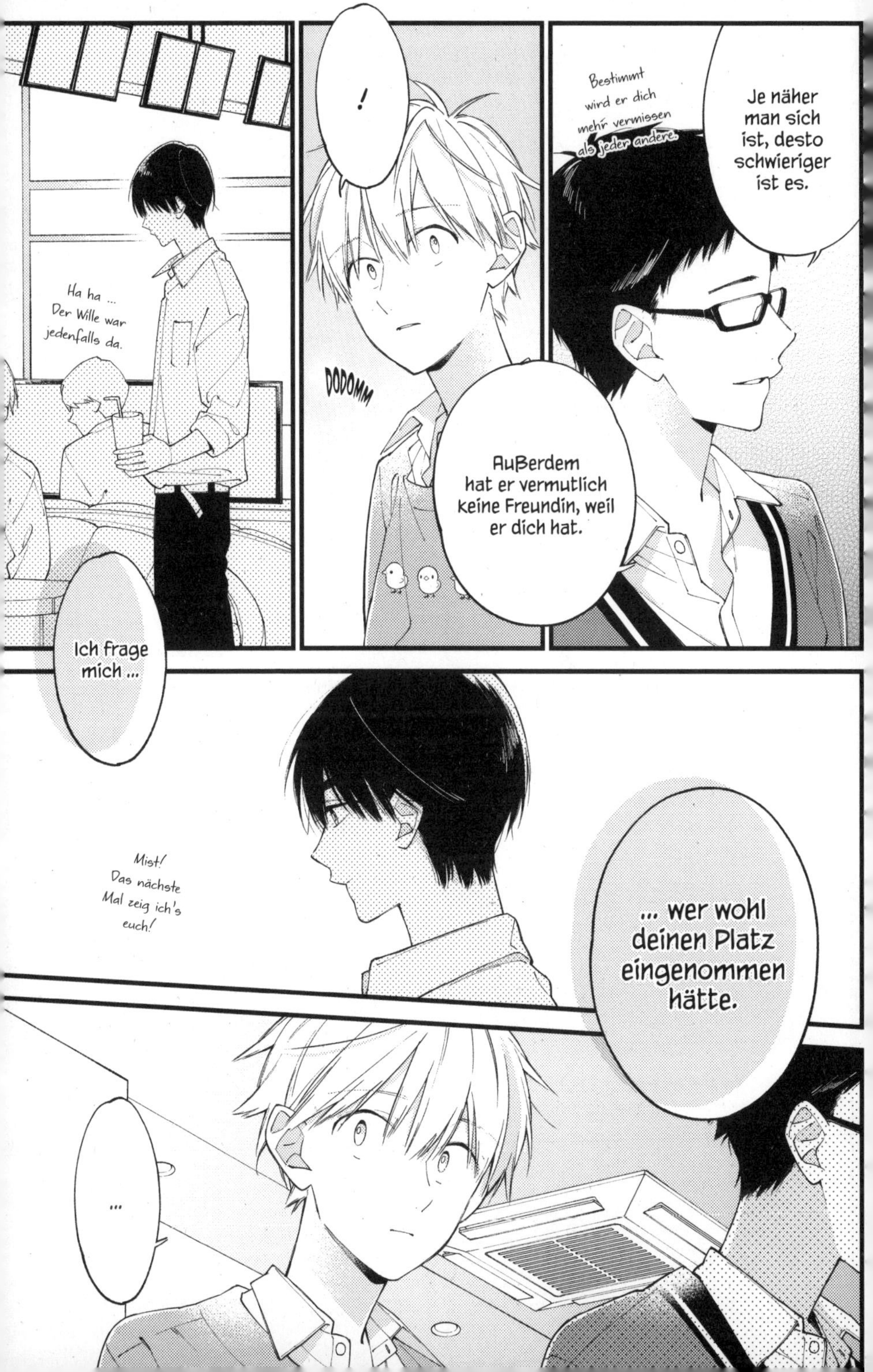
Je näher man sich ist, desto schwieriger ist es.
Bestimmt wird er dich mehr vermissen als jeder andere.
!
DODOMM
Außerdem hat er vermutlich keine Freundin, weil er dich hat.
Ha ha ... Der Wille war jedenfalls da.
Ich frage mich ...
... wer wohl deinen Platz eingenommen hätte.
Mist! Das nächste Mal zeig ich's euch!
...

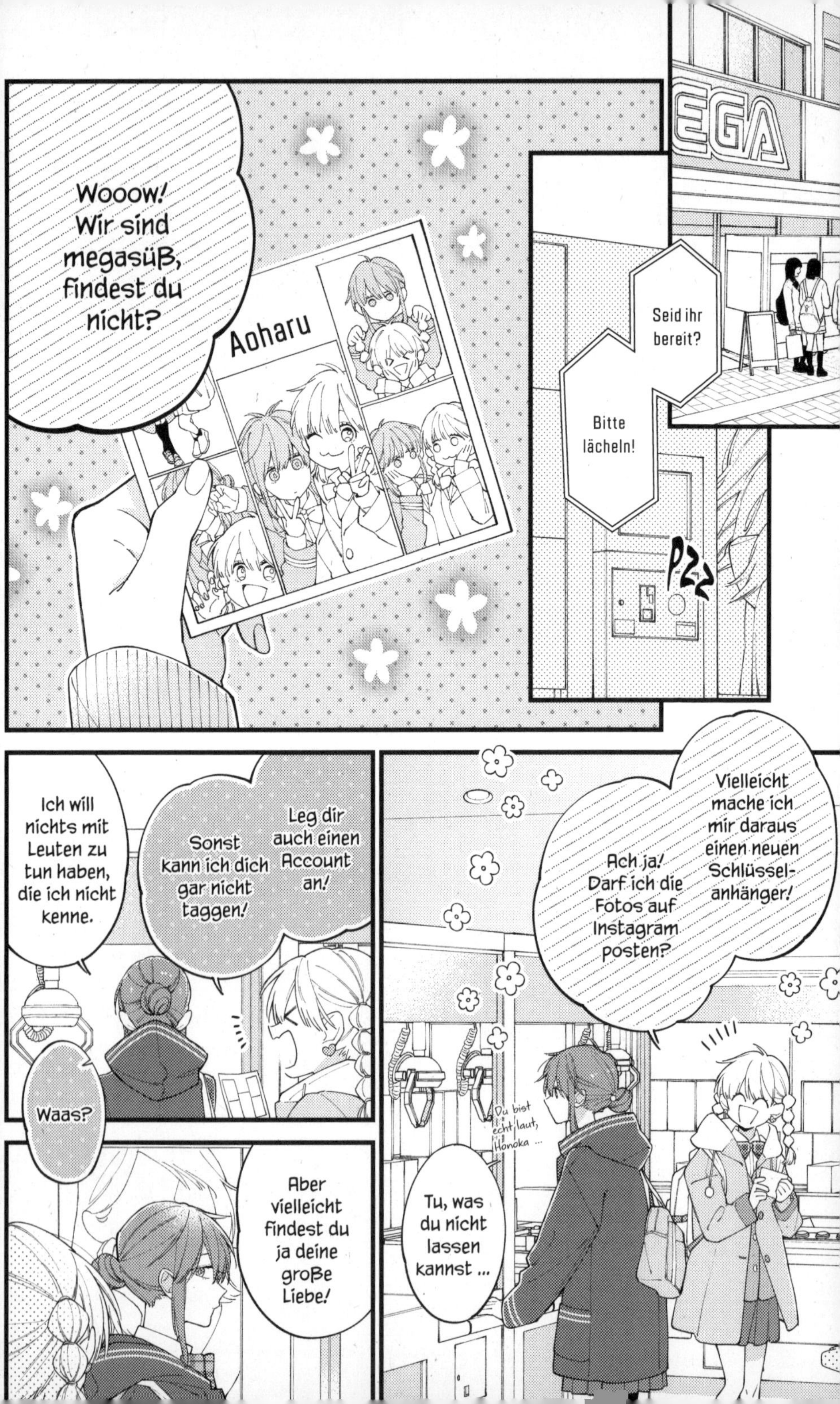

Seid ihr bereit?
Bitte lächeln!
PZZ
Wooow! Wir sind megasüß, findest du nicht?
Aoharu
Vielleicht mache ich mir daraus einen neuen Schlüssel-anhänger!
Ach ja! Darf ich die Fotos auf Instagram posten?
Du bist echt laut, Honoka ...
Tu, was du nicht lassen kannst ...
Leg dir auch einen Account an!
Sonst kann ich dich gar nicht taggen!
Ich will nichts mit Leuten zu tun haben, die ich nicht kenne.
Waas?
Aber vielleicht findest du ja deine große Liebe!

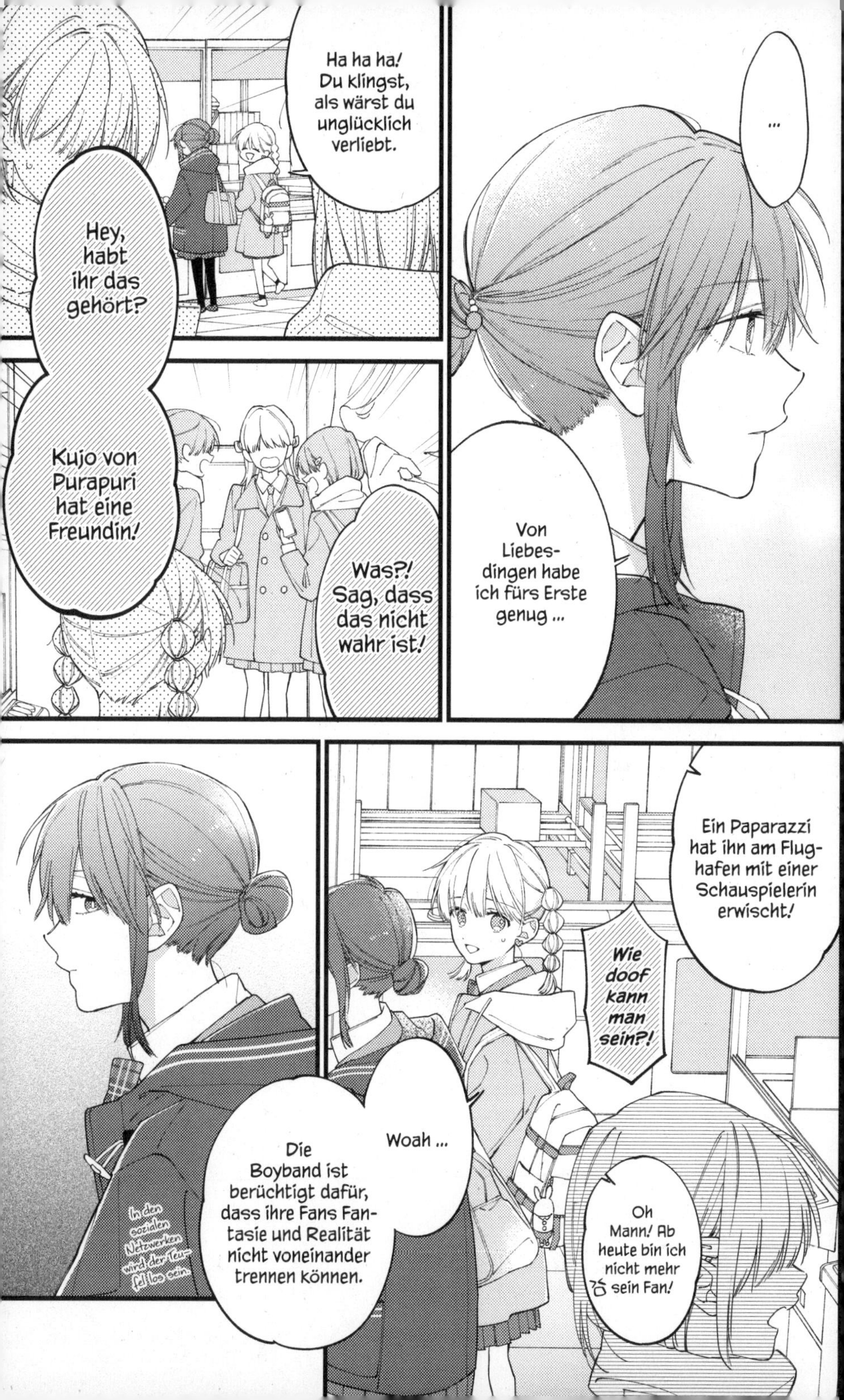
...
Von Liebesdingen habe ich fürs Erste genug ...
Ha ha ha! Du klingst, als wärst du unglücklich verliebt.
Hey, habt ihr das gehört?
Kujo von Purapuri hat eine Freundin!
Was?! Sag, dass das nicht wahr ist!
Ein Paparazzi hat ihn am Flughafen mit einer Schauspielerin erwischt!
Wie doof kann man sein?!
Oh Mann! Ab heute bin ich nicht mehr sein Fan!
Woah ...
Die Boyband ist berüchtigt dafür, dass ihre Fans Fantasie und Realität nicht voneinander trennen können.
In den sozialen Netzwerken wird der Teufel los sein.

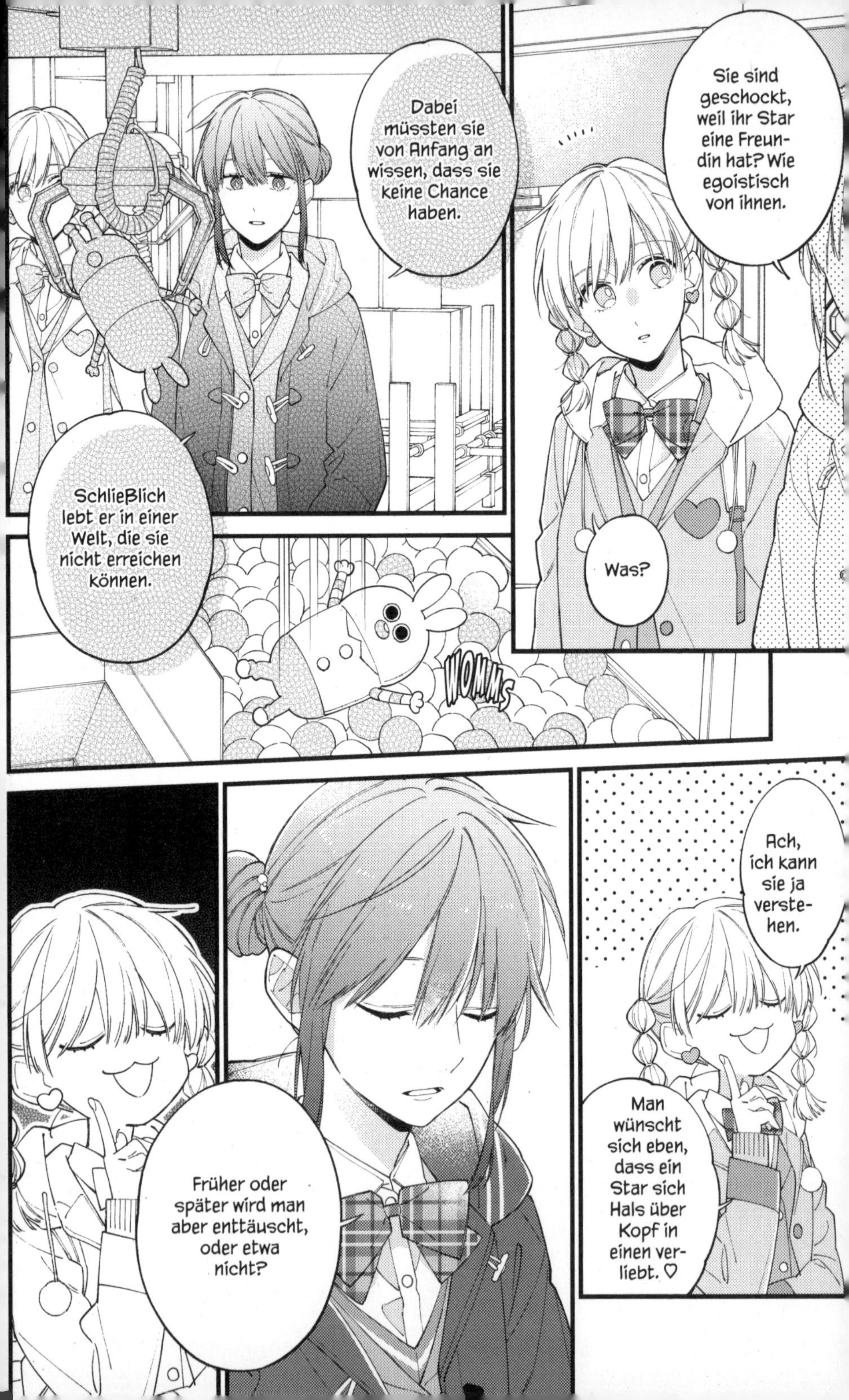
Sie sind geschockt, weil ihr Star eine Freundin hat? Wie egoistisch von ihnen.
......
Dabei müssten sie von Anfang an wissen, dass sie keine Chance haben.
Was?
Schließlich lebt er in einer Welt, die sie nicht erreichen können.
WOMMS
Ach, ich kann sie ja verstehen.
Man wünscht sich eben, dass ein Star sich Hals über Kopf in einen verliebt. ♡
Früher oder später wird man aber enttäuscht, oder etwa nicht?

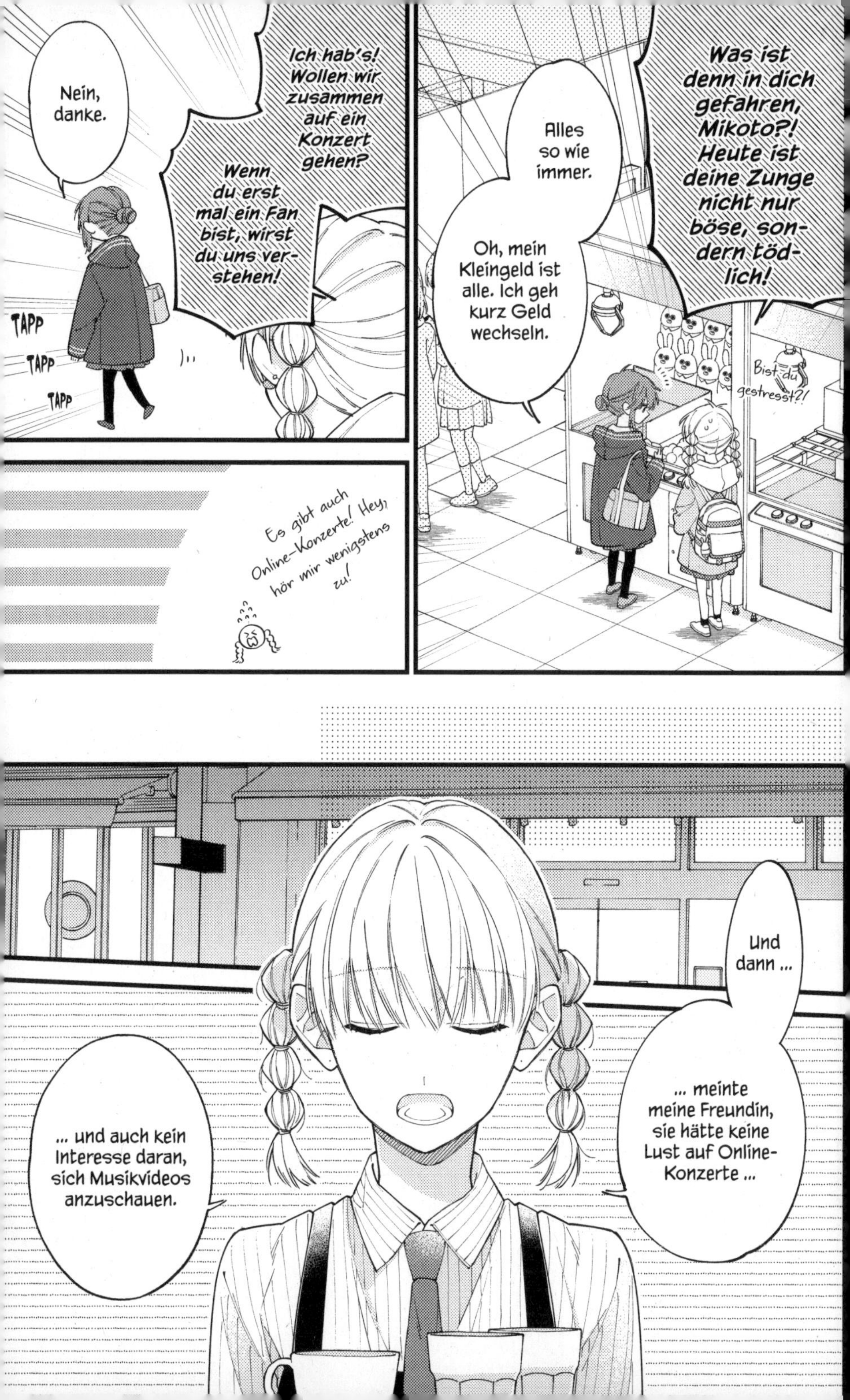
Was ist denn in dich gefahren, Mikoto?! Heute ist deine Zunge nicht nur böse, sondern tödlich!
Alles so wie immer.
Oh, mein Kleingeld ist alle. Ich geh kurz Geld wechseln.
Bist du gestresst?!
Ich hab's! Wollen wir zusammen auf ein Konzert gehen?
Wenn du erst mal ein Fan bist, wirst du uns verstehen!
Nein, danke.
TAPP
TAPP
TAPP
Es gibt auch Online-Konzerte! Hey, hör mir wenigstens zu!
Und dann ...
... meinte meine Freundin, sie hätte keine Lust auf Online-Konzerte ...
... und auch kein Interesse daran, sich Musikvideos anzuschauen.

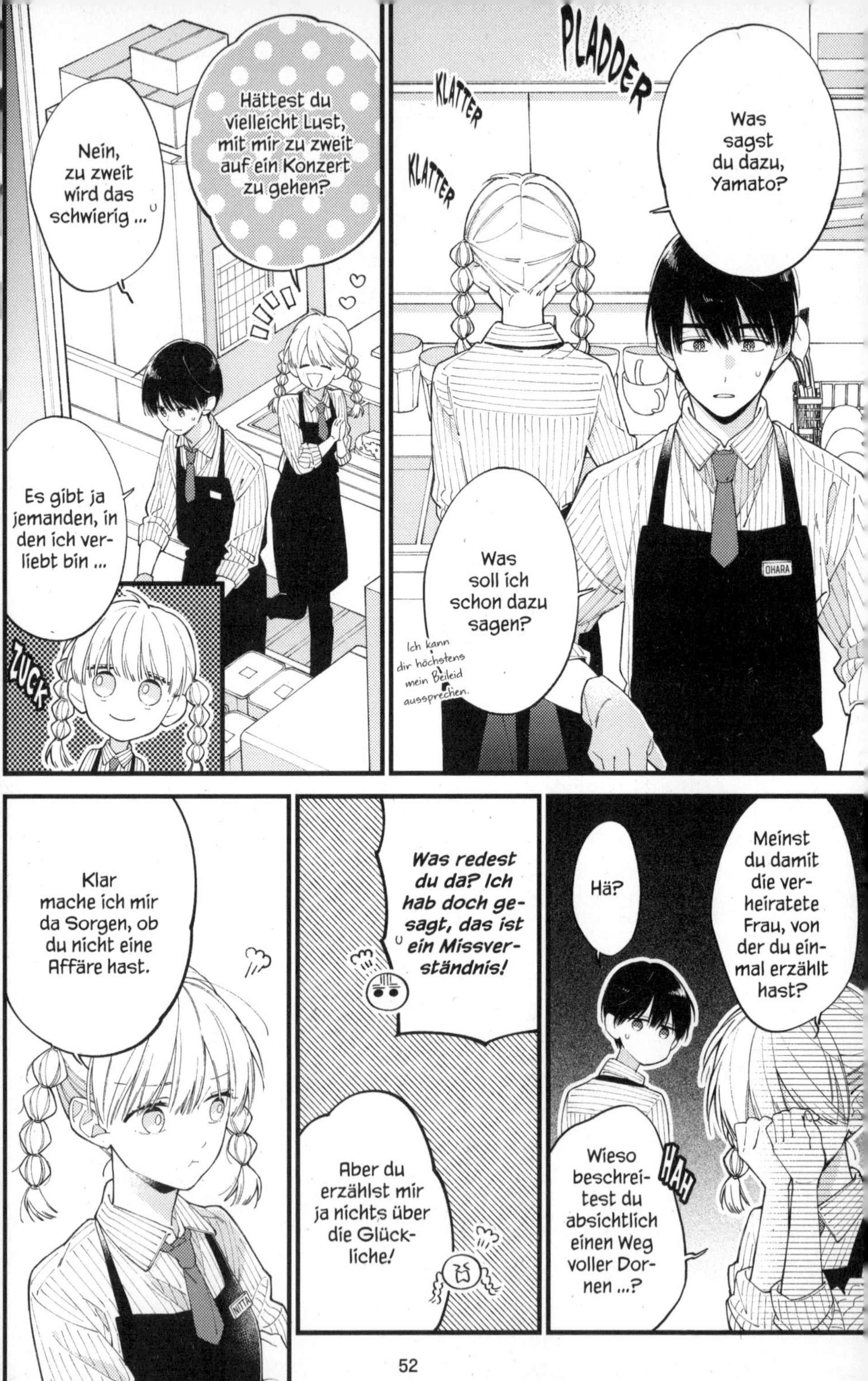

PLADDER
KLATTER
KLATTER
Was sagst du dazu, Yamato?
Was soll ich schon dazu sagen?
Ich kann dir höchstens mein Beileid aussprechen.
Hättest du vielleicht Lust, mit mir zu zweit auf ein Konzert zu gehen?
Nein, zu zweit wird das schwierig ...
Es gibt ja jemanden, in den ich verliebt bin ...
ZUCK
Meinst du damit die verheiratete Frau, von der du einmal erzählt hast?
Hä?
Wieso beschreitest du absichtlich einen Weg voller Dornen ...?
HAH
Was redest du da? Ich hab doch gesagt, das ist ein Missverständnis!
Aber du erzählst mir ja nichts über die Glückliche!
Klar mache ich mir da Sorgen, ob du nicht eine Affäre hast.

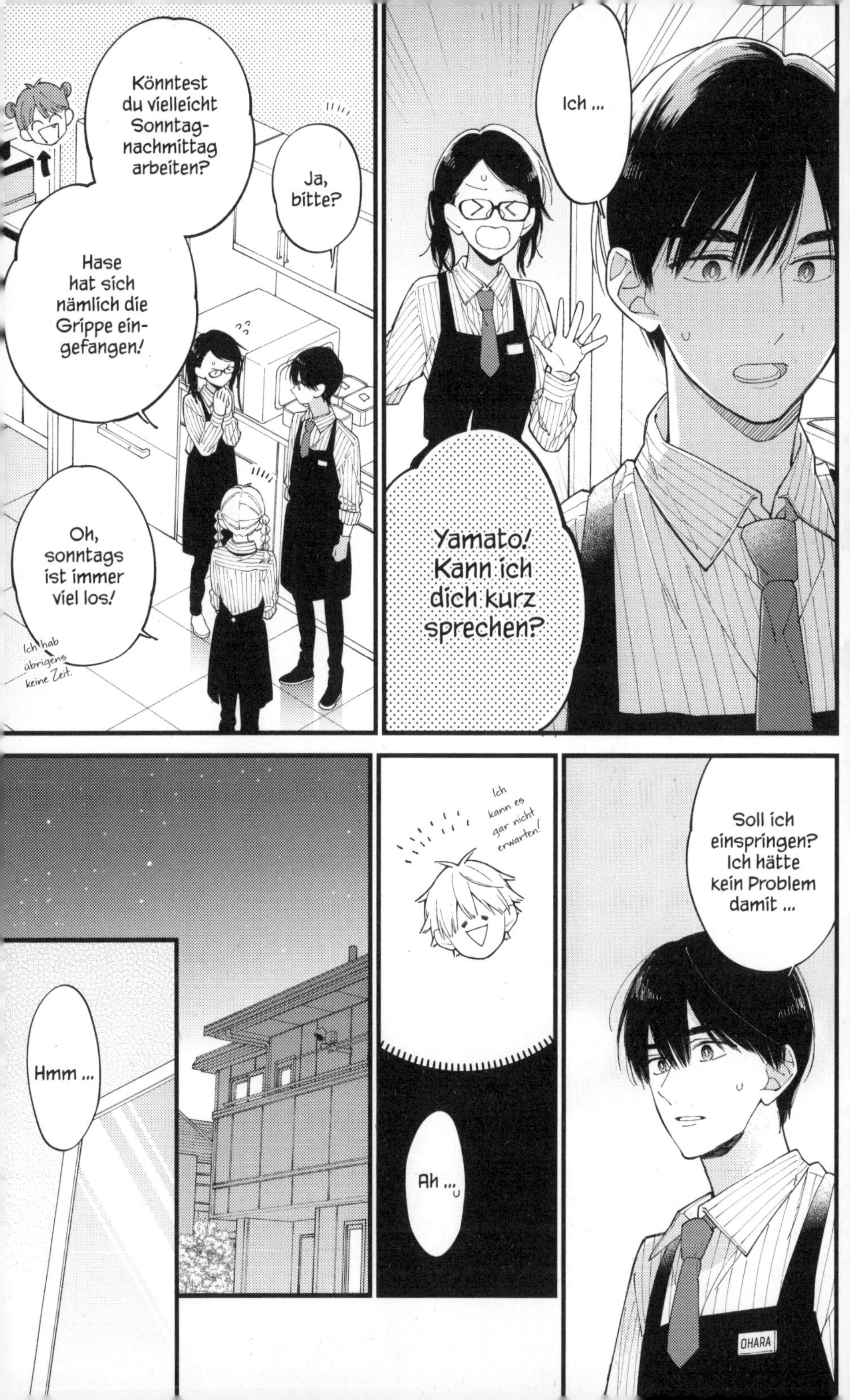
Ich ...
Yamato! Kann ich dich kurz sprechen?
Ja, bitte?
Könntest du vielleicht Sonntagnachmittag arbeiten?
Hase hat sich nämlich die Grippe eingefangen!
Oh, sonntags ist immer viel los!
Ich hab übrigens keine Zeit.
Soll ich einspringen? Ich hätte kein Problem damit ...
Ich kann es gar nicht erwarten!
Ah ...
Hmm ...
OHARA

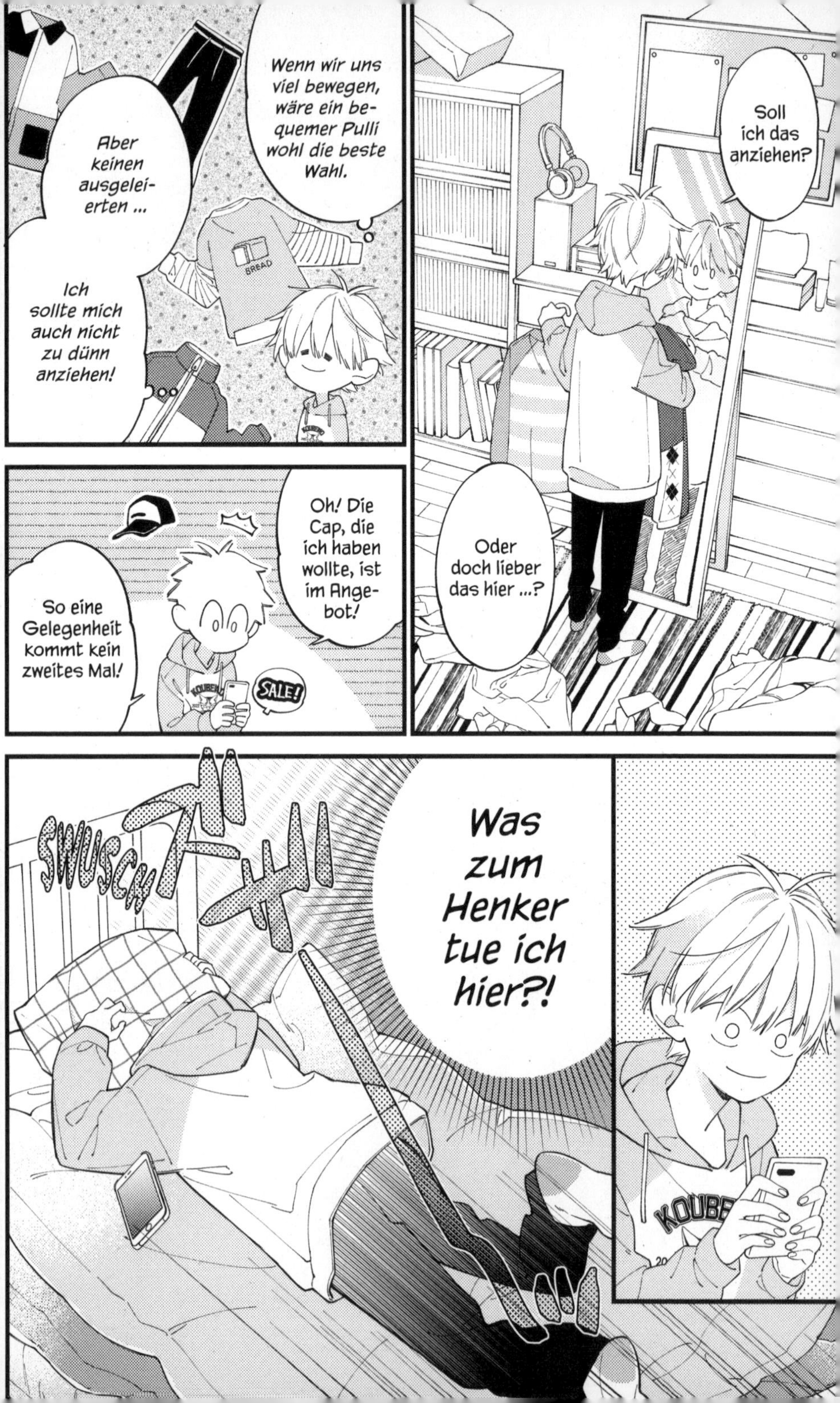
Soll ich das anziehen?
Oder doch lieber das hier ...?
Wenn wir uns viel bewegen, wäre ein bequemer Pulli wohl die beste Wahl.
Aber keinen ausgeleierten ...
Ich sollte mich auch nicht zu dünn anziehen!
BREAD
Oh! Die Cap, die ich haben wollte, ist im Angebot!
So eine Gelegenheit kommt kein zweites Mal!
SALE!
KOUBE
Was zum Henker tue ich hier?!
SWUSCH

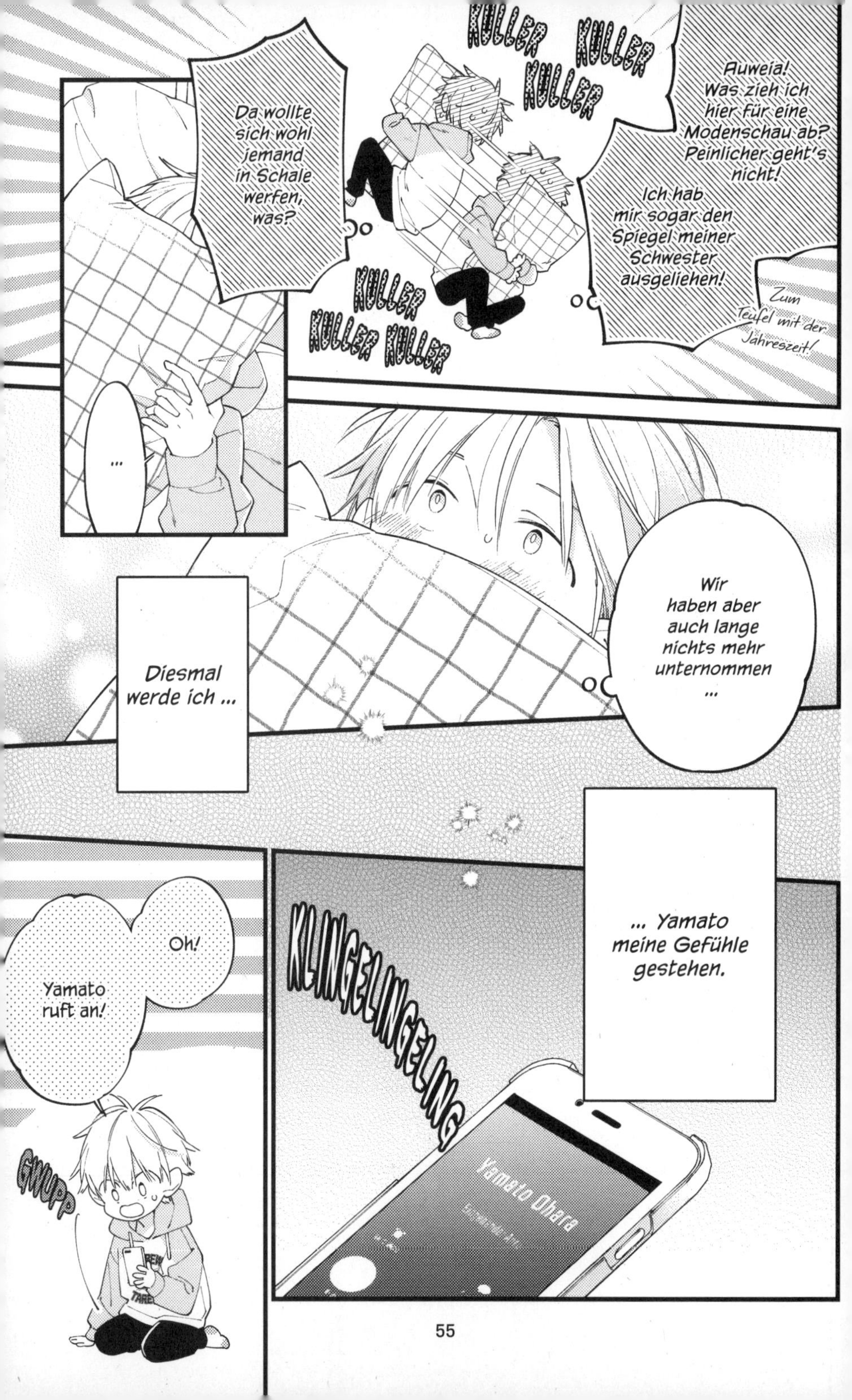
KULLER KULLER KULLER
Auweia! Was zieh ich hier für eine Modenschau ab? Peinlicher geht's nicht!
Ich hab mir sogar den Spiegel meiner Schwester ausgeliehen!
Zum Teufel mit der Jahreszeit!
KULLER KULLER KULLER
Da wollte sich wohl jemand in Schale werfen, was?
...
Wir haben aber auch lange nichts mehr unternommen ...
Diesmal werde ich ...
... Yamato meine Gefühle gestehen.
KLINGELINGELING
Yamato Ohara
Oh!
Yamato ruft an!
GWUPP

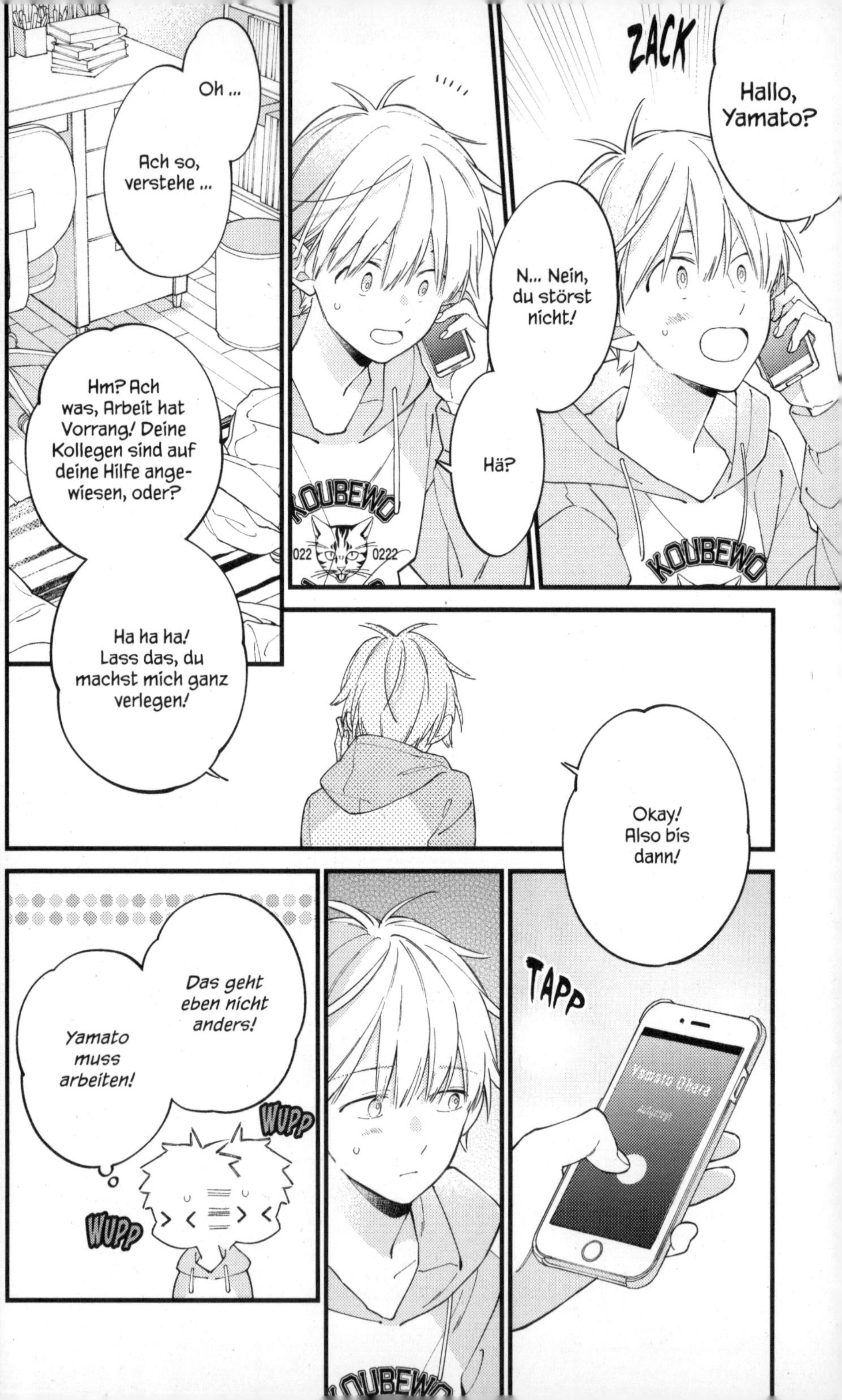
ZACK
Hallo, Yamato?
N... Nein, du störst nicht!
Hä?
Oh ...
Ach so, verstehe ...
Hm? Ach was, Arbeit hat Vorrang! Deine Kollegen sind auf deine Hilfe angewiesen, oder?
Ha ha ha! Lass das, du machst mich ganz verlegen!
Okay! Also bis dann!
TAPP
Das geht eben nicht anders!
Yamato muss arbeiten!
WUPP
WUPP

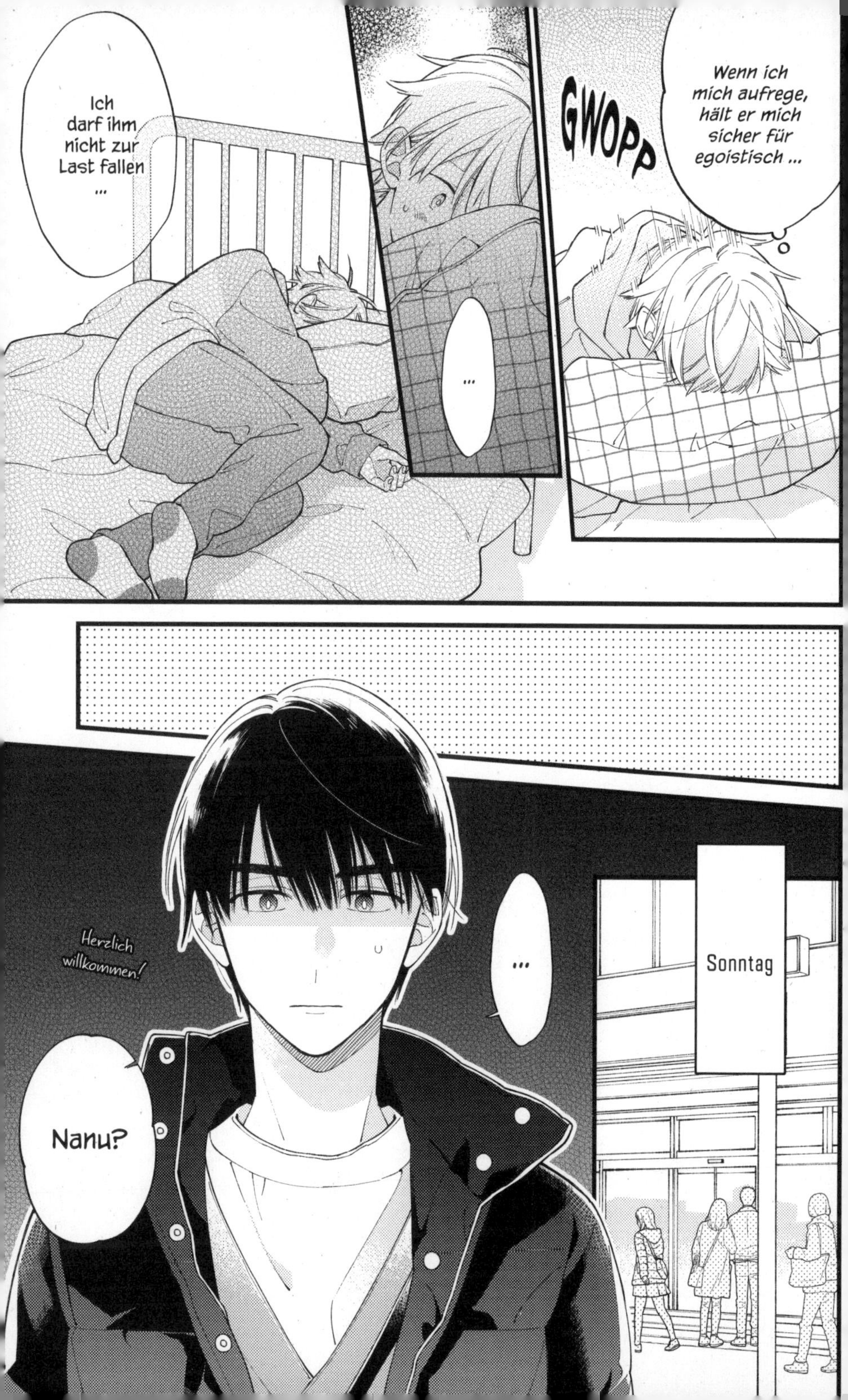
Wenn ich mich aufrege, hält er mich sicher für egoistisch ...
GWOPP
...
Ich darf ihm nicht zur Last fallen ...
Sonntag
...
Herzlich willkommen!
Nanu?

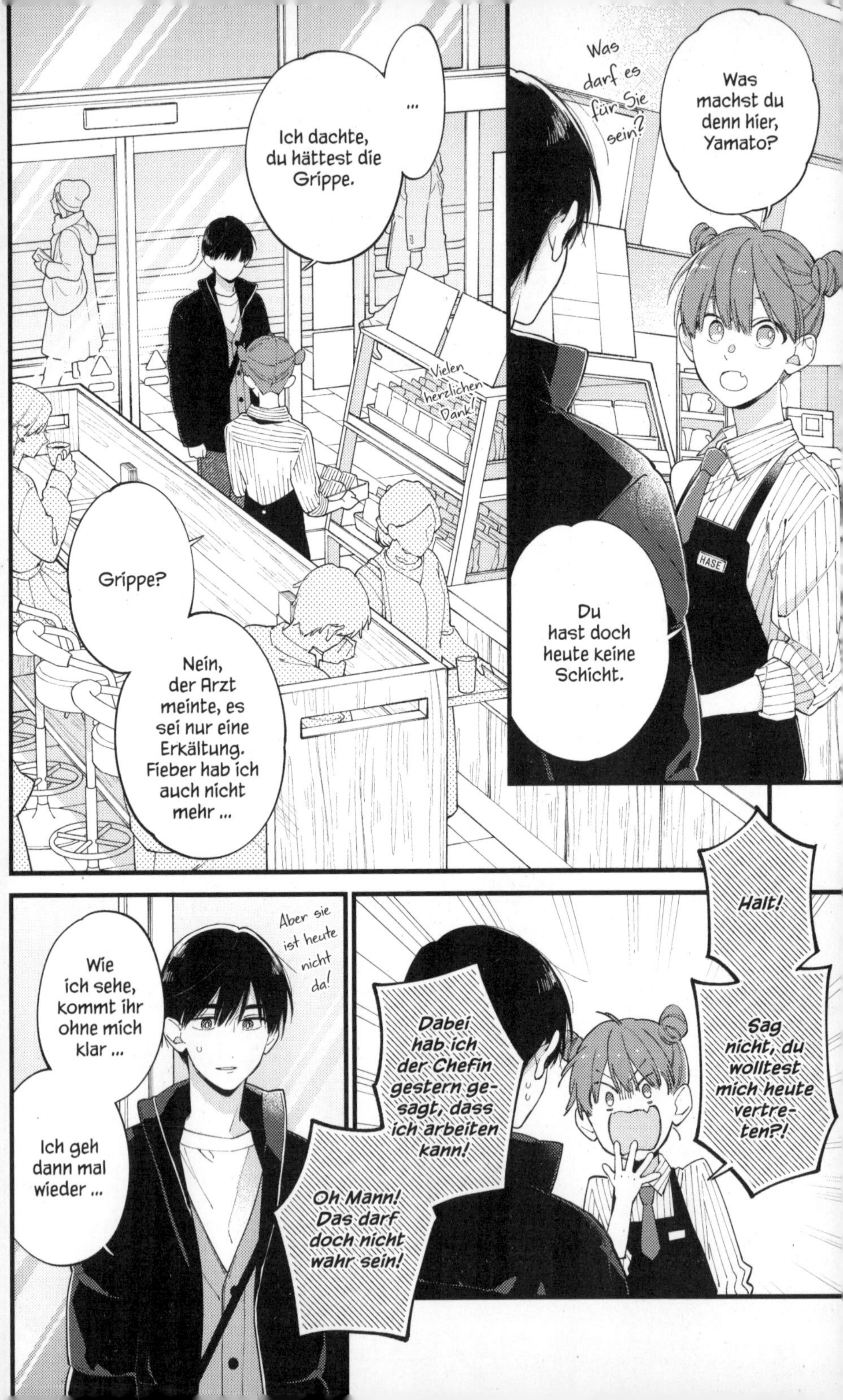
Was machst du denn hier, Yamato?
Was darf es für Sie sein?
HASE
Du hast doch heute keine Schicht.
...
Ich dachte, du hättest die Grippe.
Vielen herzlichen Dank!
Grippe?
Nein, der Arzt meinte, es sei nur eine Erkältung. Fieber hab ich auch nicht mehr ...
Halt!
Sag nicht, du wolltest mich heute vertreten?!
Dabei hab ich der Chefin gestern gesagt, dass ich arbeiten kann!
Oh Mann! Das darf doch nicht wahr sein!
Aber sie ist heute nicht da!
Wie ich sehe, kommt ihr ohne mich klar ...
Ich geh dann mal wieder ...

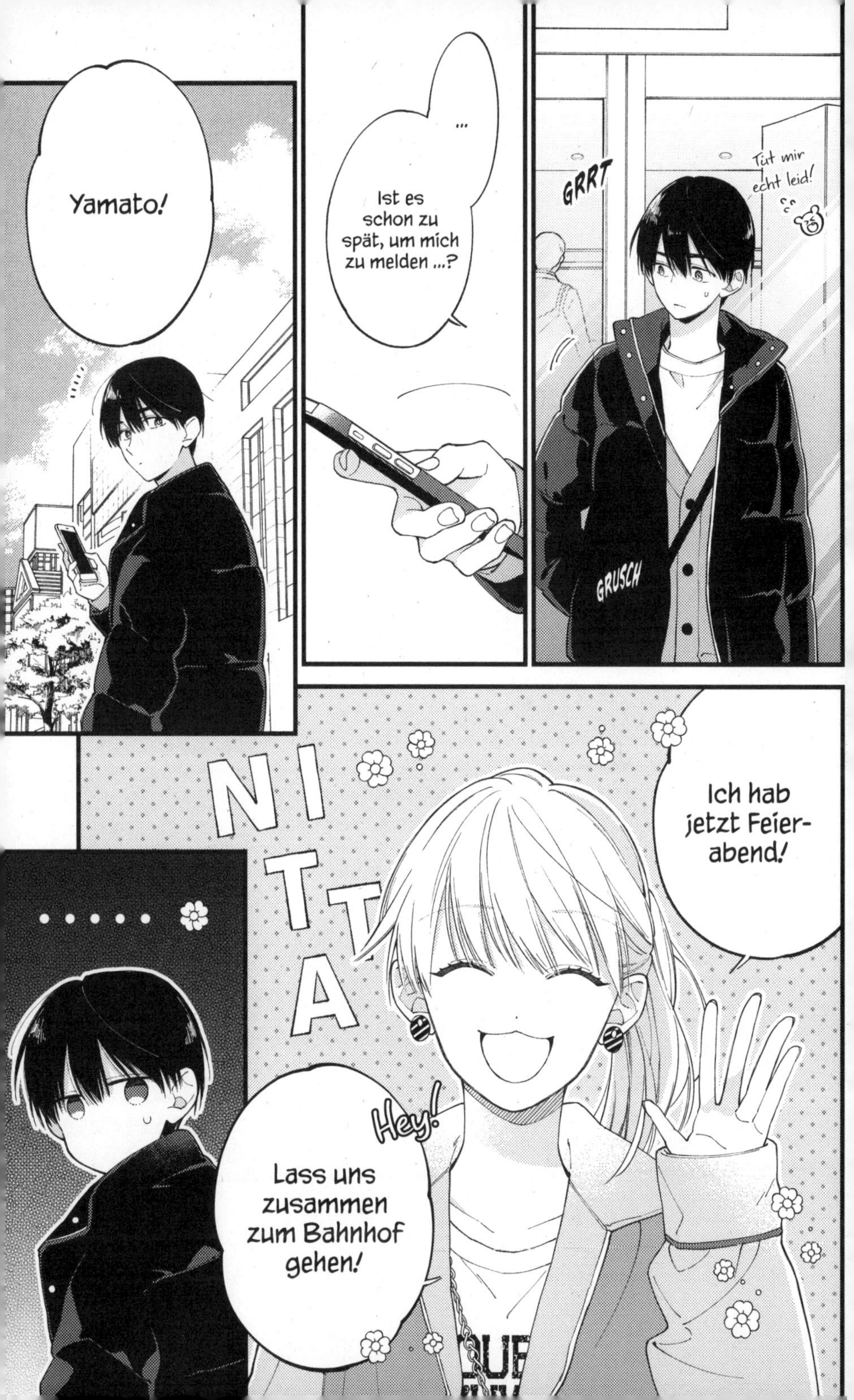
GRRT
Tut mir echt leid!
GRUSCH
...
Ist es schon zu spät, um mich zu melden ...?
Yamato!
....
NITTA
Ich hab jetzt Feier-abend!
Hey!
Lass uns zusammen zum Bahnhof gehen!
.....

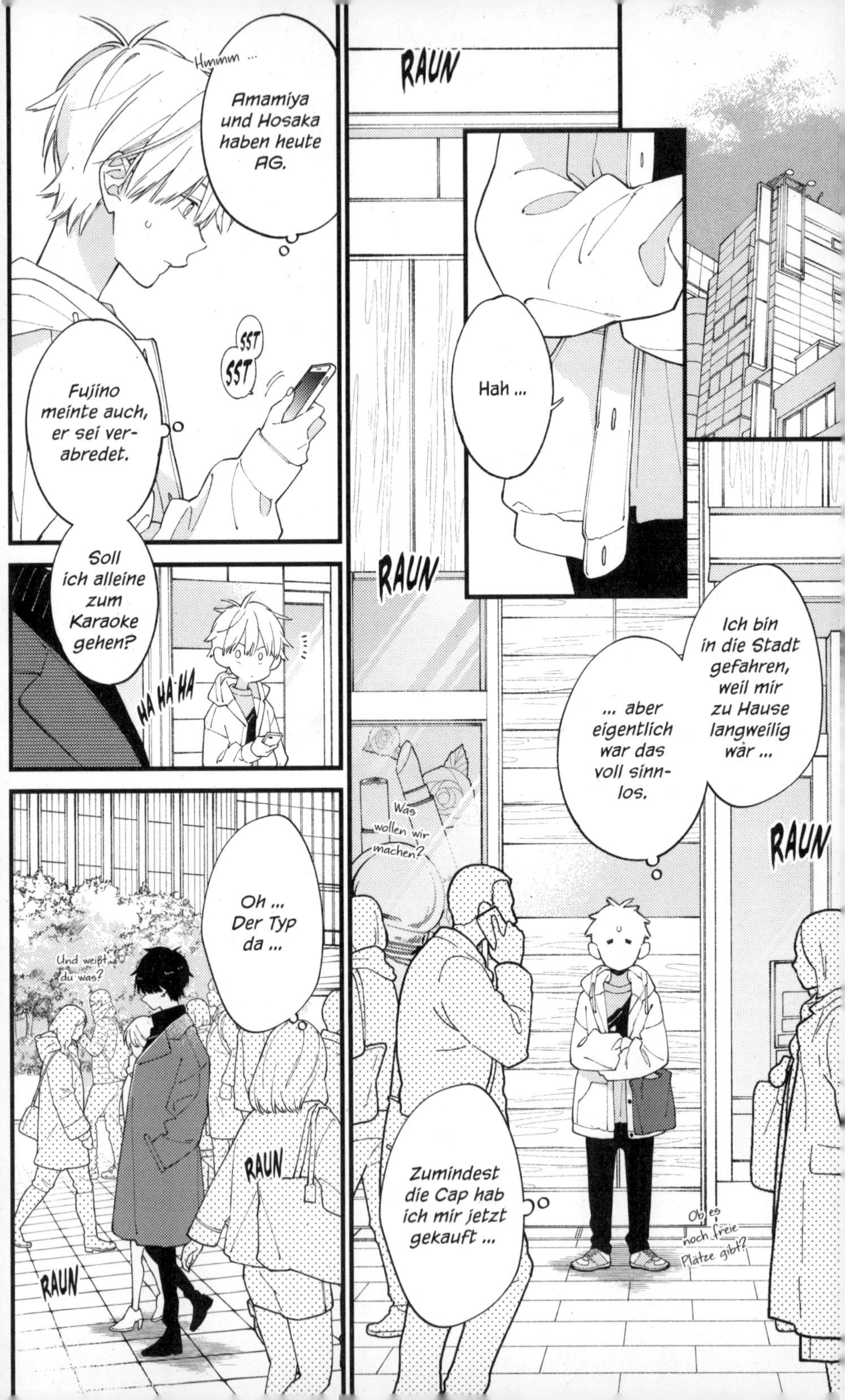
RAUN
Hah ...
RAUN
Ich bin in die Stadt gefahren, weil mir zu Hause langweilig wär ...
... aber eigentlich war das voll sinnlos.
RAUN
Was wollen wir machen?
Zumindest die Cap hab ich mir jetzt gekauft ...
Ob es noch freie Plätze gibt?
Hmmm ...
Amamiya und Hosaka haben heute AG.
SST SST
Fujino meinte auch, er sei verabredet.
Soll ich alleine zum Karaoke gehen?
HA HA HA
Oh ... Der Typ da ...
Und weißt du was?
RAUN
RAUN

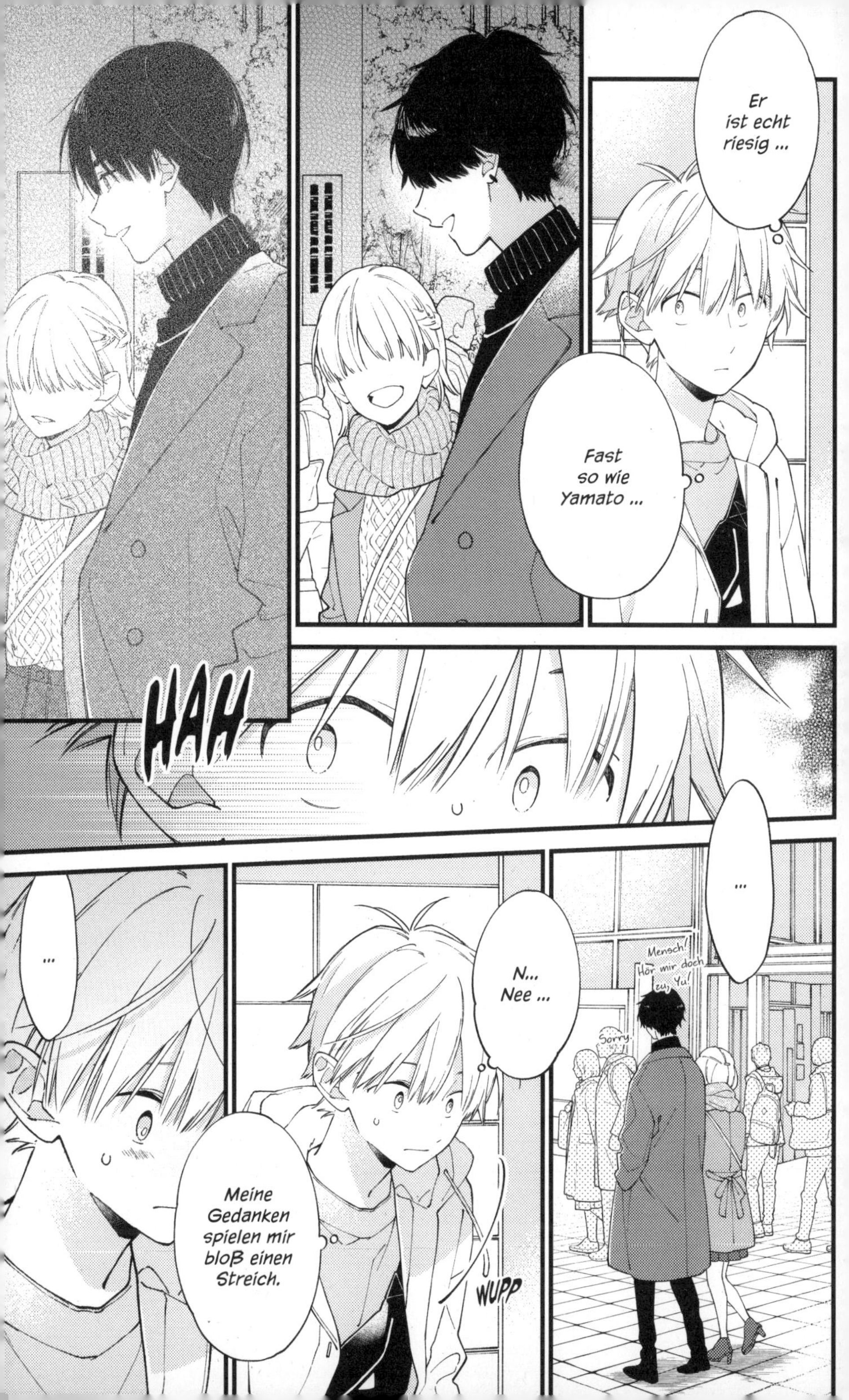
Er ist echt riesig ...
Fast so wie Yamato ...
HAH
...
Mensch! Hör mir doch zu, Yu!
Sorry.
N... Nee ...
...
Meine Gedanken spielen mir bloß einen Streich.
WUPP

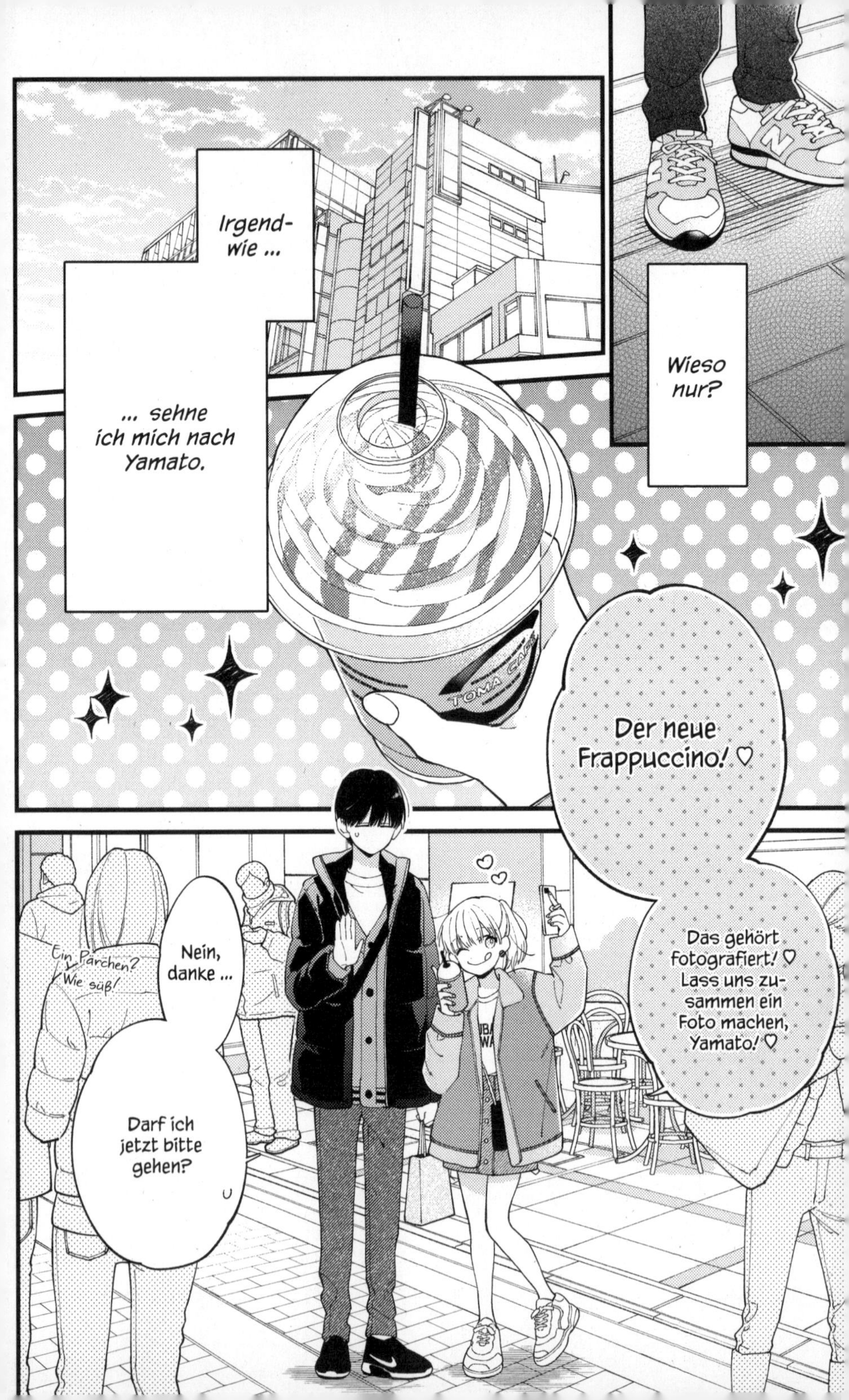

Wieso nur?
Irgend-wie ...
... sehne ich mich nach Yamato.
TOMA CAFE
Der neue Frappuccino! ♡
Das gehört fotografiert! ♡ Lass uns zu-sammen ein Foto machen, Yamato! ♡
Nein, danke ...
Darf ich jetzt bitte gehen?
Ein Pärchen? Wie süß!

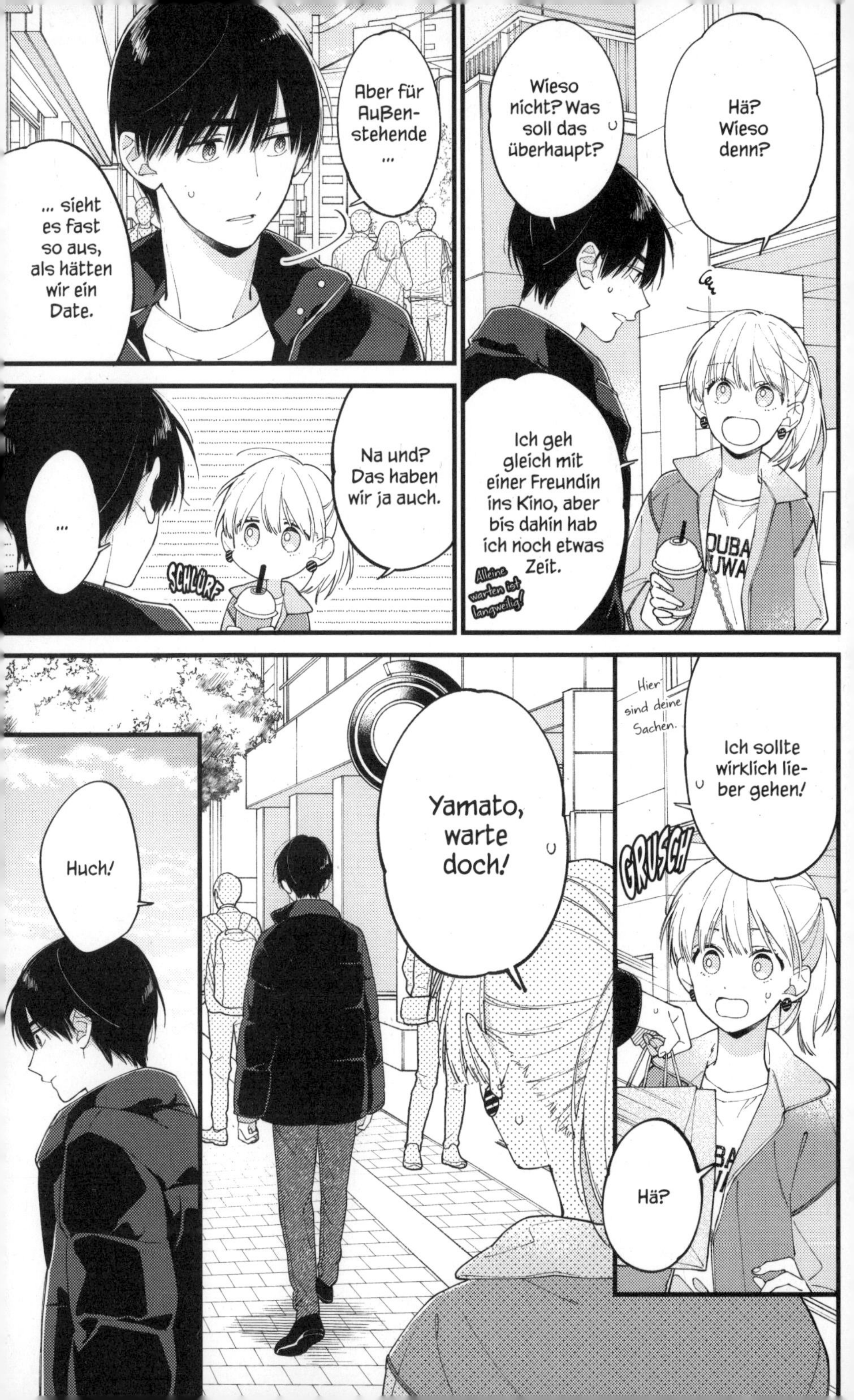
Hä? Wieso denn?
Wieso nicht? Was soll das überhaupt?
Aber für Außenstehende ...
... sieht es fast so aus, als hätten wir ein Date.
Ich geh gleich mit einer Freundin ins Kino, aber bis dahin hab ich noch etwas Zeit.
Alleine warten ist langweilig!
Na und? Das haben wir ja auch.
SCHLÜRF
...
Hier sind deine Sachen.
Ich sollte wirklich lieber gehen!
GRUSCH
Hä?
Yamato, warte doch!
Huch!

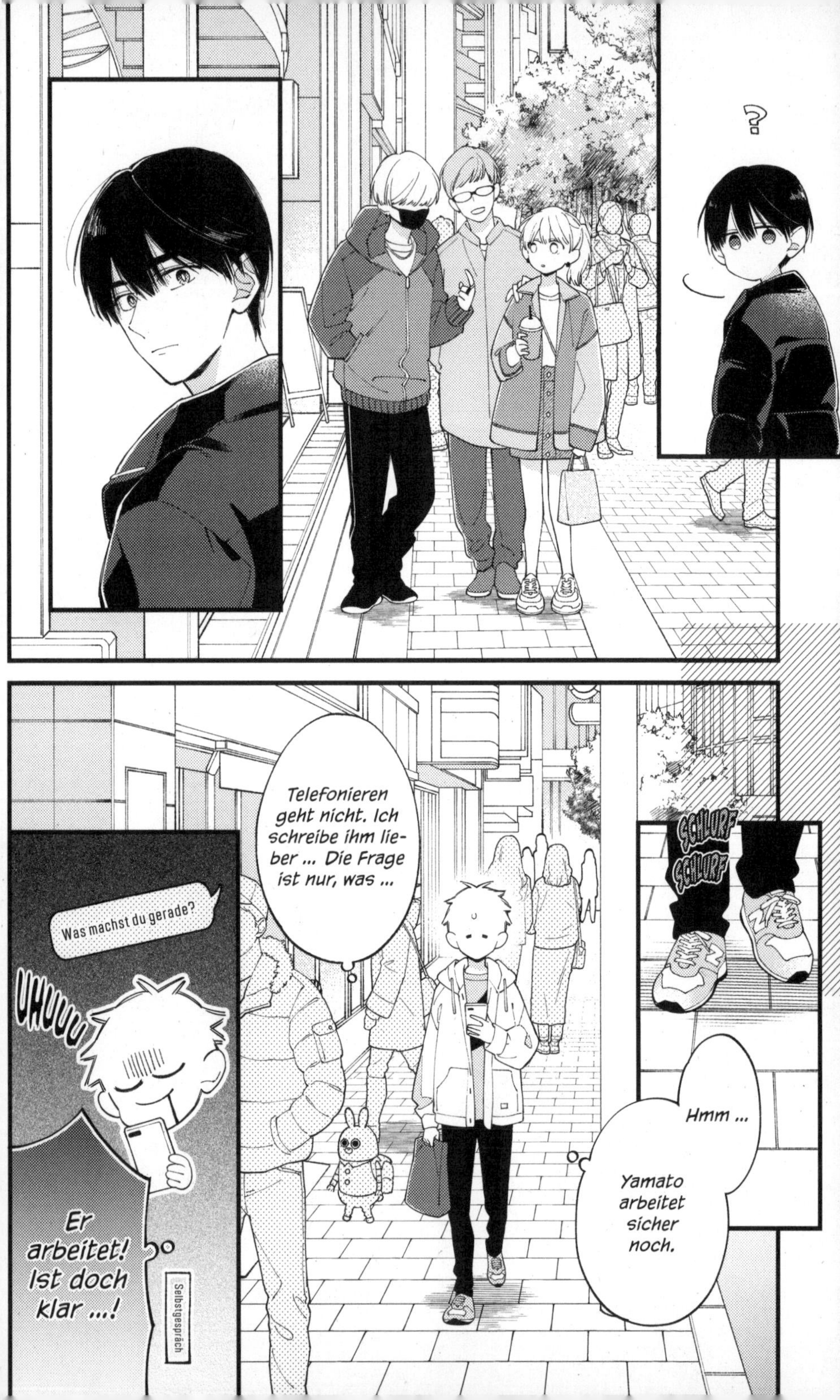
?
SCHLURF SCHLURF
Hmm ...
Yamato arbeitet sicher noch.
Telefonieren geht nicht. Ich schreibe ihm lieber ... Die Frage ist nur, was ...
Was machst du gerade?
UHUUUU
Er arbeitet! Ist doch klar ...!
Selbstgespräch

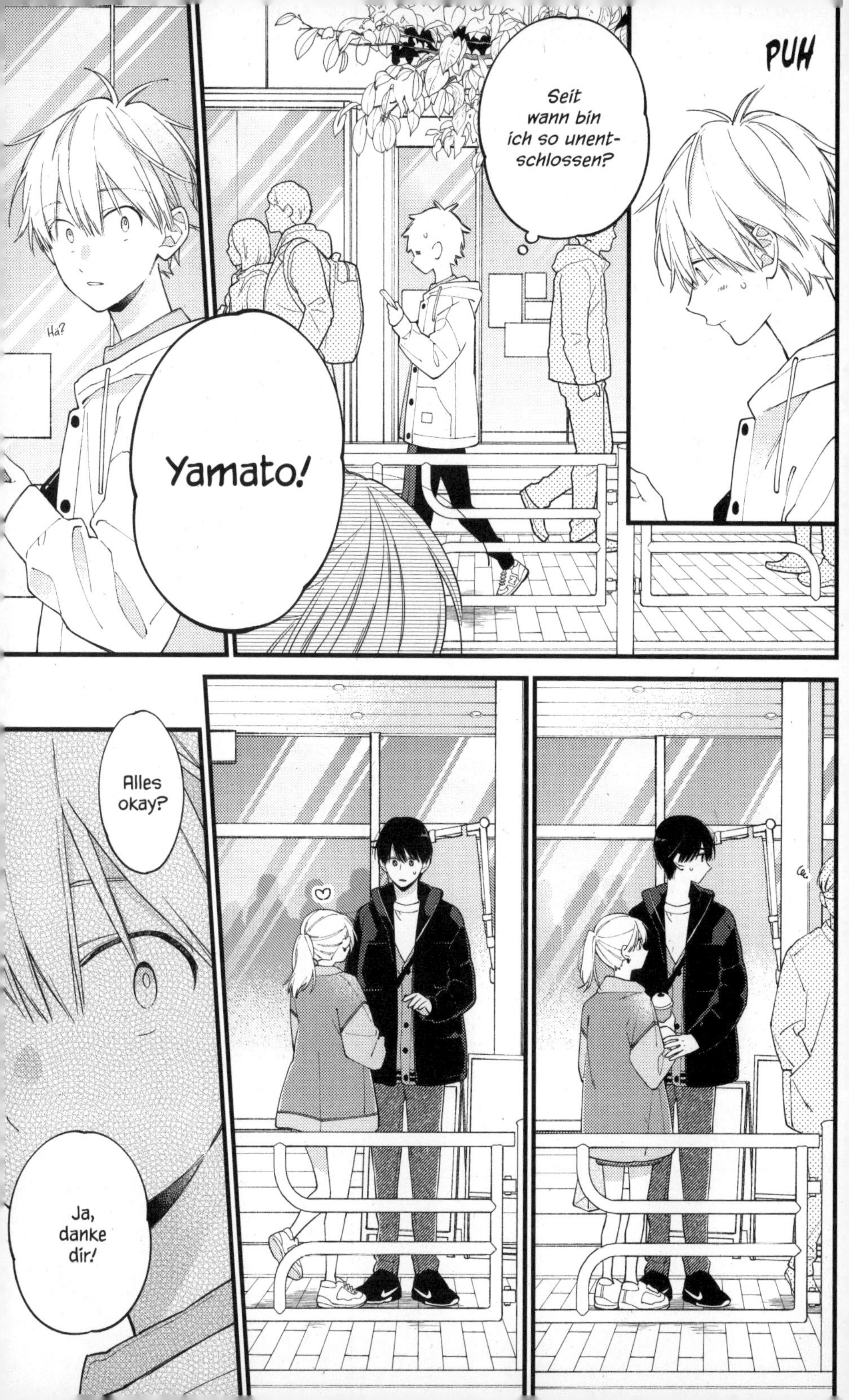
PUH
Seit wann bin ich so unentschlossen?
Yamato!
Ha?
Alles okay?
Ja, danke dir!

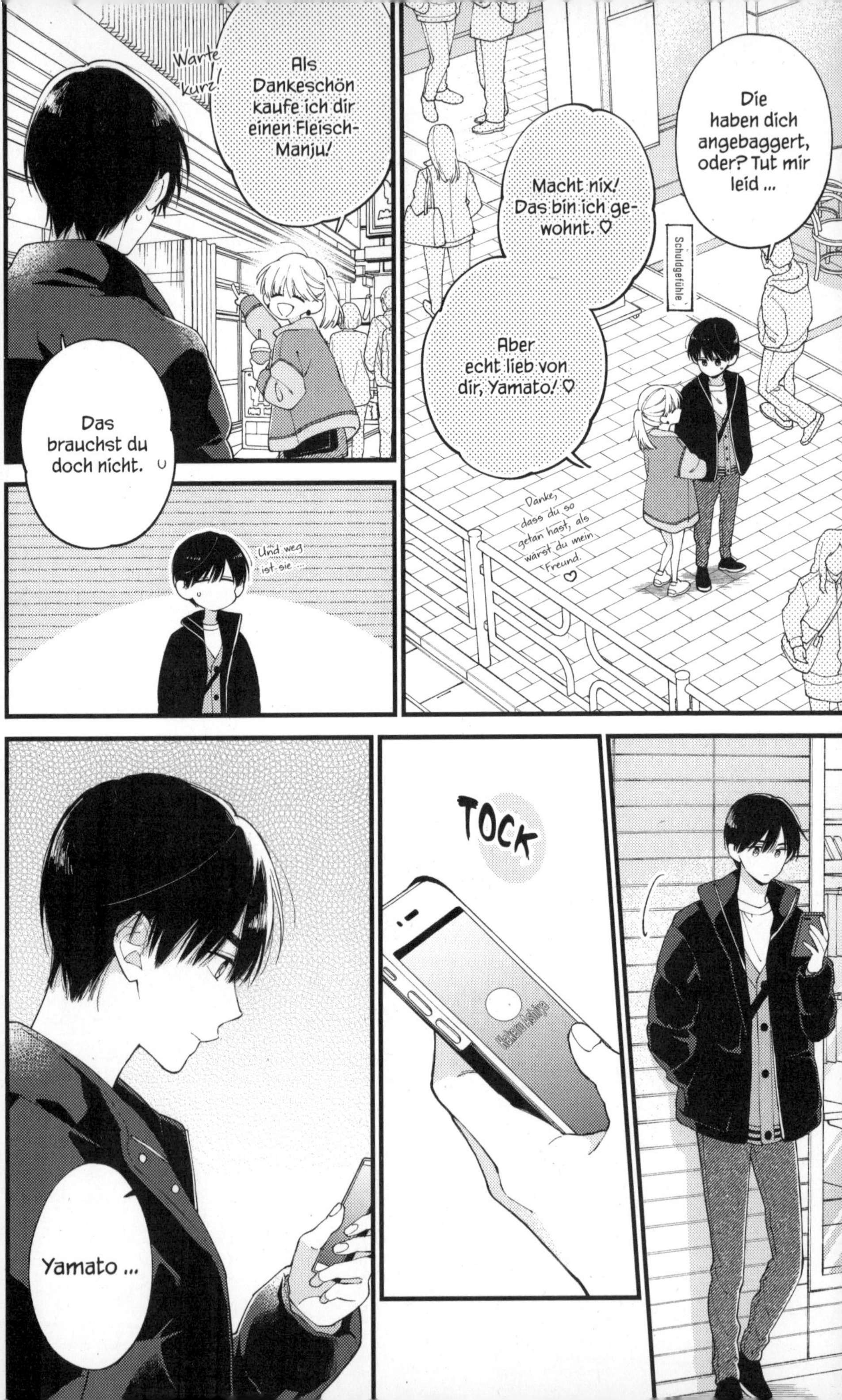
Die haben dich angebaggert, oder? Tut mir leid ...
Schuldgefühle
Macht nix! Das bin ich gewohnt. ♡
Aber echt lieb von dir, Yamato! ♡
Danke, dass du so getan hast, als wärst du mein Freund. ♡
Als Dankeschön kaufe ich dir einen Fleisch-Manju!
Warte kurz!
Das brauchst du doch nicht.
Und weg ist sie ...
TOCK
Yamato ...

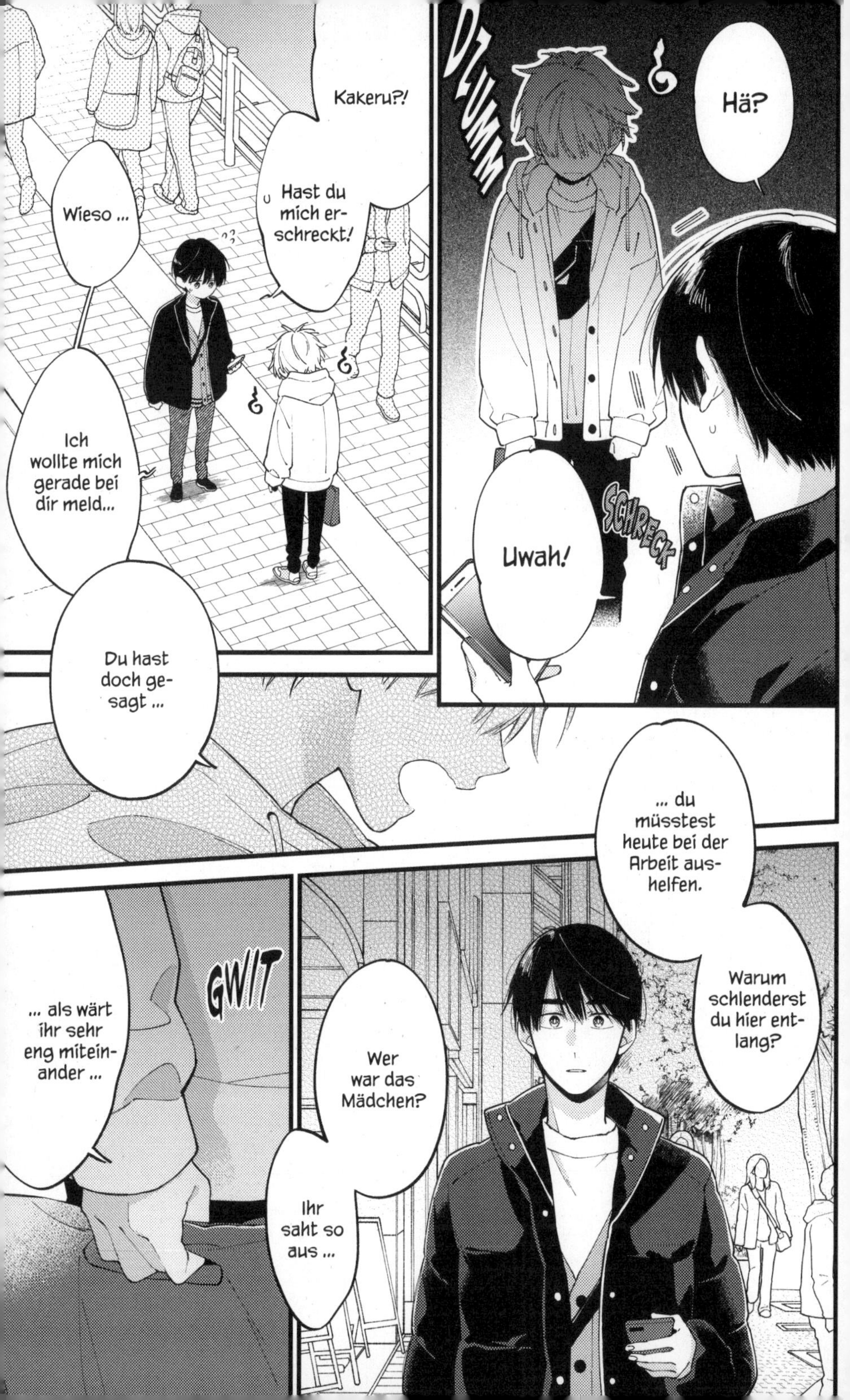
DZUMM
Hä?
Uwah!
SCHRECK
Kakeru?!
Hast du mich erschreckt!
Wieso ...
Ich wollte mich gerade bei dir meld...
Du hast doch gesagt ...
... du müsstest heute bei der Arbeit aushelfen.
Warum schlenderst du hier entlang?
Wer war das Mädchen?
Ihr saht so aus ...
GWIT
... als wärt ihr sehr eng miteinander ...

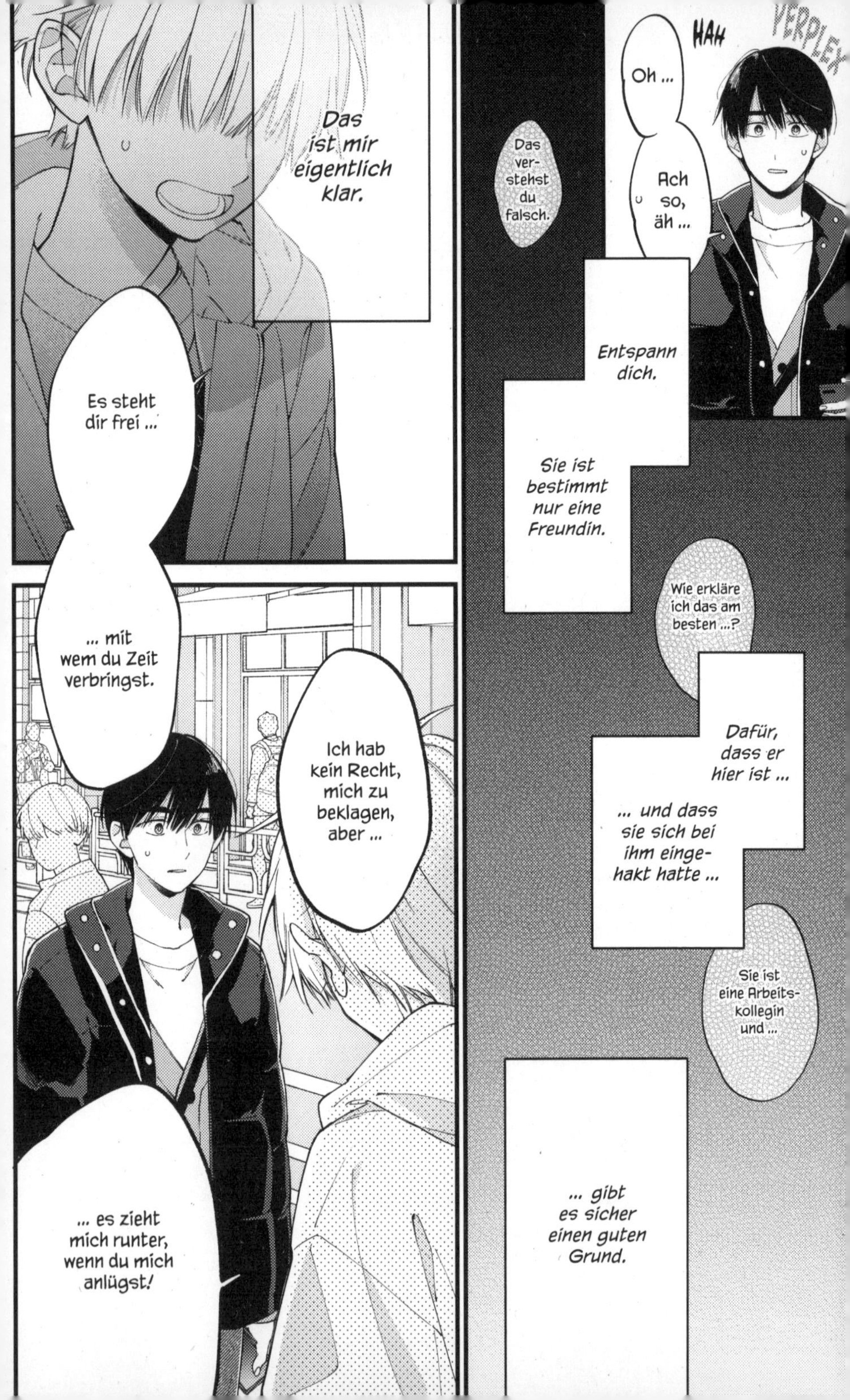
HAH
VERPLEX
Oh ...
Ach so, äh ...
Das verstehst du falsch.
Entspann dich.
Sie ist bestimmt nur eine Freundin.
Wie erkläre ich das am besten ...?
Dafür, dass er hier ist ...
... und dass sie sich bei ihm eingehakt hatte ...
Sie ist eine Arbeitskollegin und ...
... gibt es sicher einen guten Grund.
Das ist mir eigentlich klar.
Es steht dir frei ...
... mit wem du Zeit verbringst.
Ich hab kein Recht, mich zu beklagen, aber ...
... es zieht mich runter, wenn du mich anlügst!

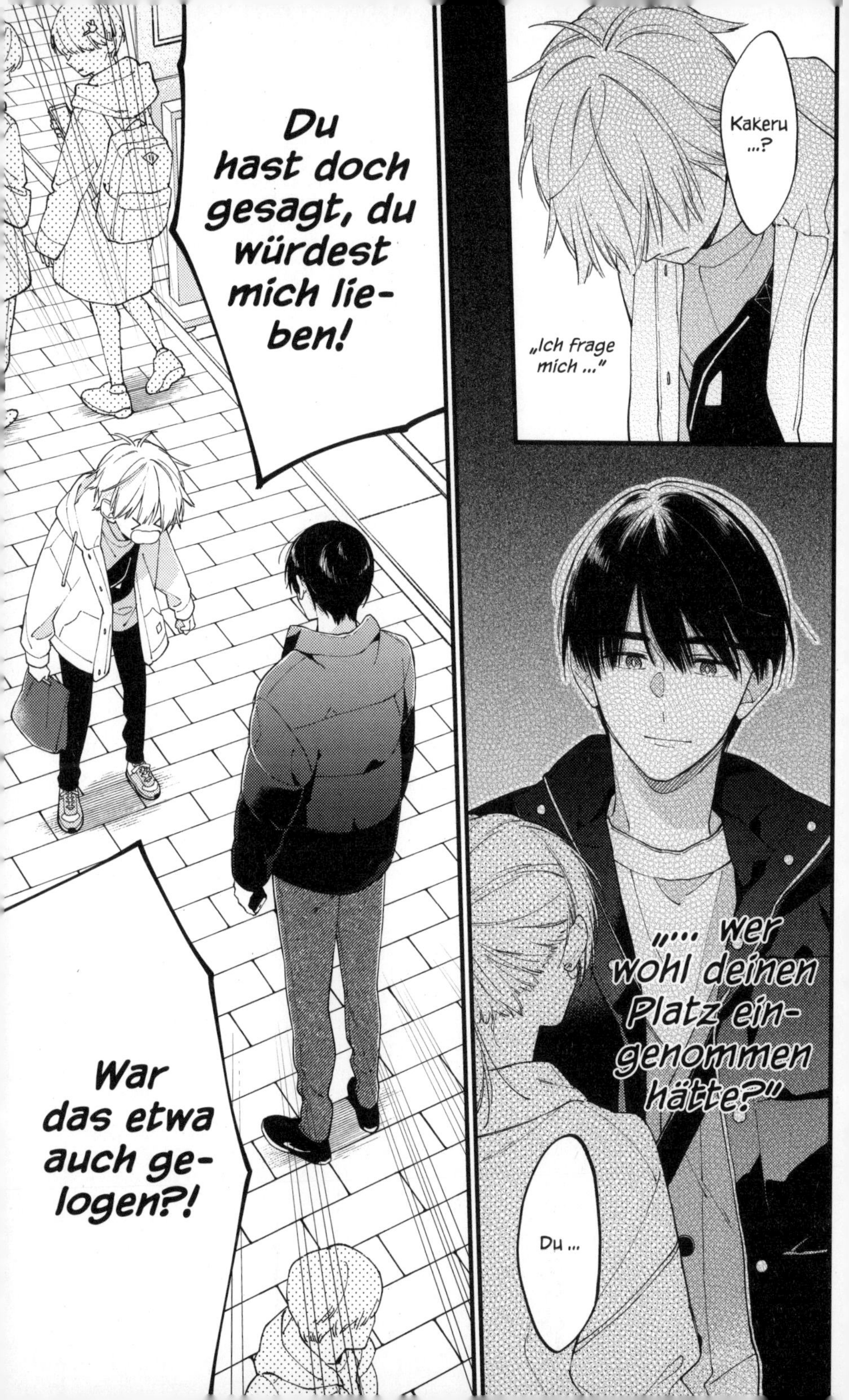
Kakeru ...?
„Ich frage mich ...“
„... wer wohl deinen Platz eingenommen hätte?“
Du ...
Du hast doch gesagt, du würdest mich lieben!
War das etwa auch gelogen?!

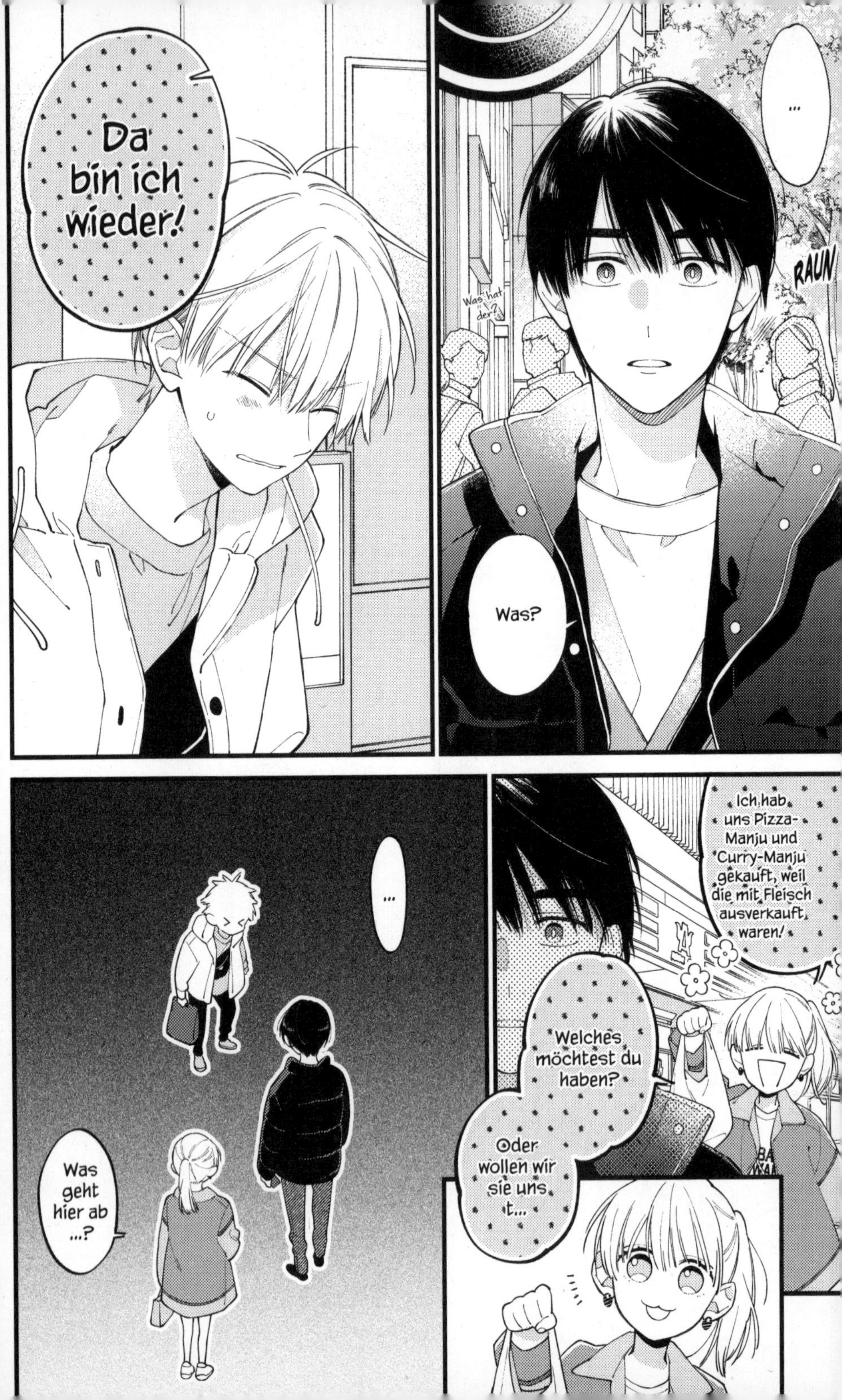
...
RAUN
Was hat der?
Was?
Da bin ich wieder!
Ich hab uns Pizza-Manju und Curry-Manju gekauft, weil die mit Fleisch ausverkauft waren!
Welches möchtest du haben?
Oder wollen wir sie uns t...
...
Was geht hier ab ...?

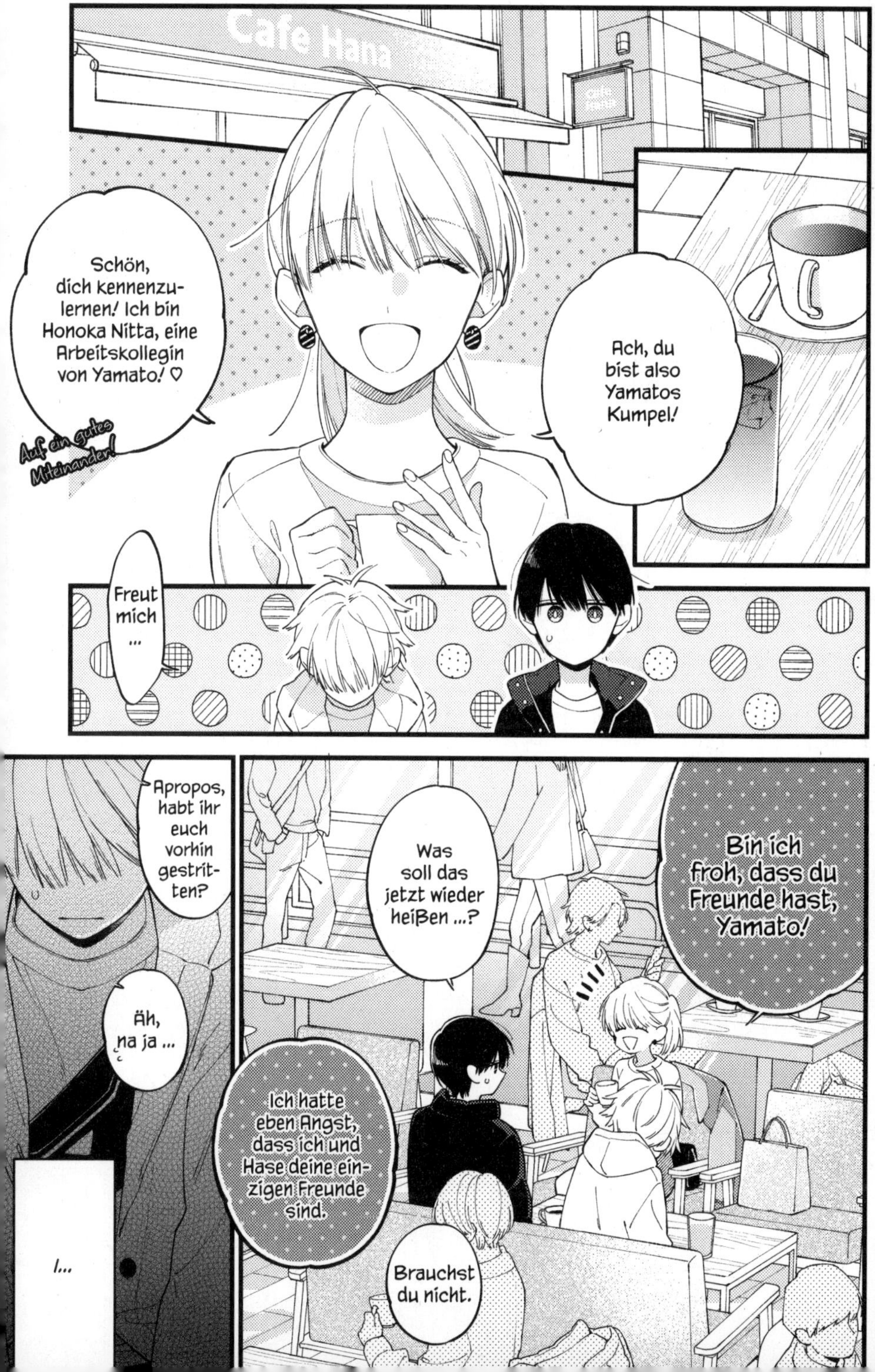
Cafe Hana
Ach, du bist also Yamatos Kumpel!
Schön, dich kennenzulernen! Ich bin Honoka Nitta, eine Arbeitskollegin von Yamato! ♡
Auf ein gutes Miteinander!
Freut mich ...
Bin ich froh, dass du Freunde hast, Yamato!
Was soll das jetzt wieder heißen ...?
Ich hatte eben Angst, dass ich und Hase deine einzigen Freunde sind.
Brauchst du nicht.
Apropos, habt ihr euch vorhin gestritten?
Äh, na ja ...
I...

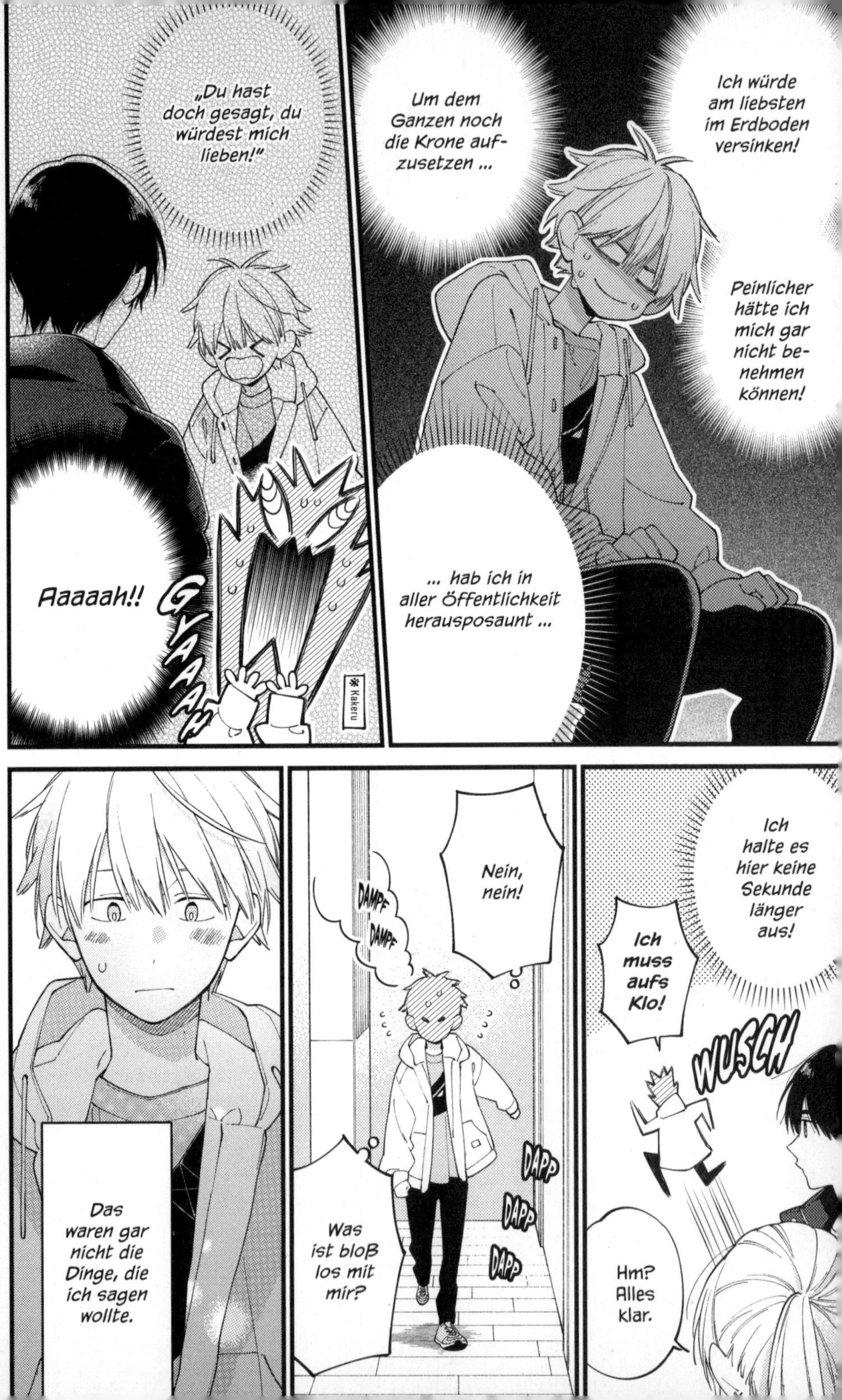
Ich würde am liebsten im Erdboden versinken!
Peinlicher hätte ich mich gar nicht benehmen können!
Um dem Ganzen noch die Krone aufzusetzen ...
... hab ich in aller Öffentlichkeit herausposaunt ...
„Du hast doch gesagt, du würdest mich lieben!"
Aaaaah!!
GYAAAAH
※Kakeru
Ich halte es hier keine Sekunde länger aus!
Ich muss aufs Klo!
WUSCH
Hm? Alles klar.
Nein, nein!
DAMPF
DAMPF
DAPP
DAPP
DAPP
Was ist bloß los mit mir?
Das waren gar nicht die Dinge, die ich sagen wollte.

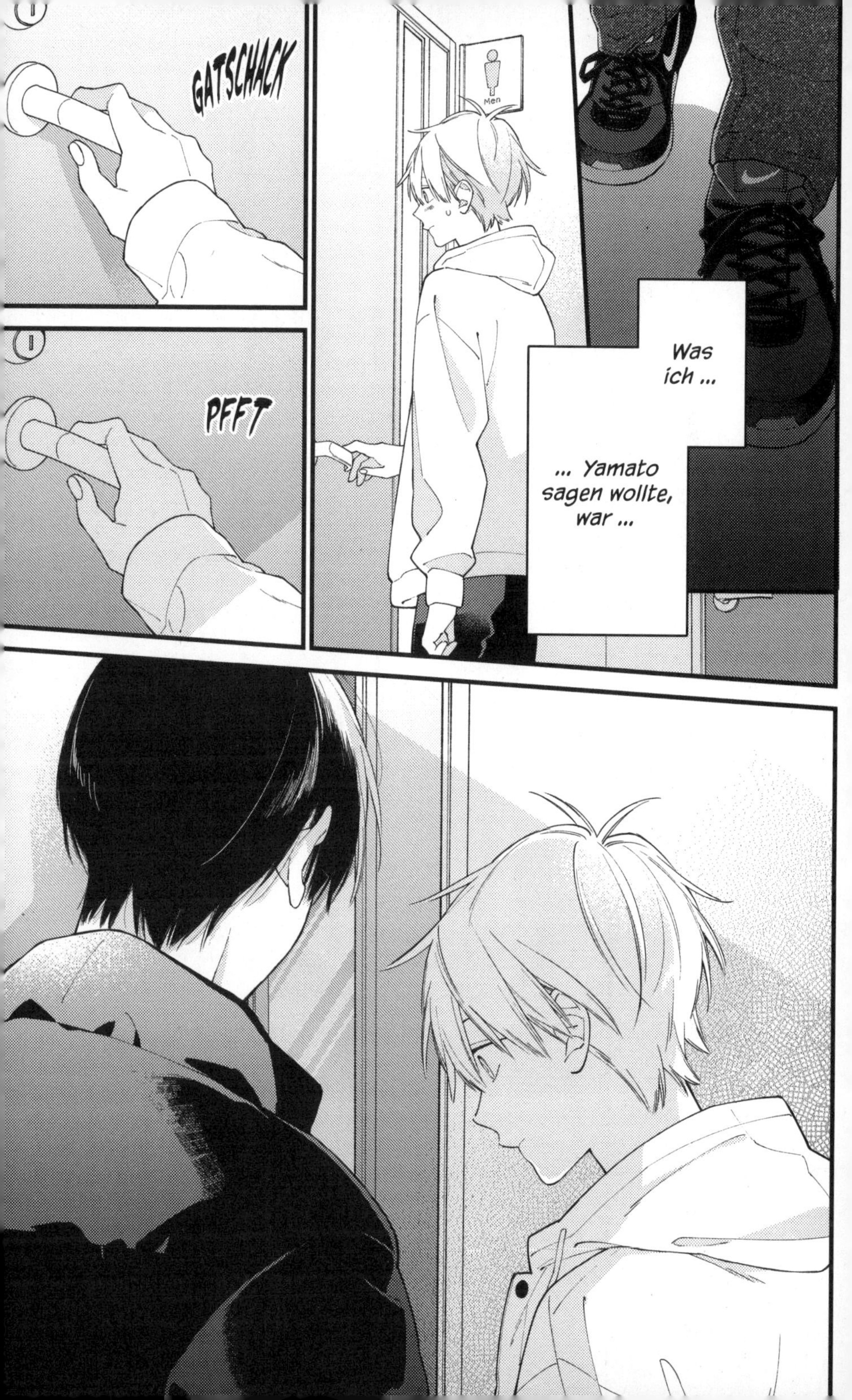
GATSCHACK
PFFT
Men
Was ich ...
... Yamato sagen wollte, war ...

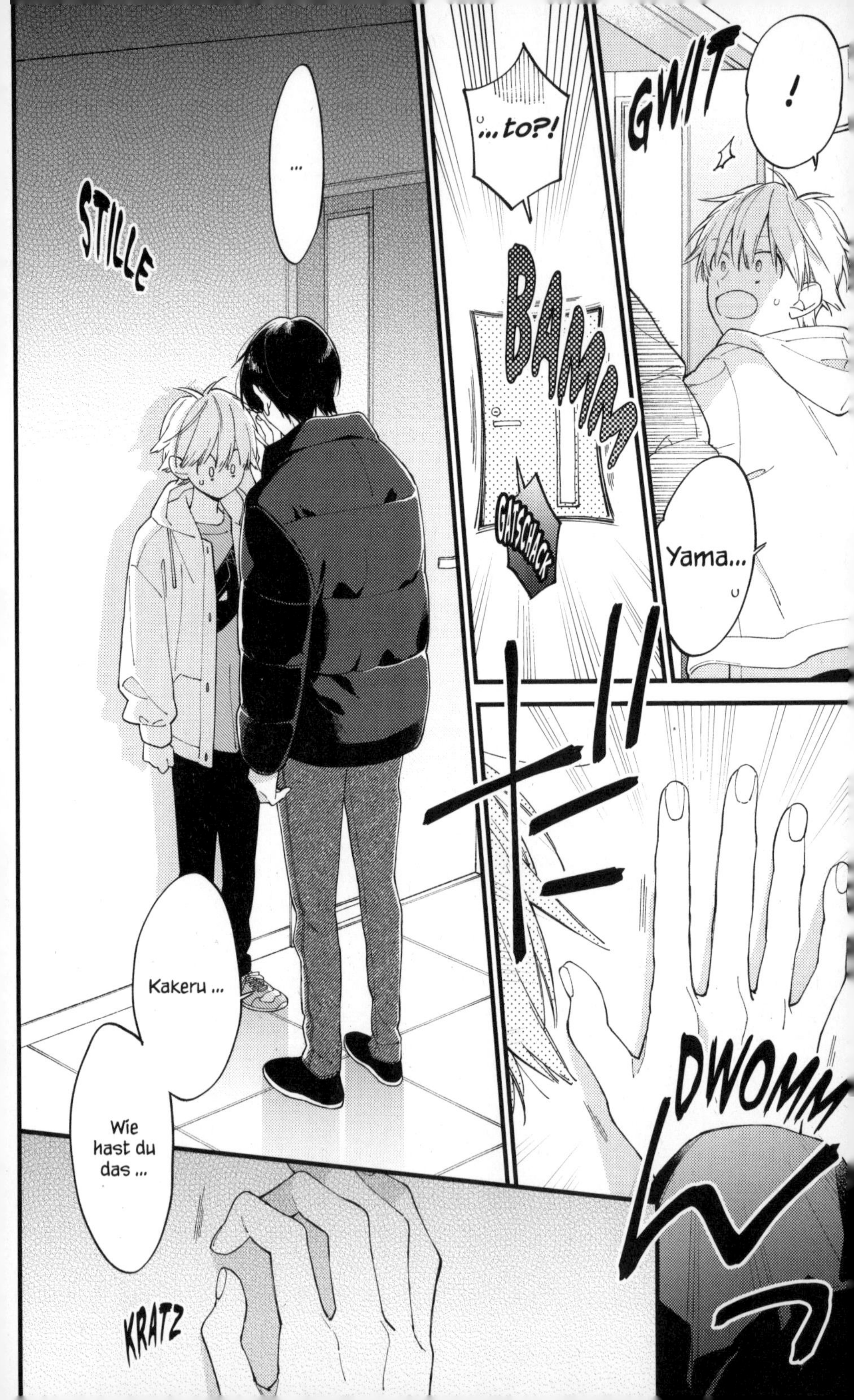
!
GWIT
...to?!
Yama...
BAMM
GATSCHACK
...
STILLE
DWOMM
Kakeru ...
Wie hast du das ...
KRATZ

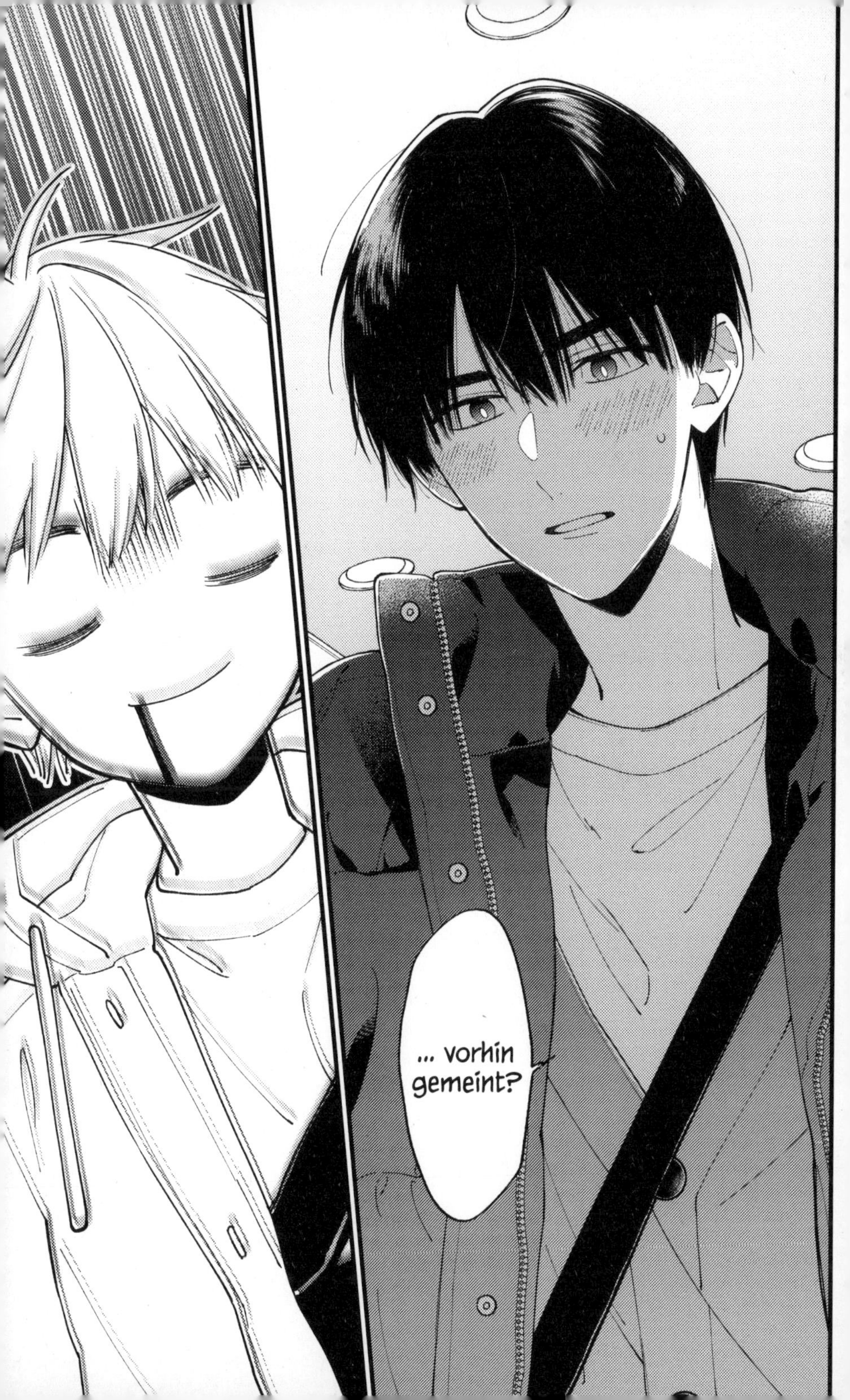
... vorhin gemeint?

Ich kann dich
nicht erreichen

Kapitel 35 Was ich nicht sagen konnt

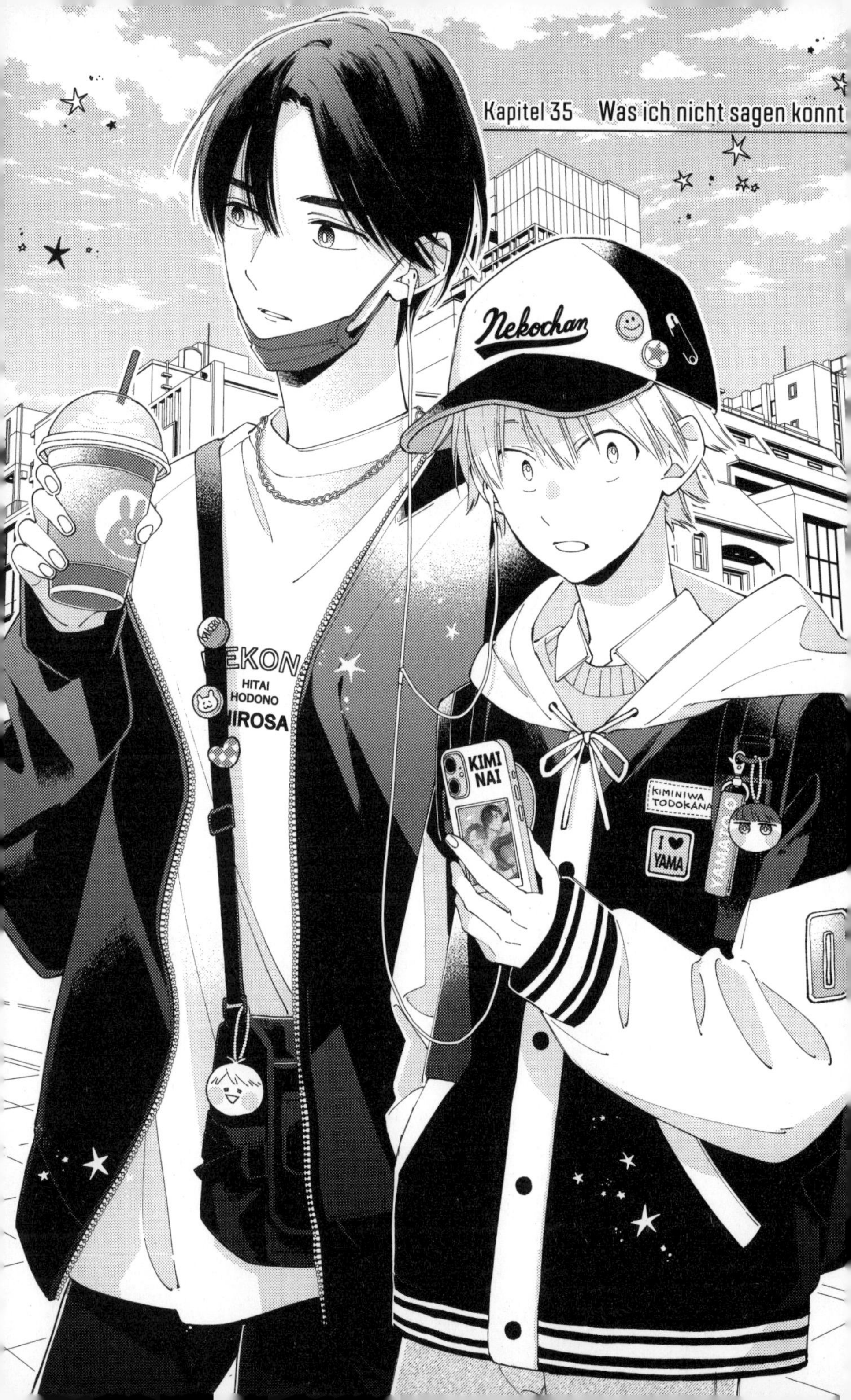

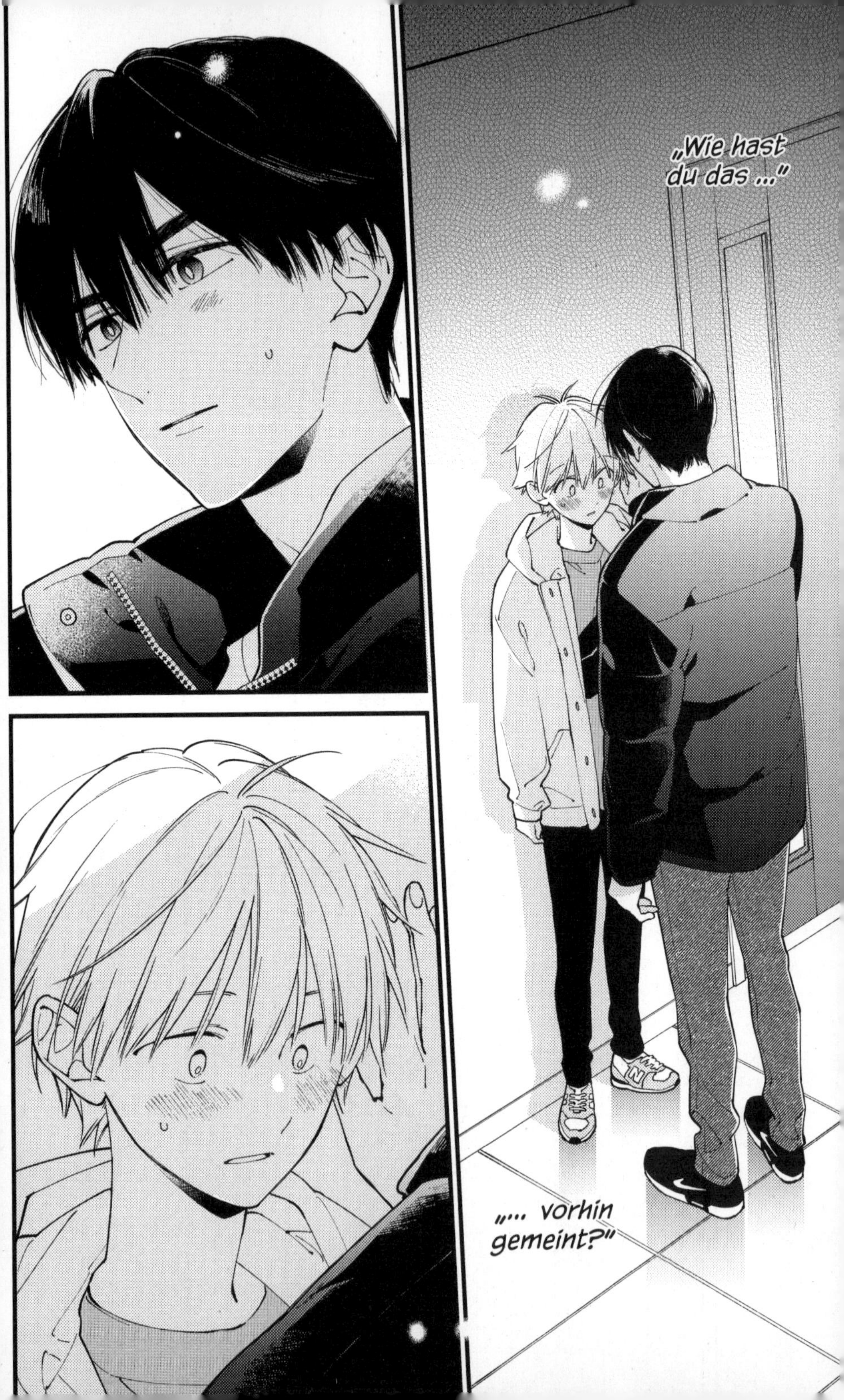
„Wie hast du das ..."
„... vorhin gemeint?"

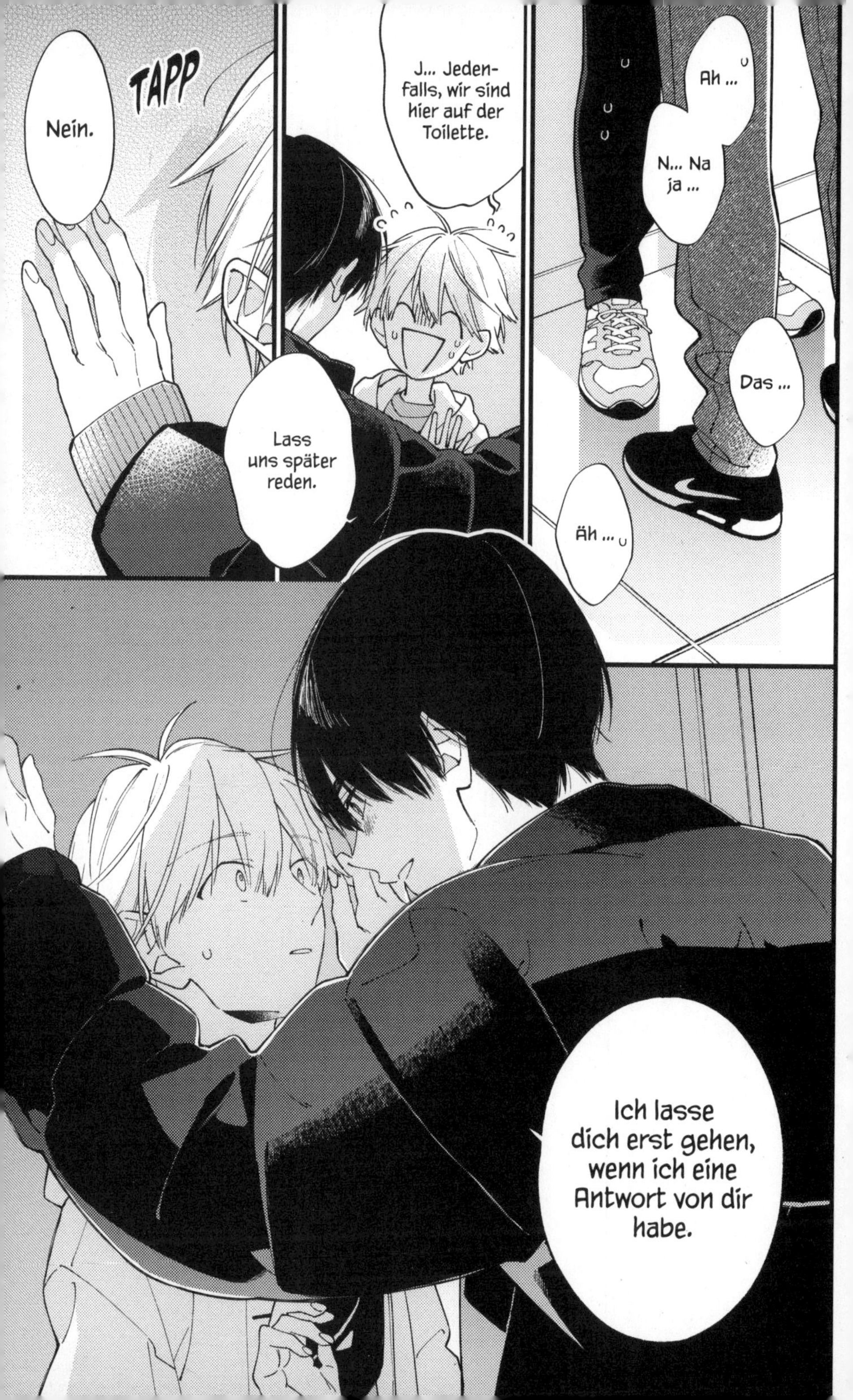
Ah ...
N... Na ja ...
Das ...
Äh ...
J... Jeden-falls, wir sind hier auf der Toilette.
Lass uns später reden.
TAPP
Nein.
Ich lasse dich erst gehen, wenn ich eine Antwort von dir habe.

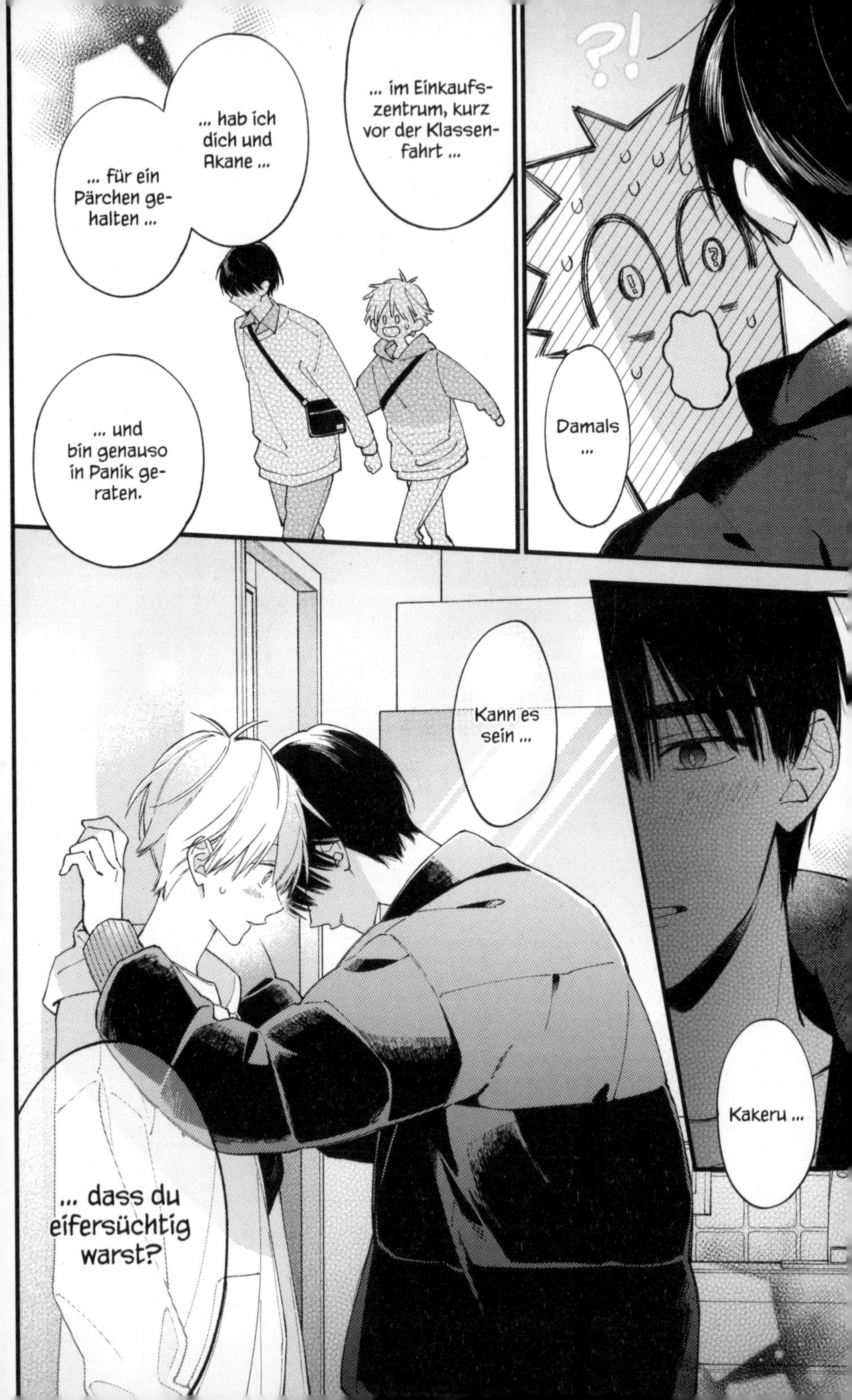
?!
Damals ...
... im Einkaufszentrum, kurz vor der Klassenfahrt ...
... hab ich dich und Akane ...
... für ein Pärchen gehalten ...
... und bin genauso in Panik geraten.
Kakeru ...
Kann es sein ...
... dass du eifersüchtig warst?

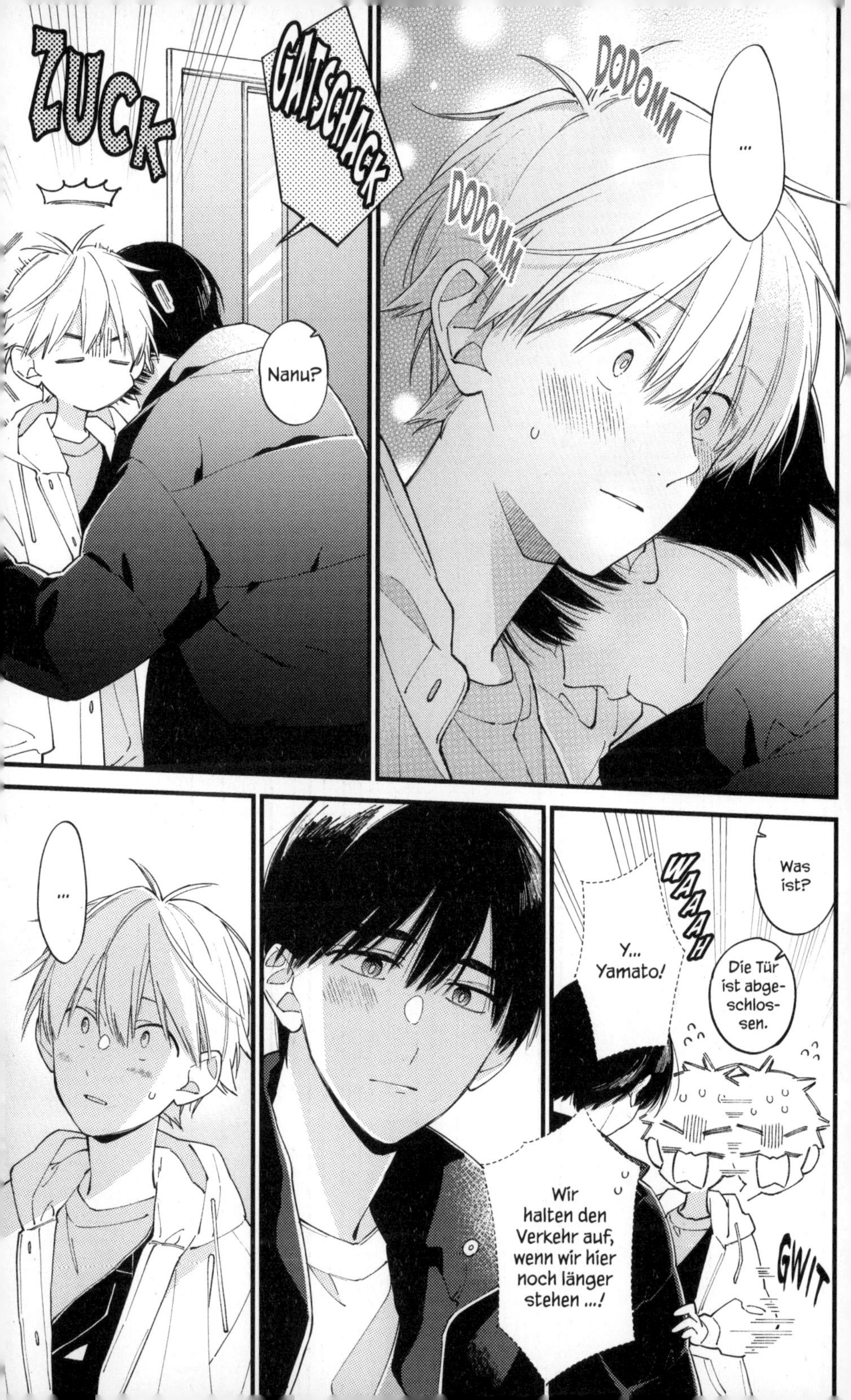
GATSCHACK
ZUCK
Nanu?
...
DODOMM
DODOMM
Was ist?
Die Tür ist abgeschlossen.
WAAAH
Y... Yamato!
GWIT
Wir halten den Verkehr auf, wenn wir hier noch länger stehen ...!
...

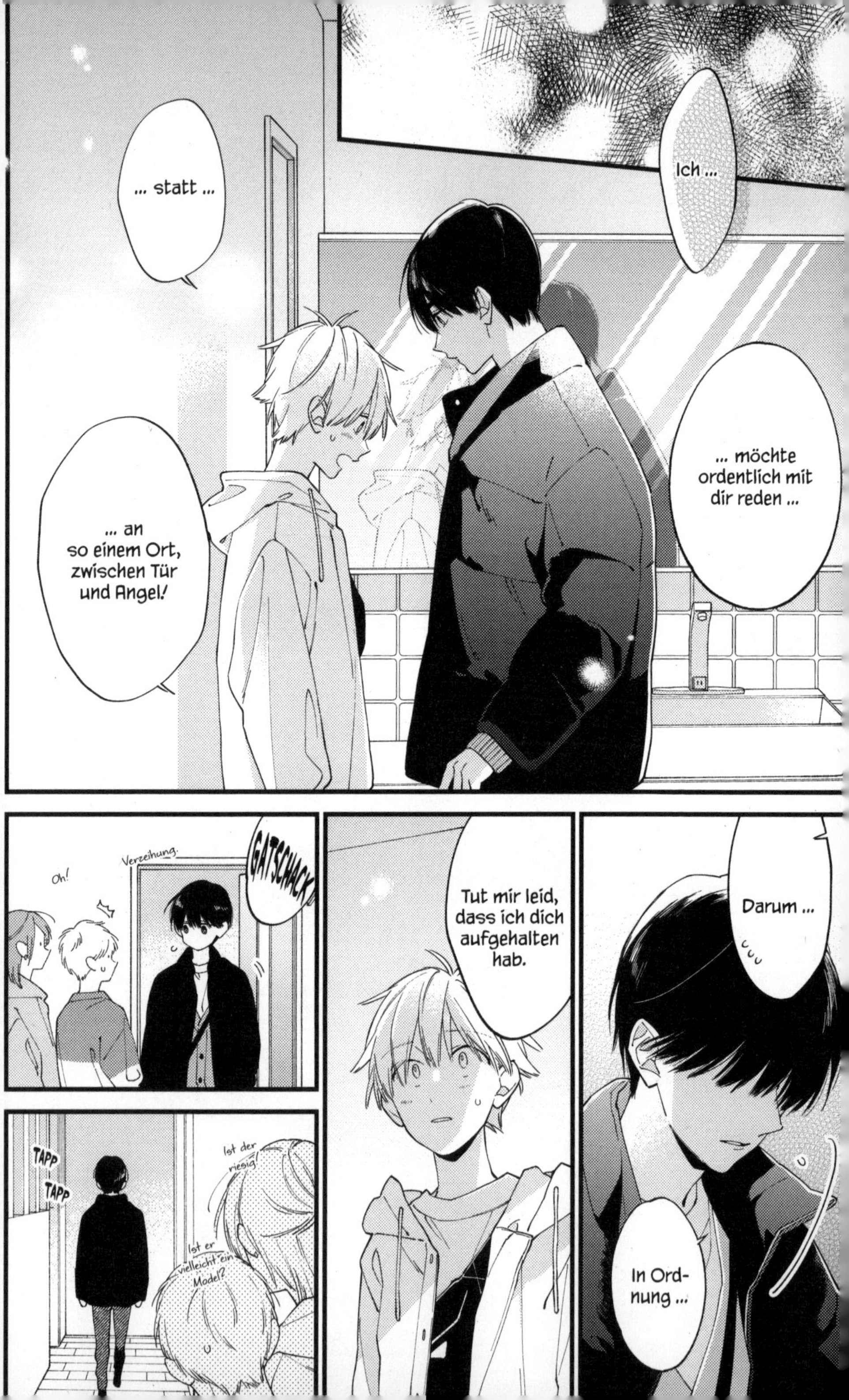
Ich ...
... möchte ordentlich mit dir reden ...
... statt ...
... an so einem Ort, zwischen Tür und Angel!
Darum ...
In Ord-nung ...
Tut mir leid, dass ich dich aufgehalten hab.
GATSCHACK
Verzeihung.
Oh!
Ist der riesig!
Ist er vielleicht ein Model?
TAPP
TAPP

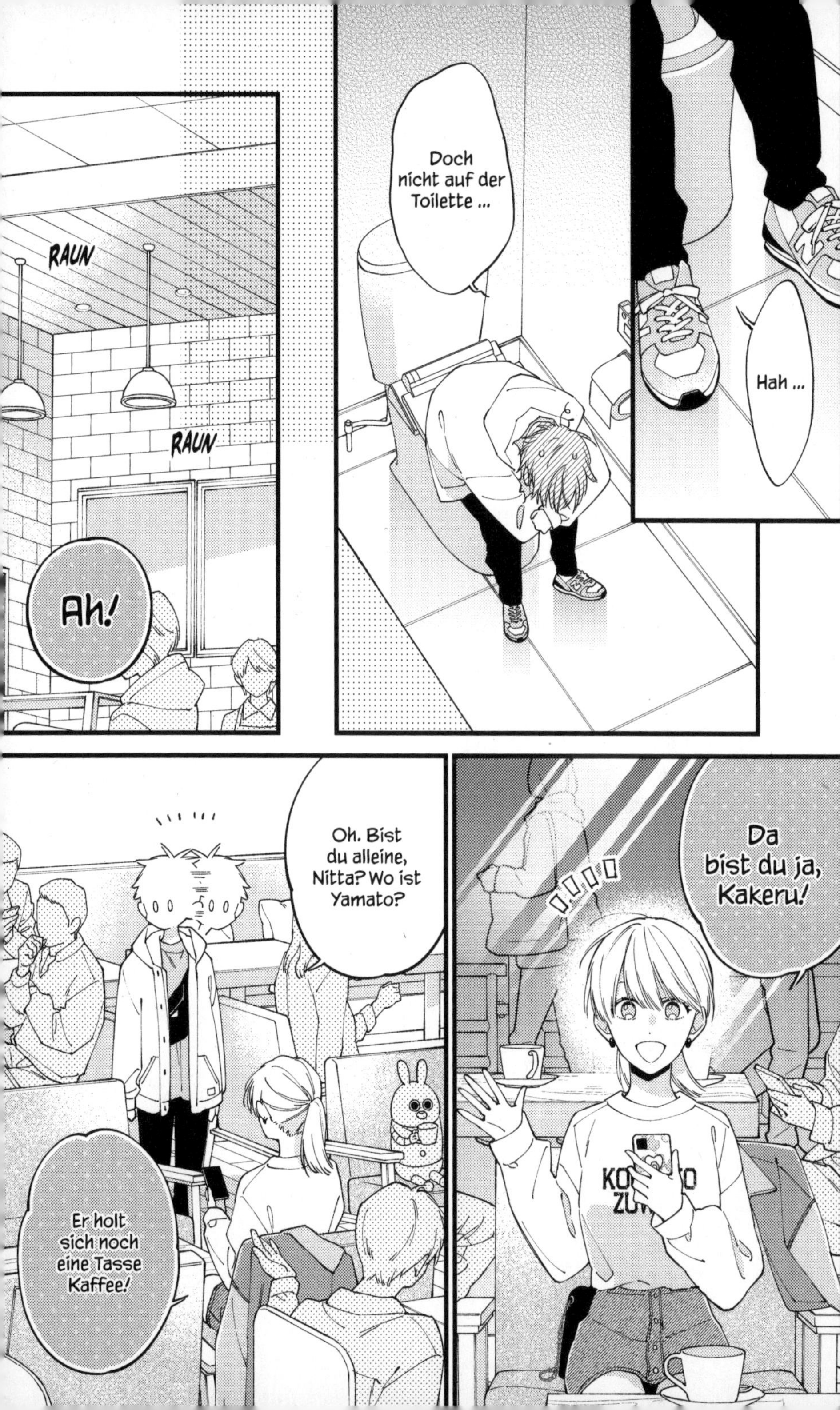
Hah ...
Doch nicht auf der Toilette ...
RAUN
RAUN
Ah!
Da bist du ja, Kakeru!
Oh. Bist du alleine, Nitta? Wo ist Yamato?
Er holt sich noch eine Tasse Kaffee!

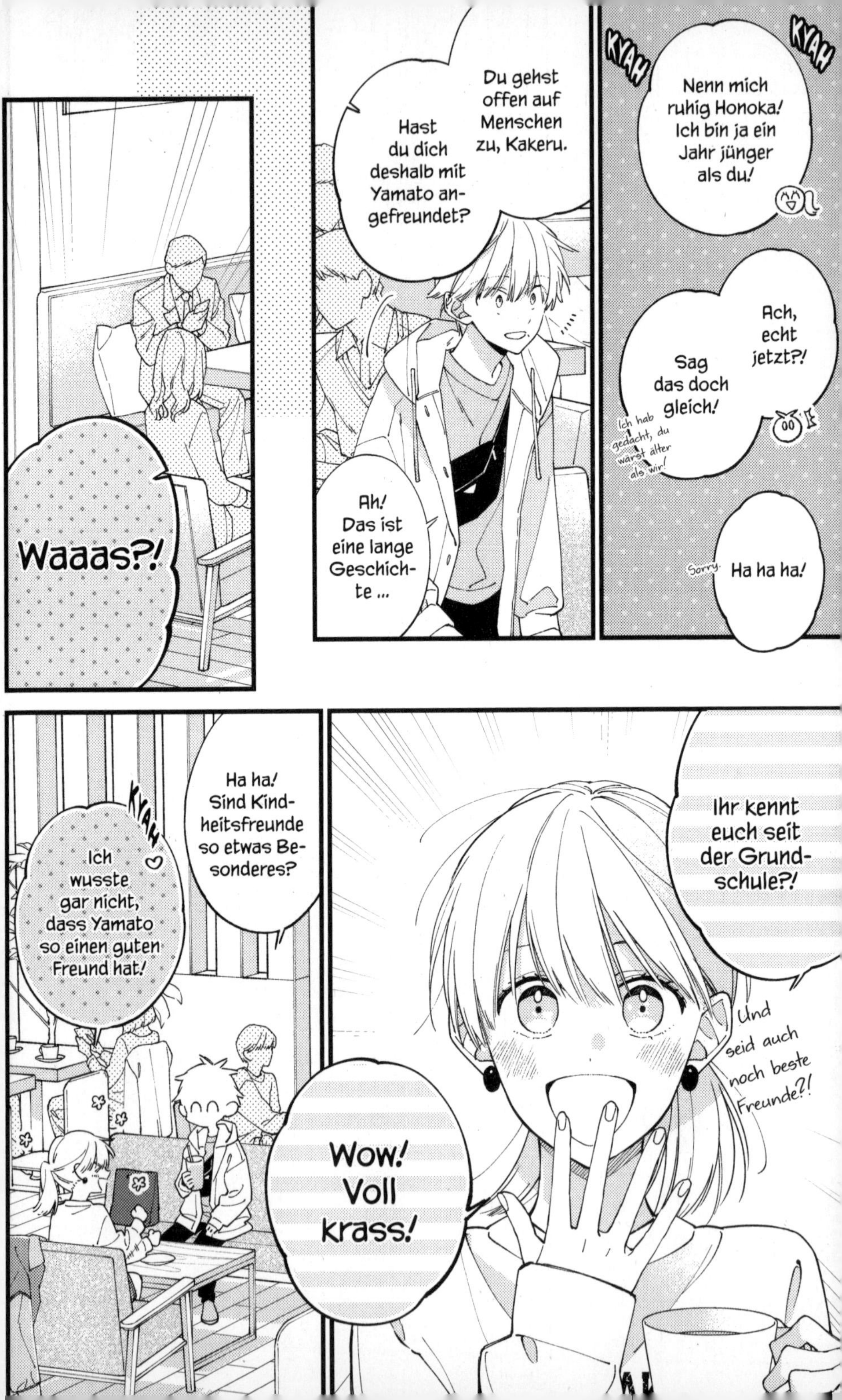
KYAH
KYAH
Nenn mich ruhig Honoka! Ich bin ja ein Jahr jünger als du!
Ach, echt jetzt?!
Sag das doch gleich!
Ich hab gedacht, du wärst älter als wir!
Sorry.
Ha ha ha!
Du gehst offen auf Menschen zu, Kakeru.
Hast du dich deshalb mit Yamato angefreundet?
Ah! Das ist eine lange Geschichte ...
Waaas?!
Ihr kennt euch seit der Grundschule?!
Und seid auch noch beste Freunde?!
Wow! Voll krass!
Ha ha! Sind Kindheitsfreunde so etwas Besonderes?
KYAH
Ich wusste gar nicht, dass Yamato so einen guten Freund hat!

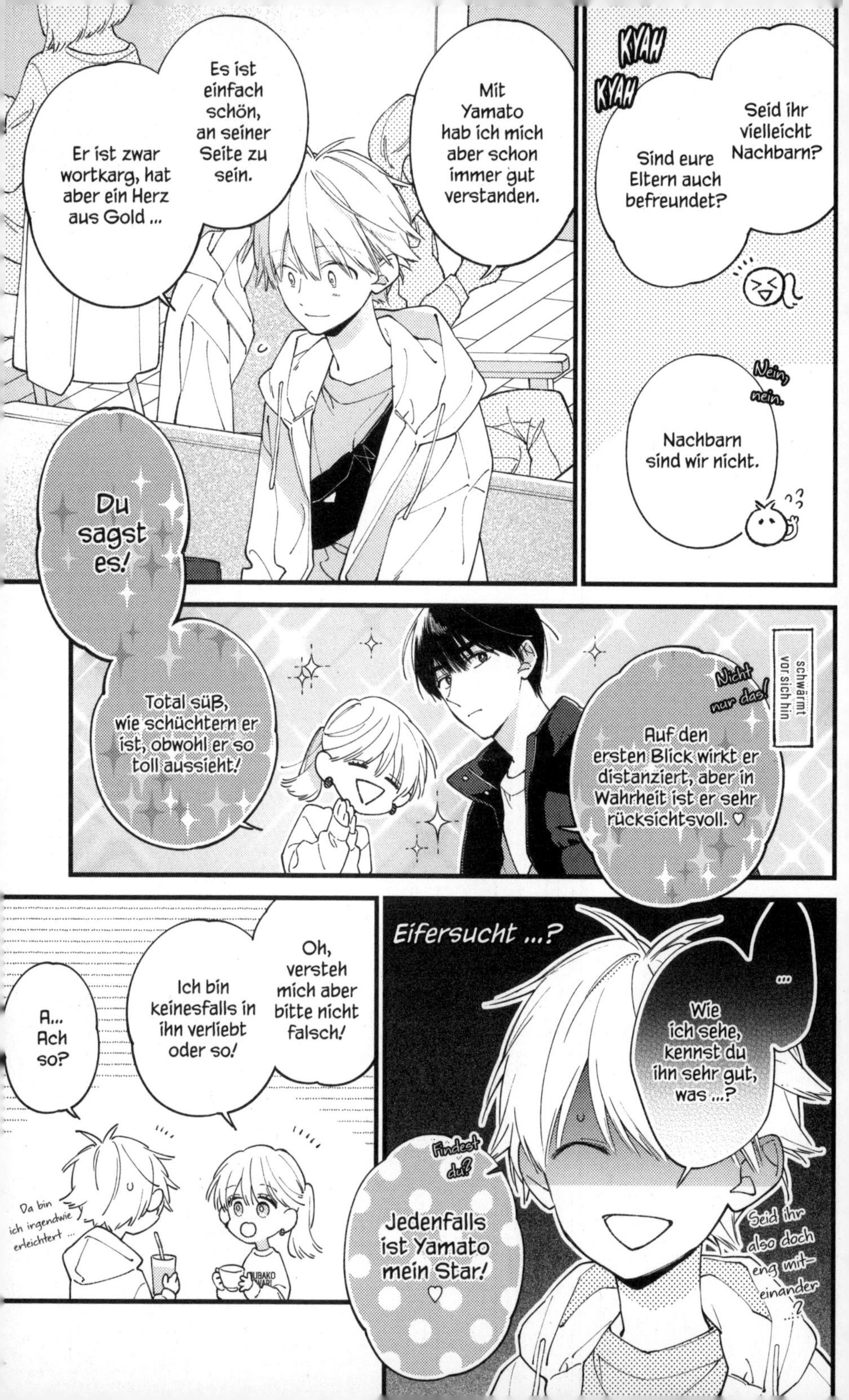
KYAH
KYAH
Seid ihr vielleicht Nachbarn?
Sind eure Eltern auch befreundet?
Nein, nein.
Nachbarn sind wir nicht.
Mit Yamato hab ich mich aber schon immer gut verstanden.
Es ist einfach schön, an seiner Seite zu sein.
Er ist zwar wortkarg, hat aber ein Herz aus Gold ...
Du sagst es!
schwärmt vor sich hin
Nicht nur das!
Auf den ersten Blick wirkt er distanziert, aber in Wahrheit ist er sehr rücksichtsvoll. ♡
Total süß, wie schüchtern er ist, obwohl er so toll aussieht!
Eifersucht ...?
...
Wie ich sehe, kennst du ihn sehr gut, was ...?
Seid ihr also doch eng miteinander ...?
Findest du?
Jedenfalls ist Yamato mein Star! ♡
Oh, versteh mich aber bitte nicht falsch!
Ich bin keinesfalls in ihn verliebt oder so!
A... Ach so?
Da bin ich irgendwie erleichtert ...

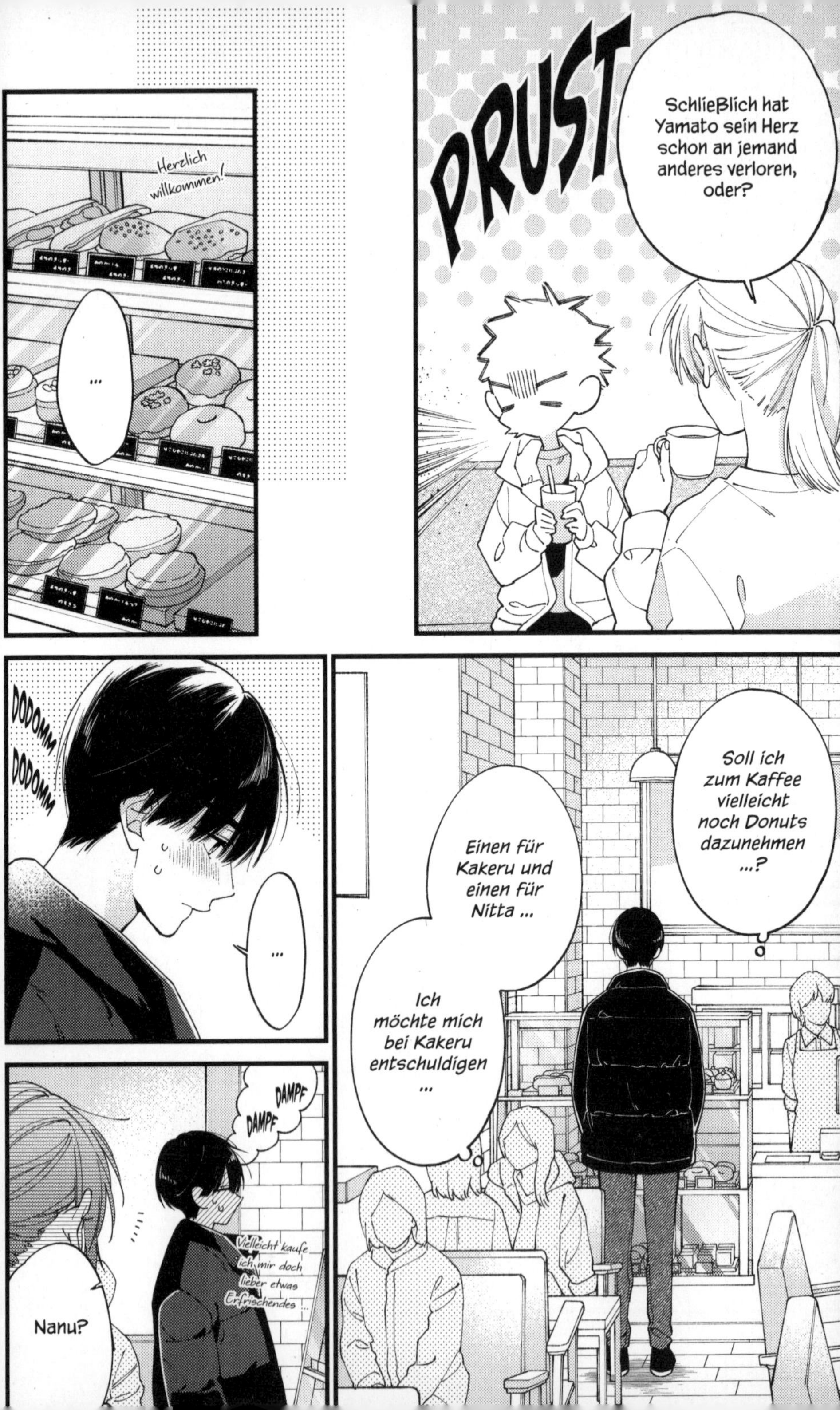
Schließlich hat Yamato sein Herz schon an jemand anderes verloren, oder?
PRUST
Herzlich willkommen!
...
Soll ich zum Kaffee vielleicht noch Donuts dazunehmen ...?
Einen für Kakeru und einen für Nitta ...
Ich möchte mich bei Kakeru entschuldigen ...
DODOMM
DODOMM
...
DAMPF
DAMPF
Vielleicht kaufe ich mir doch lieber etwas Erfrischendes ...
....
Nanu?

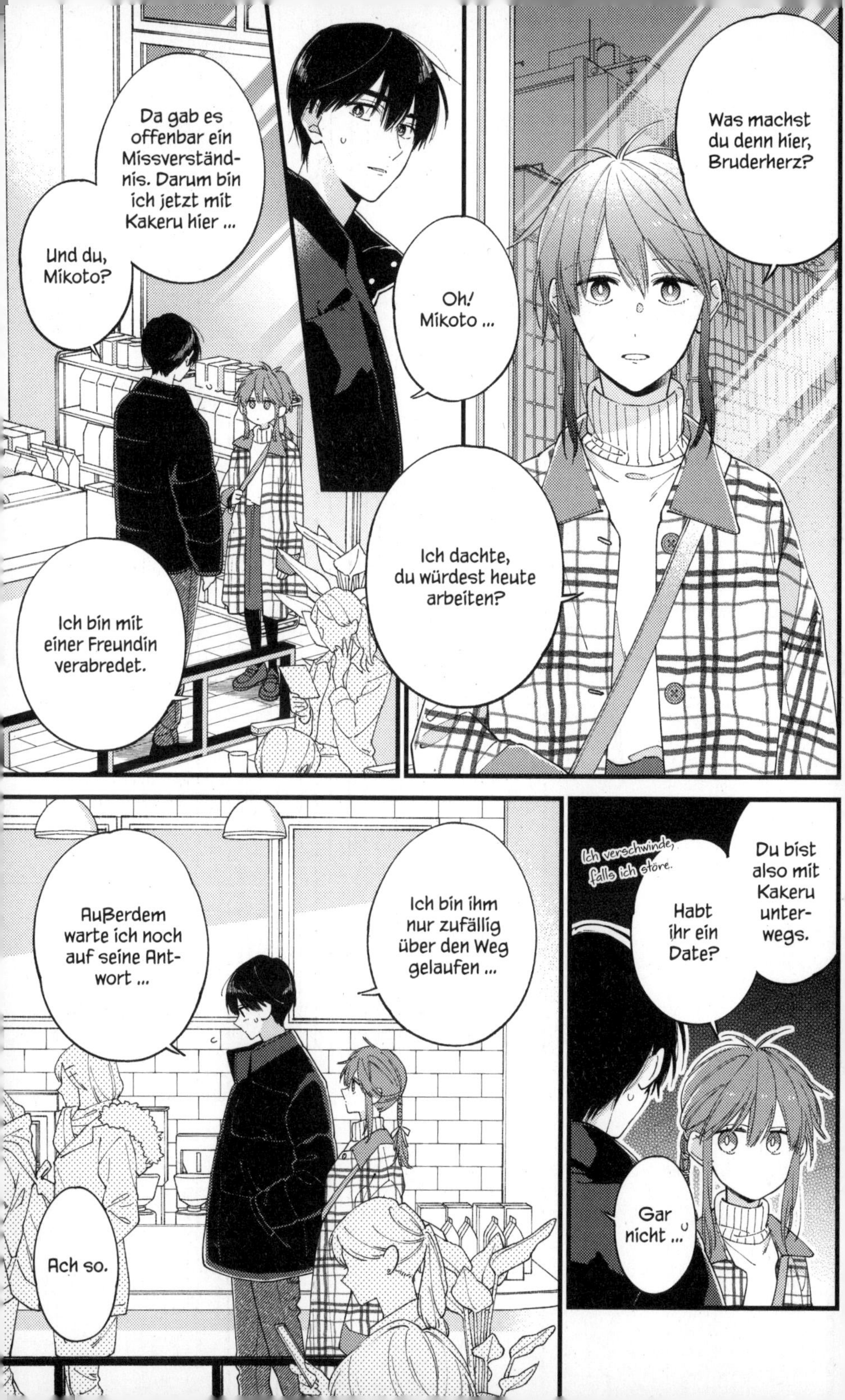
Was machst du denn hier, Bruderherz?
Oh! Mikoto ...
Ich dachte, du würdest heute arbeiten?
Da gab es offenbar ein Missverständnis. Darum bin ich jetzt mit Kakeru hier ...
Und du, Mikoto?
Ich bin mit einer Freundin verabredet.
Du bist also mit Kakeru unterwegs.
Habt ihr ein Date?
Ich verschwinde, falls ich störe.
Gar nicht ...
Ich bin ihm nur zufällig über den Weg gelaufen ...
Außerdem warte ich noch auf seine Antwort ...
Ach so.

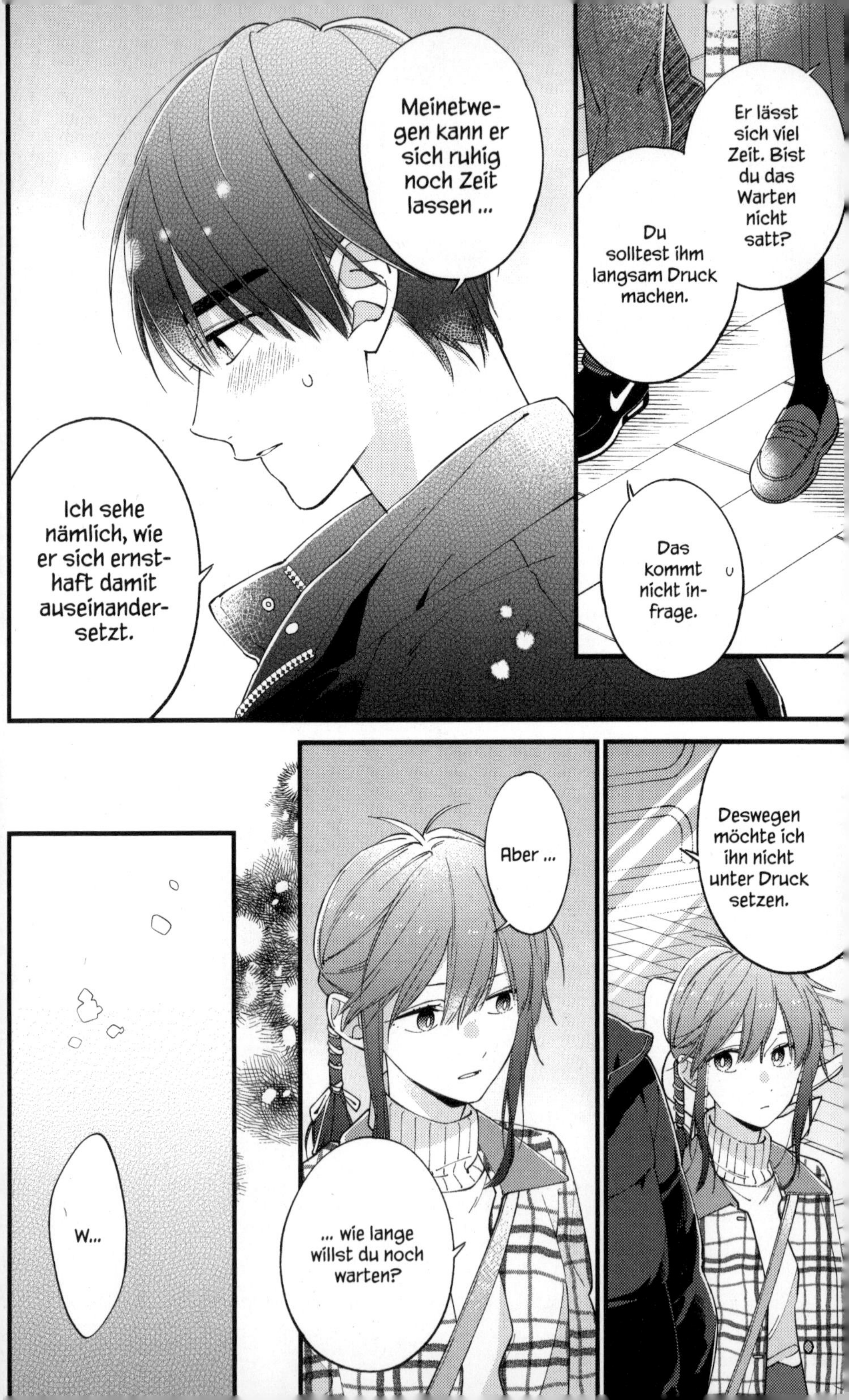
Er lässt sich viel Zeit. Bist du das Warten nicht satt?
Du solltest ihm langsam Druck machen.
Das kommt nicht infrage.
Meinetwegen kann er sich ruhig noch Zeit lassen ...
Ich sehe nämlich, wie er sich ernsthaft damit auseinandersetzt.
Deswegen möchte ich ihn nicht unter Druck setzen.
Aber ...
... wie lange willst du noch warten?
W...

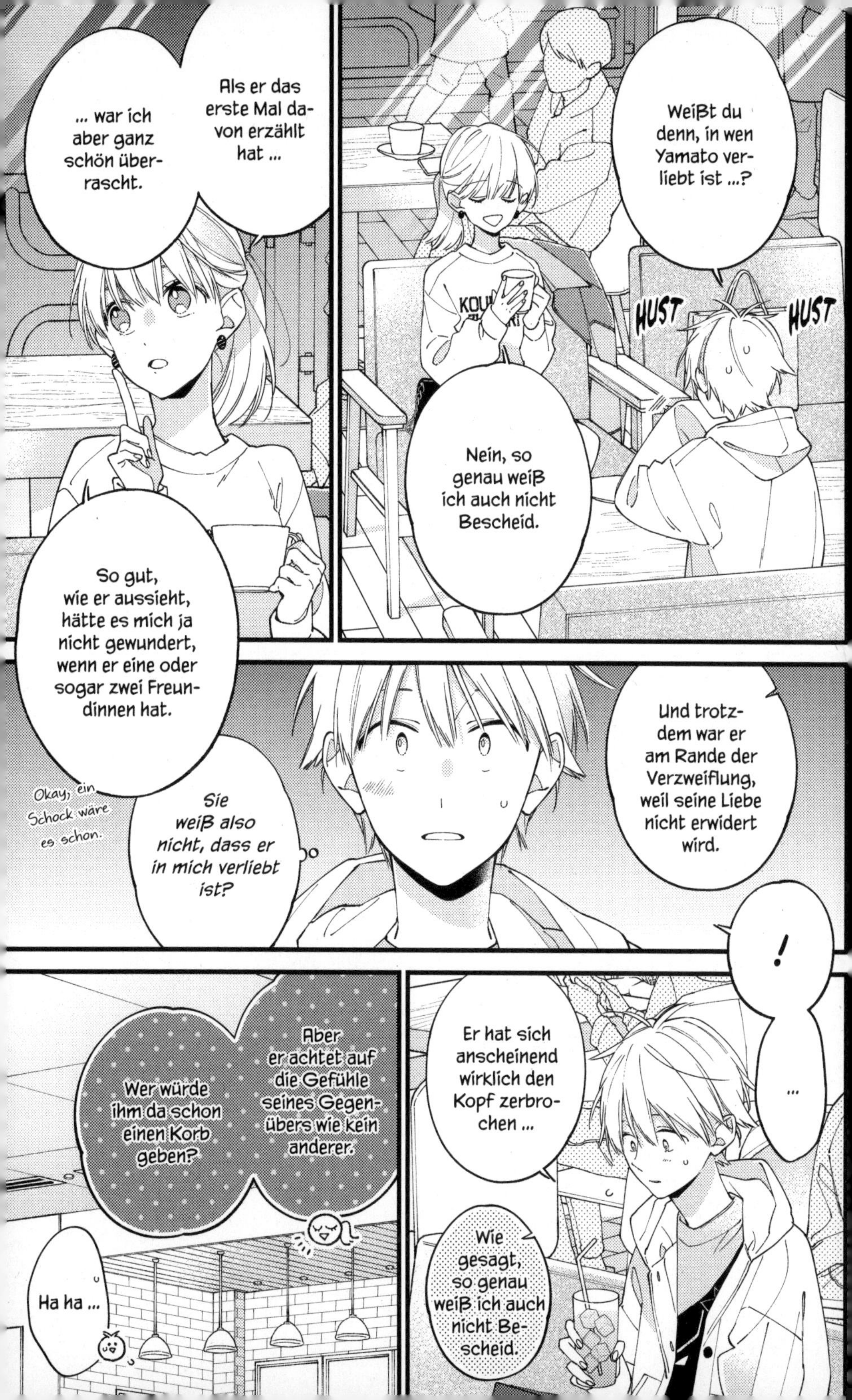
Weißt du denn, in wen Yamato verliebt ist ...?
HUST
HUST
Nein, so genau weiß ich auch nicht Bescheid.
Als er das erste Mal davon erzählt hat ...
... war ich aber ganz schön überrascht.
So gut, wie er aussieht, hätte es mich ja nicht gewundert, wenn er eine oder sogar zwei Freundinnen hat.
Und trotzdem war er am Rande der Verzweiflung, weil seine Liebe nicht erwidert wird.
Sie weiß also nicht, dass er in mich verliebt ist?
Okay, ein Schock wäre es schon.
!
...
Er hat sich anscheinend wirklich den Kopf zerbrochen ...
Wie gesagt, so genau weiß ich auch nicht Bescheid.
Aber er achtet auf die Gefühle seines Gegenübers wie kein anderer.
Wer würde ihm da schon einen Korb geben?
Ha ha ...

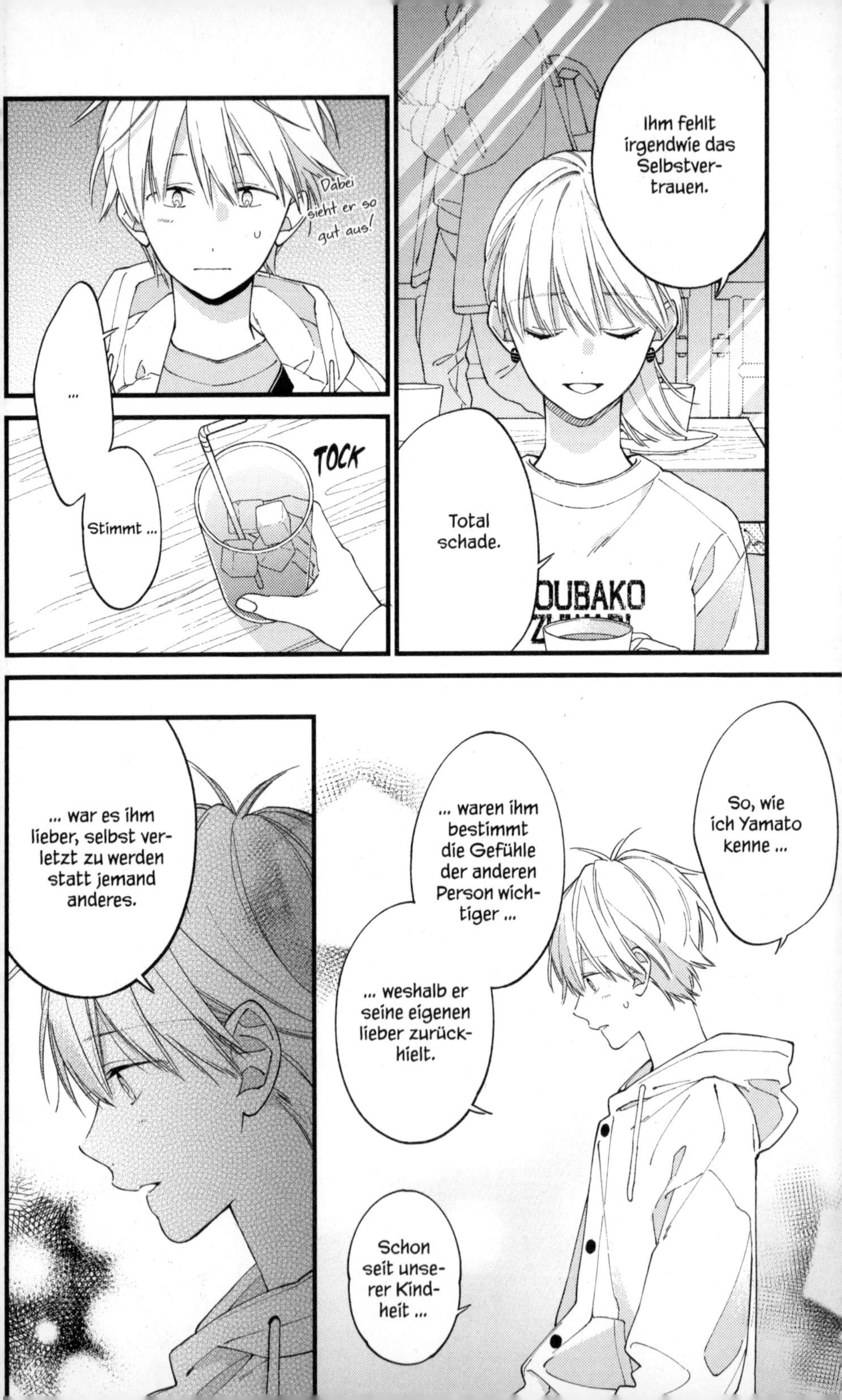
Ihm fehlt irgendwie das Selbstver-trauen.
Total schade.
DOUBAKO
Dabei sieht er so gut aus!
...
TOCK
Stimmt ...
So, wie ich Yamato kenne ...
... waren ihm bestimmt die Gefühle der anderen Person wich-tiger ...
... weshalb er seine eigenen lieber zurück-hielt.
Schon seit unse-rer Kind-heit ...
... war es ihm lieber, selbst ver-letzt zu werden statt jemand anderes.

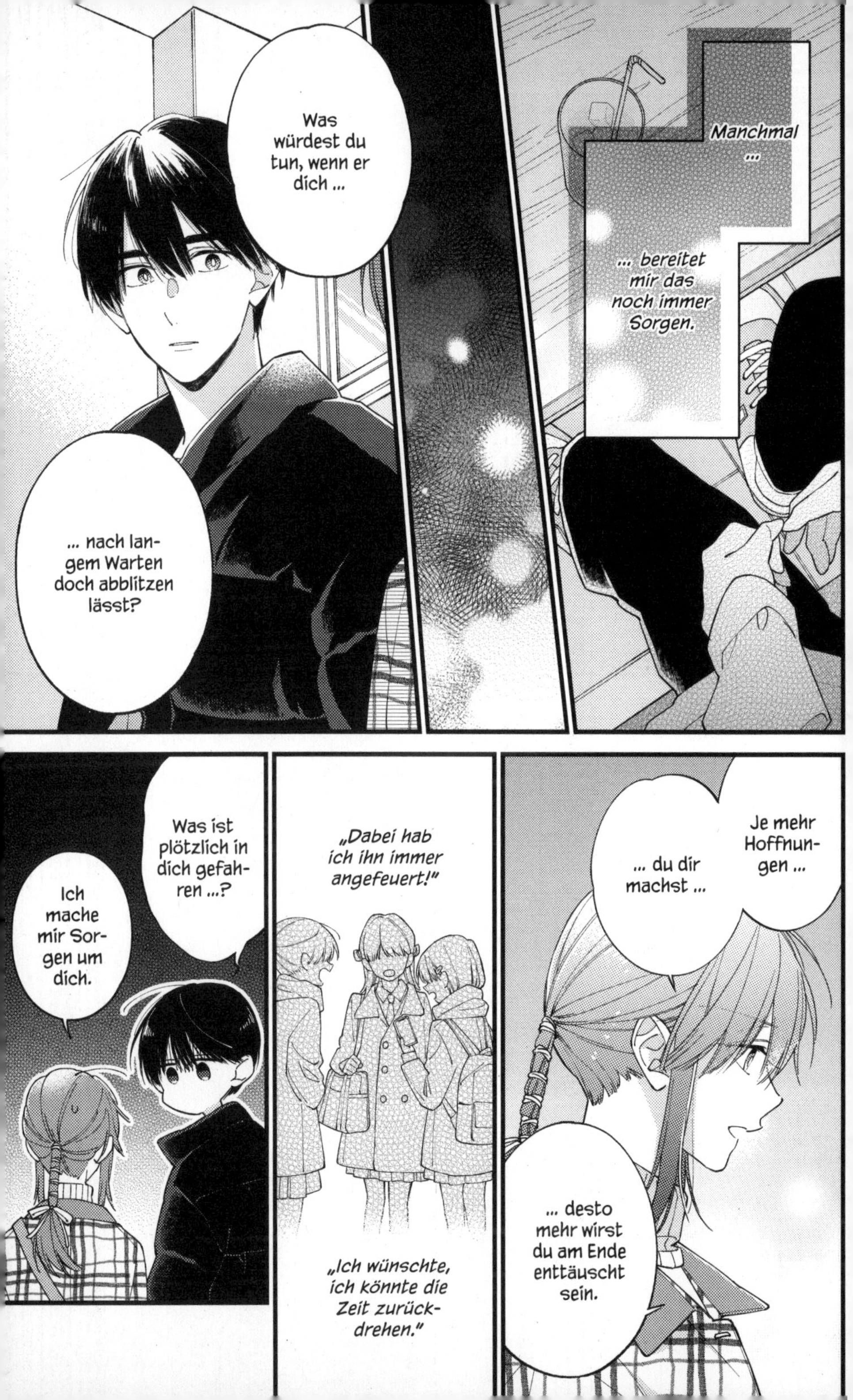
Manchmal …
… bereitet mir das noch immer Sorgen.
Was würdest du tun, wenn er dich …
… nach langem Warten doch abblitzen lässt?
Je mehr Hoffnungen …
… du dir machst …
… desto mehr wirst du am Ende enttäuscht sein.
„Dabei hab ich ihn immer angefeuert!"
„Ich wünschte, ich könnte die Zeit zurückdrehen."
Was ist plötzlich in dich gefahren …?
Ich mache mir Sorgen um dich.

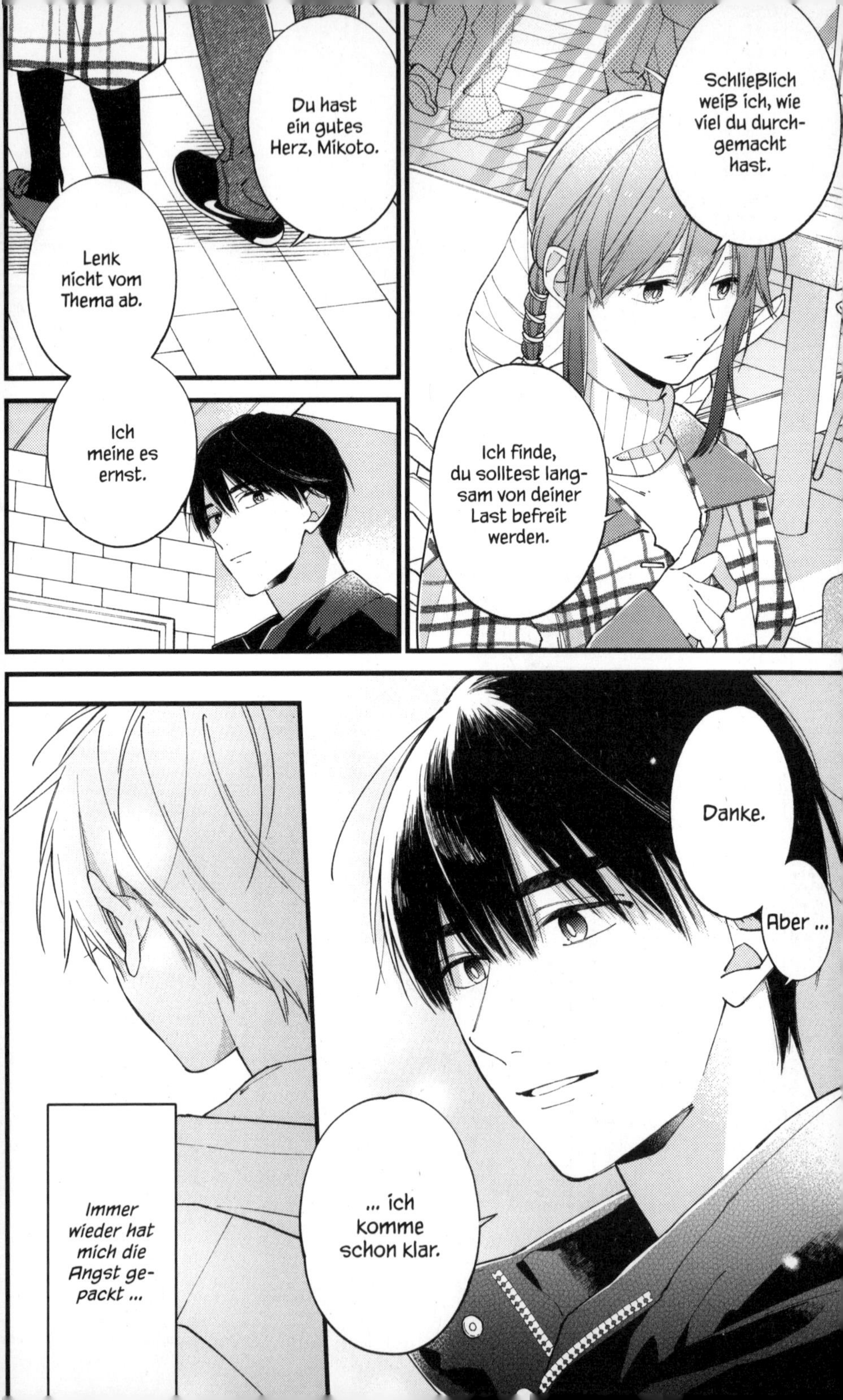
Schließlich weiß ich, wie viel du durchgemacht hast.
Ich finde, du solltest langsam von deiner Last befreit werden.
Du hast ein gutes Herz, Mikoto.
Lenk nicht vom Thema ab.
Ich meine es ernst.
Danke.
Aber ...
... ich komme schon klar.
Immer wieder hat mich die Angst gepackt ...

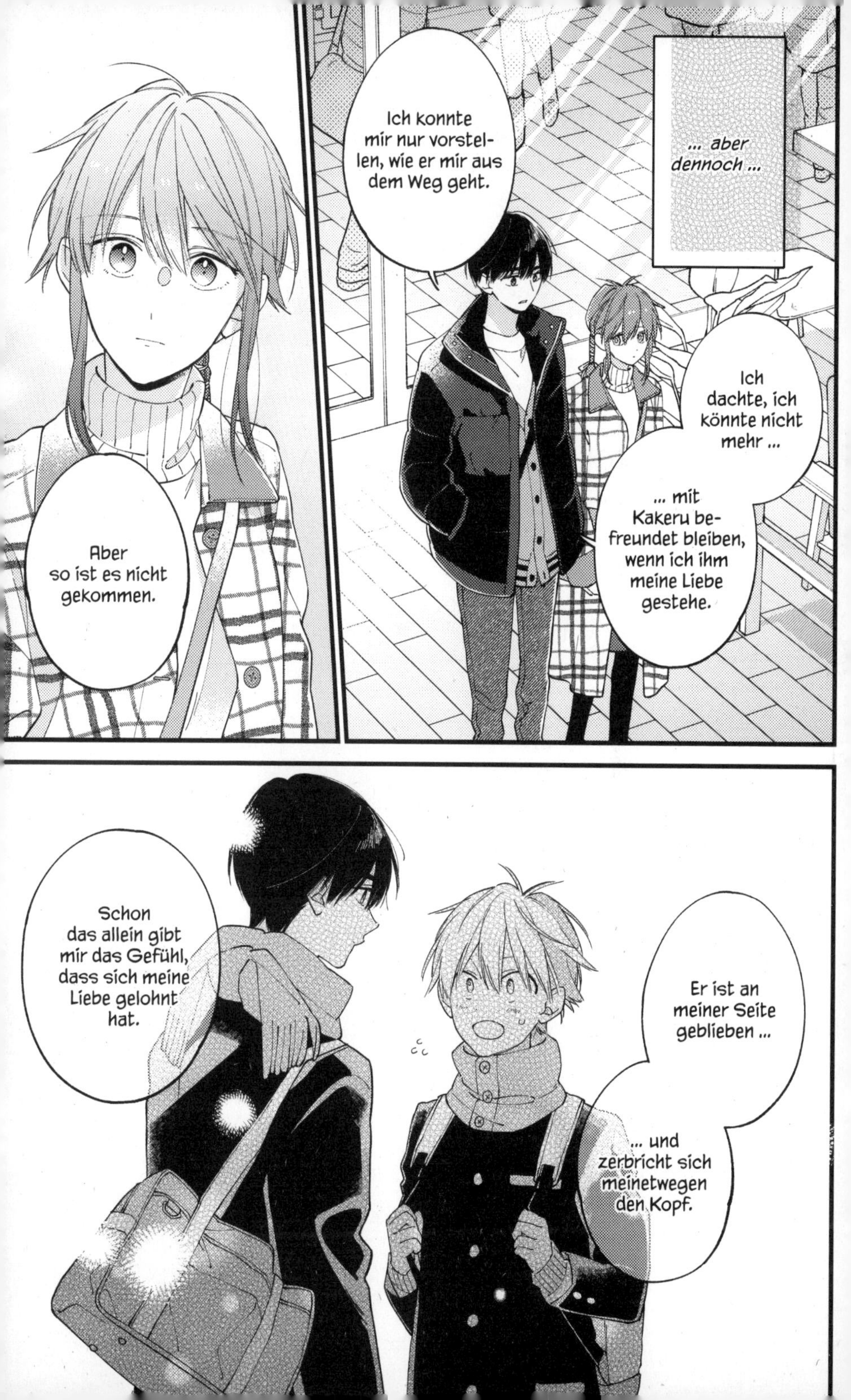
... aber dennoch ...
Ich dachte, ich könnte nicht mehr ...
... mit Kakeru befreundet bleiben, wenn ich ihm meine Liebe gestehe.
Ich konnte mir nur vorstellen, wie er mir aus dem Weg geht.
Aber so ist es nicht gekommen.
Er ist an meiner Seite geblieben ...
... und zerbricht sich meinetwegen den Kopf.
Schon das allein gibt mir das Gefühl, dass sich meine Liebe gelohnt hat.

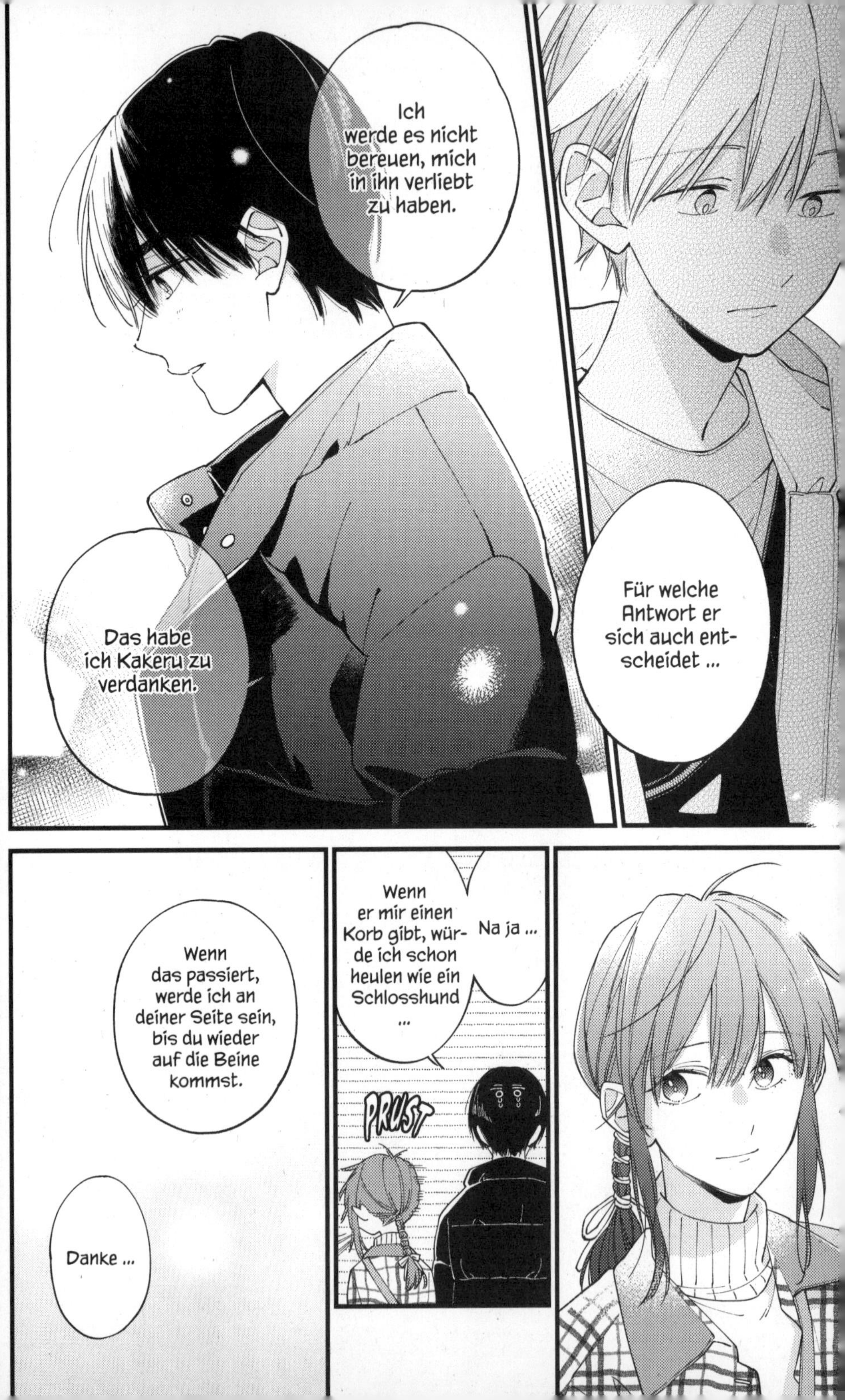
Für welche Antwort er sich auch entscheidet ...
Ich werde es nicht bereuen, mich in ihn verliebt zu haben.
Das habe ich Kakeru zu verdanken.
Na ja ...
Wenn er mir einen Korb gibt, würde ich schon heulen wie ein Schlosshund ...
PRUST
Wenn das passiert, werde ich an deiner Seite sein, bis du wieder auf die Beine kommst.
Danke ...

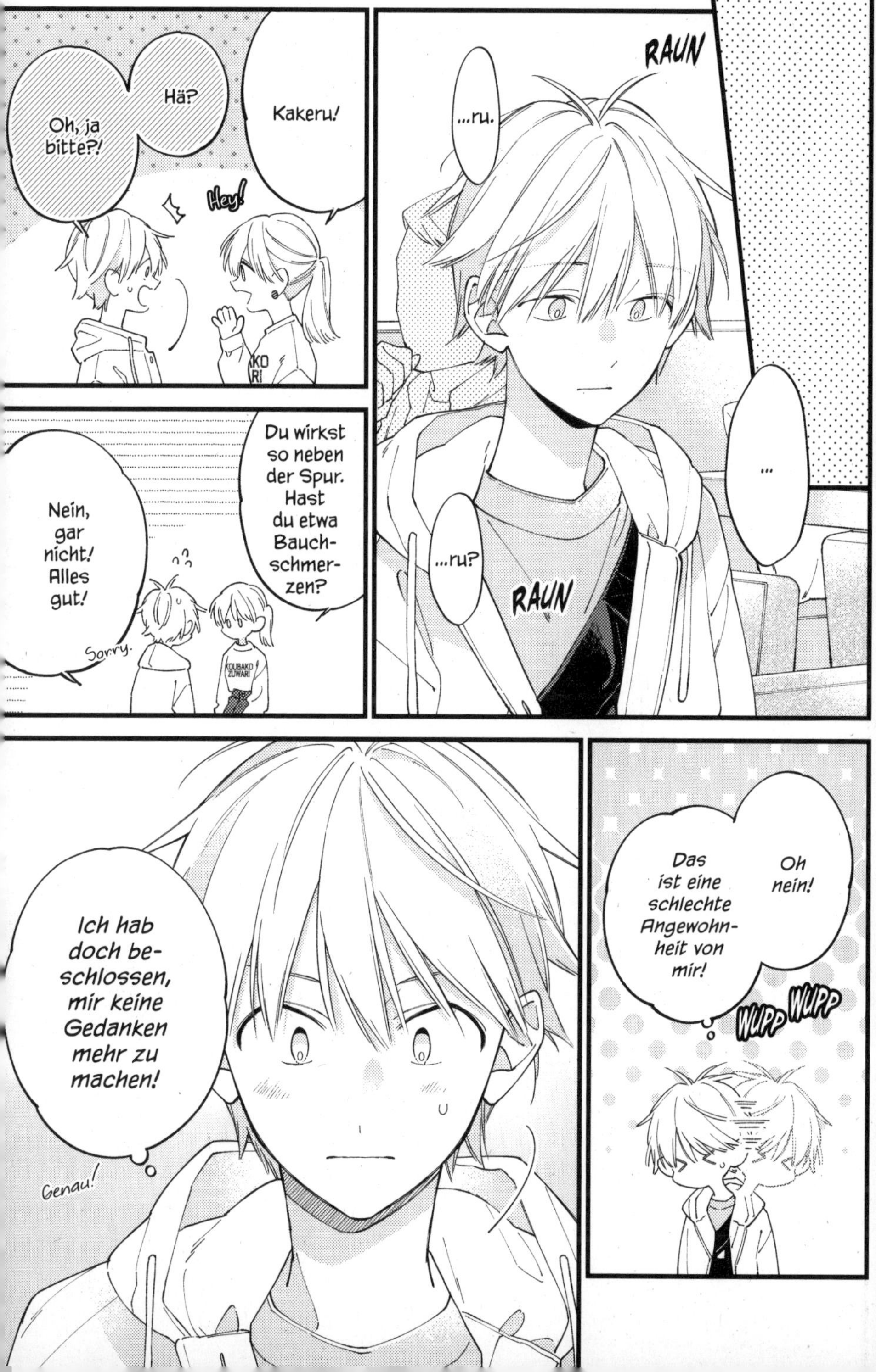

RAUN
...ru.
...
...ru?
RAUN
Kakeru!
Hä?
Oh, ja bitte?!
Hey!
Du wirkst so neben der Spur. Hast du etwa Bauchschmerzen?
Nein, gar nicht! Alles gut!
Sorry.
Oh nein!
Das ist eine schlechte Angewohnheit von mir!
WUPP WUPP
Ich hab doch beschlossen, mir keine Gedanken mehr zu machen!
Genau!

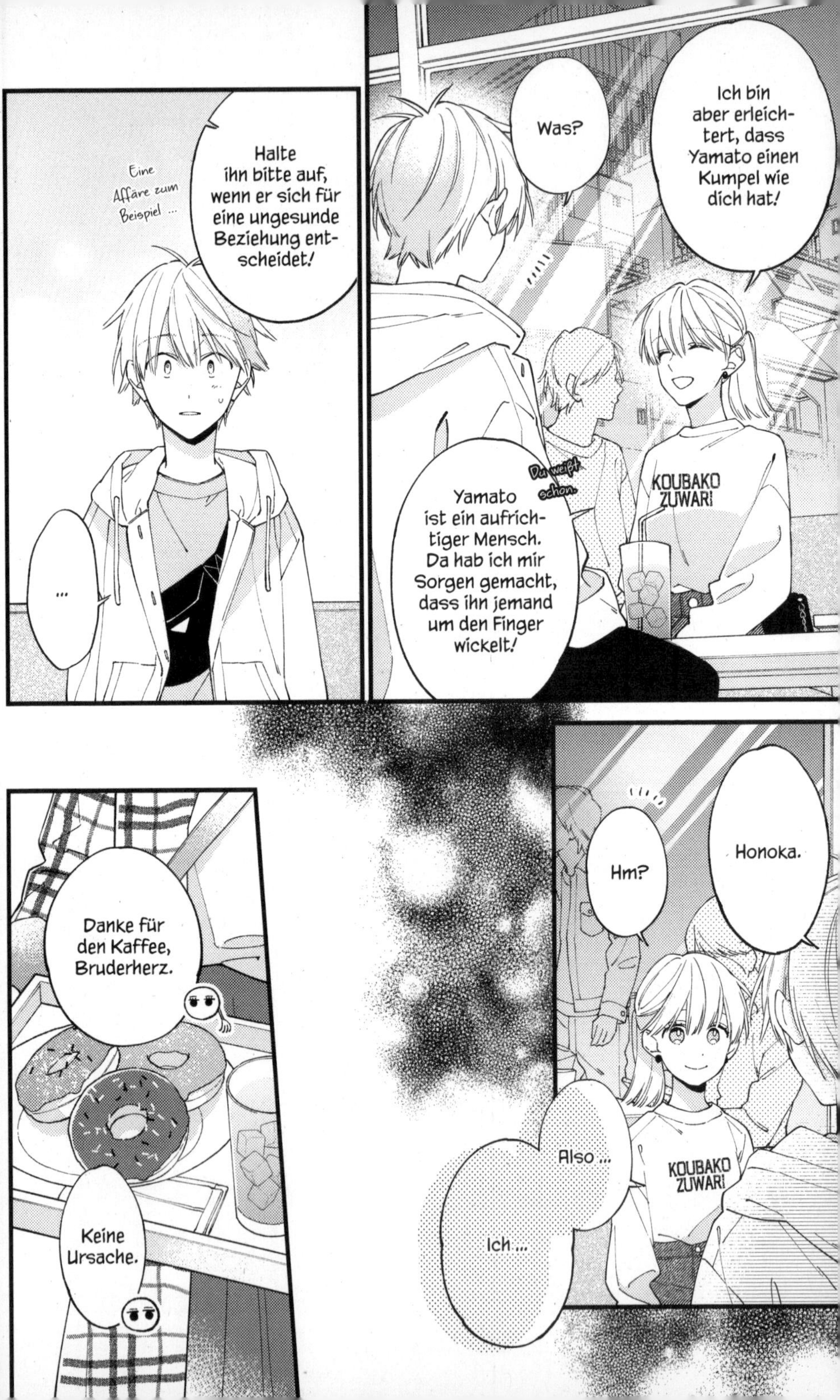

Ich bin aber erleichtert, dass Yamato einen Kumpel wie dich hat!
Was?
…!!
Du weißt schon.
Yamato ist ein aufrichtiger Mensch. Da hab ich mir Sorgen gemacht, dass ihn jemand um den Finger wickelt!
Halte ihn bitte auf, wenn er sich für eine ungesunde Beziehung entscheidet!
Eine Affäre zum Beispiel …
…
Honoka.
Hm?
Also …
Ich …
Danke für den Kaffee, Bruderherz.
Keine Ursache.

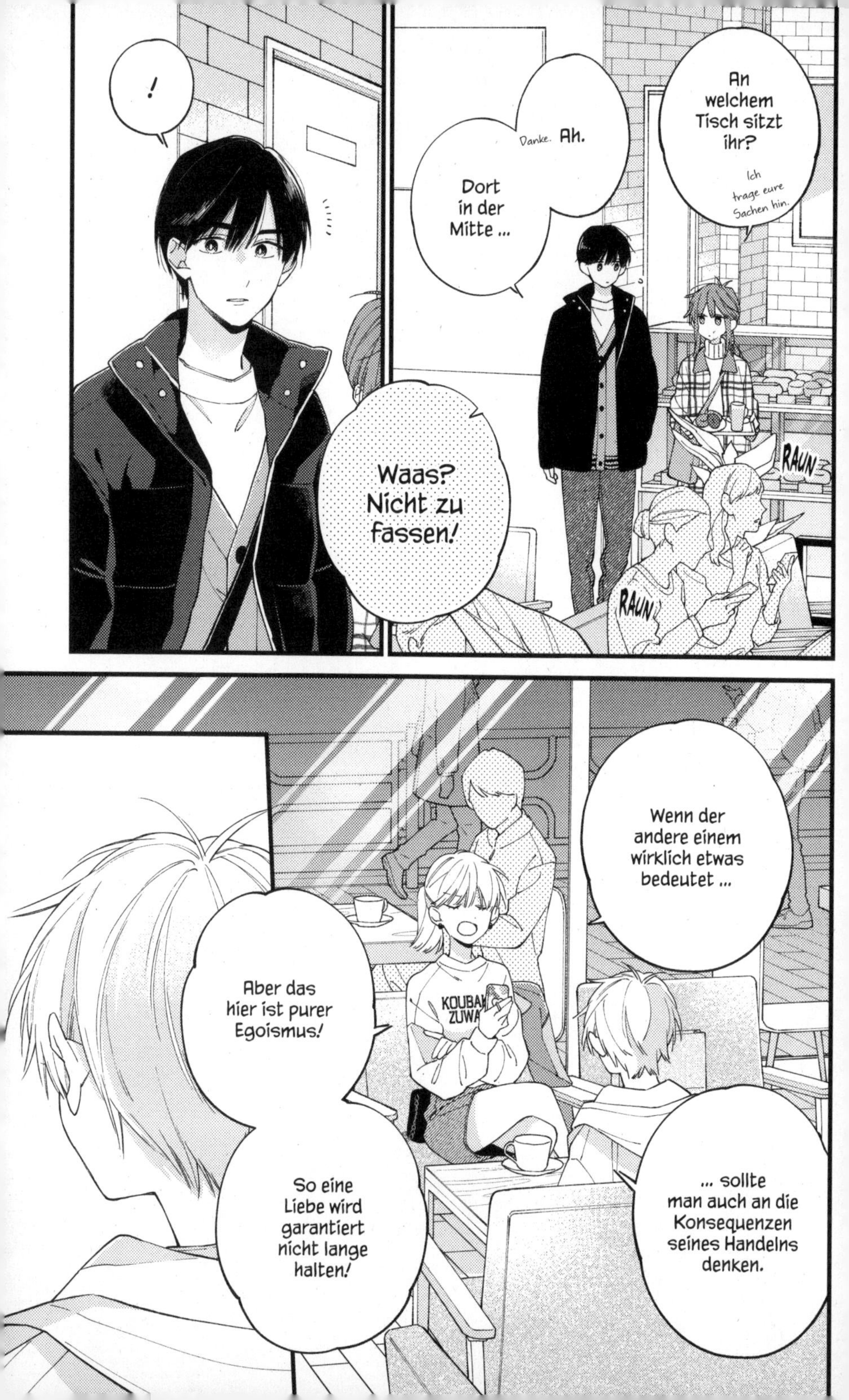
An welchem Tisch sitzt ihr?
Ich trage eure Sachen hin.
Danke. Ah.
Dort in der Mitte ...
!
RAUN
RAUN
Waas? Nicht zu fassen!
Wenn der andere einem wirklich etwas bedeutet ...
Aber das hier ist purer Egoismus!
KOUBAK ZUWA
... sollte man auch an die Konsequenzen seines Handelns denken.
So eine Liebe wird garantiert nicht lange halten!

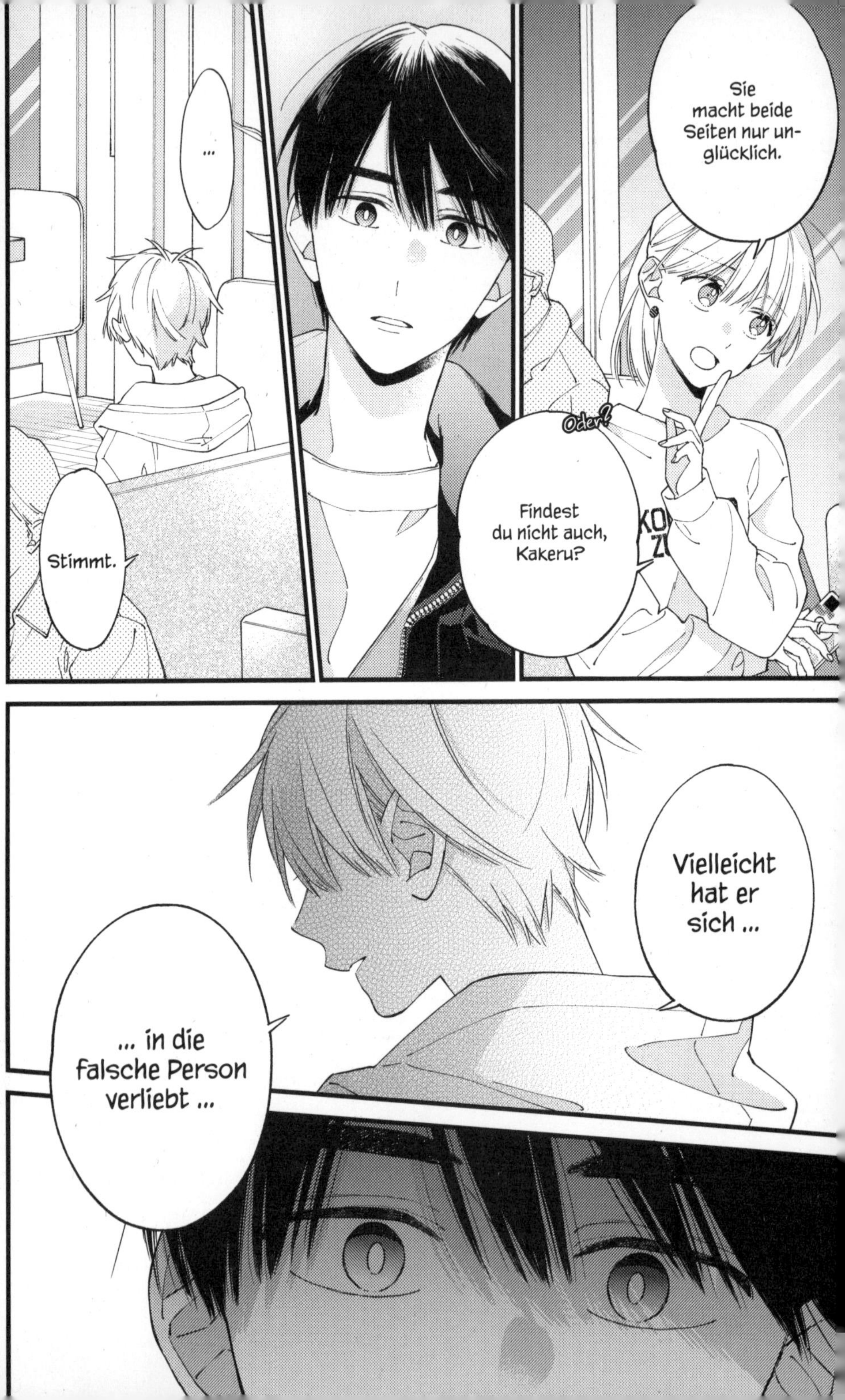
Sie macht beide Seiten nur unglücklich.
Oder?
Findest du nicht auch, Kakeru?
...
Stimmt.
Vielleicht hat er sich ...
... in die falsche Person verliebt ...

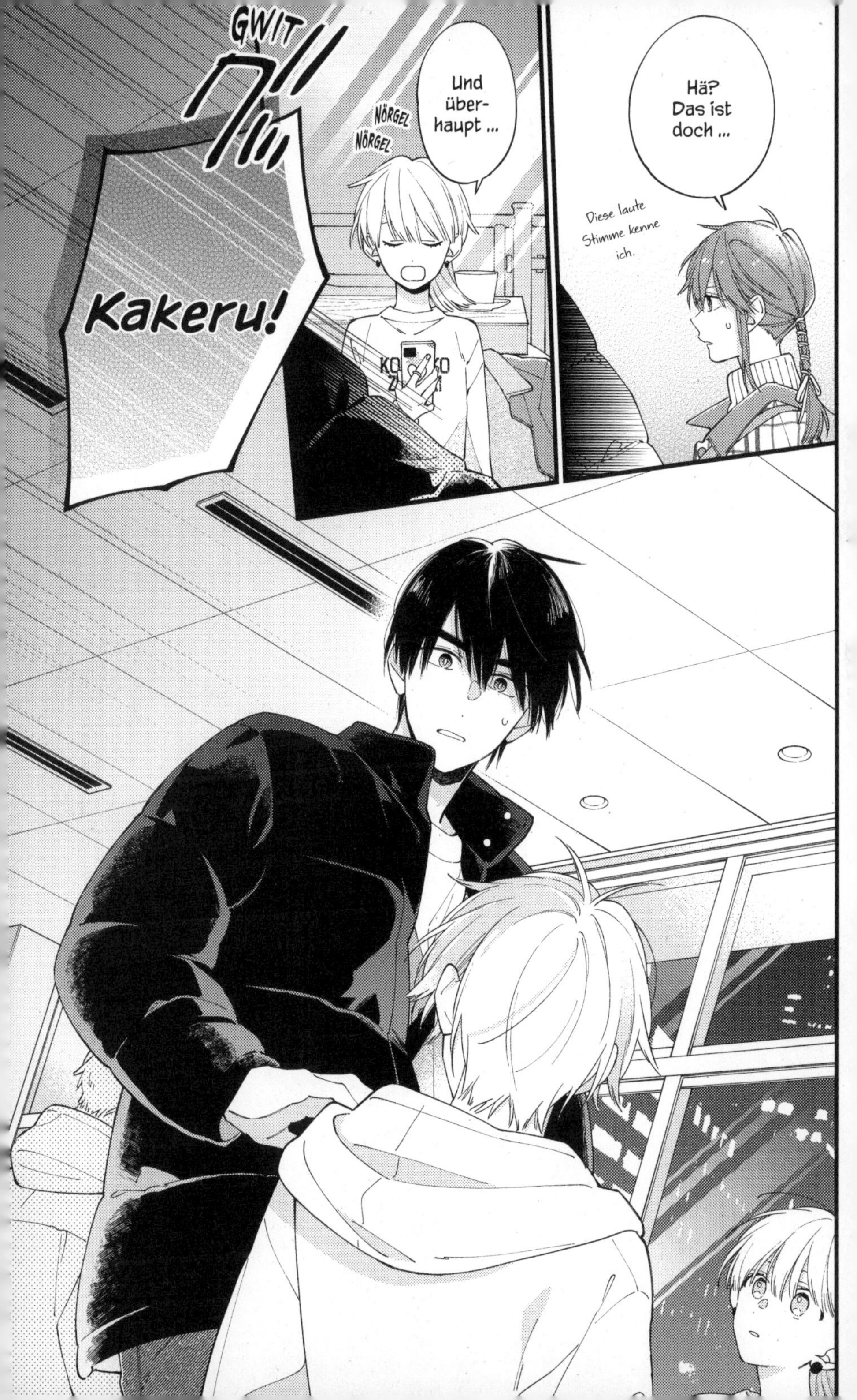
Hä?
Das ist
doch ...
Diese laute Stimme kenne ich.
Und über-haupt ...
NÖRGEL
NÖRGEL
GWIT
Kakeru!

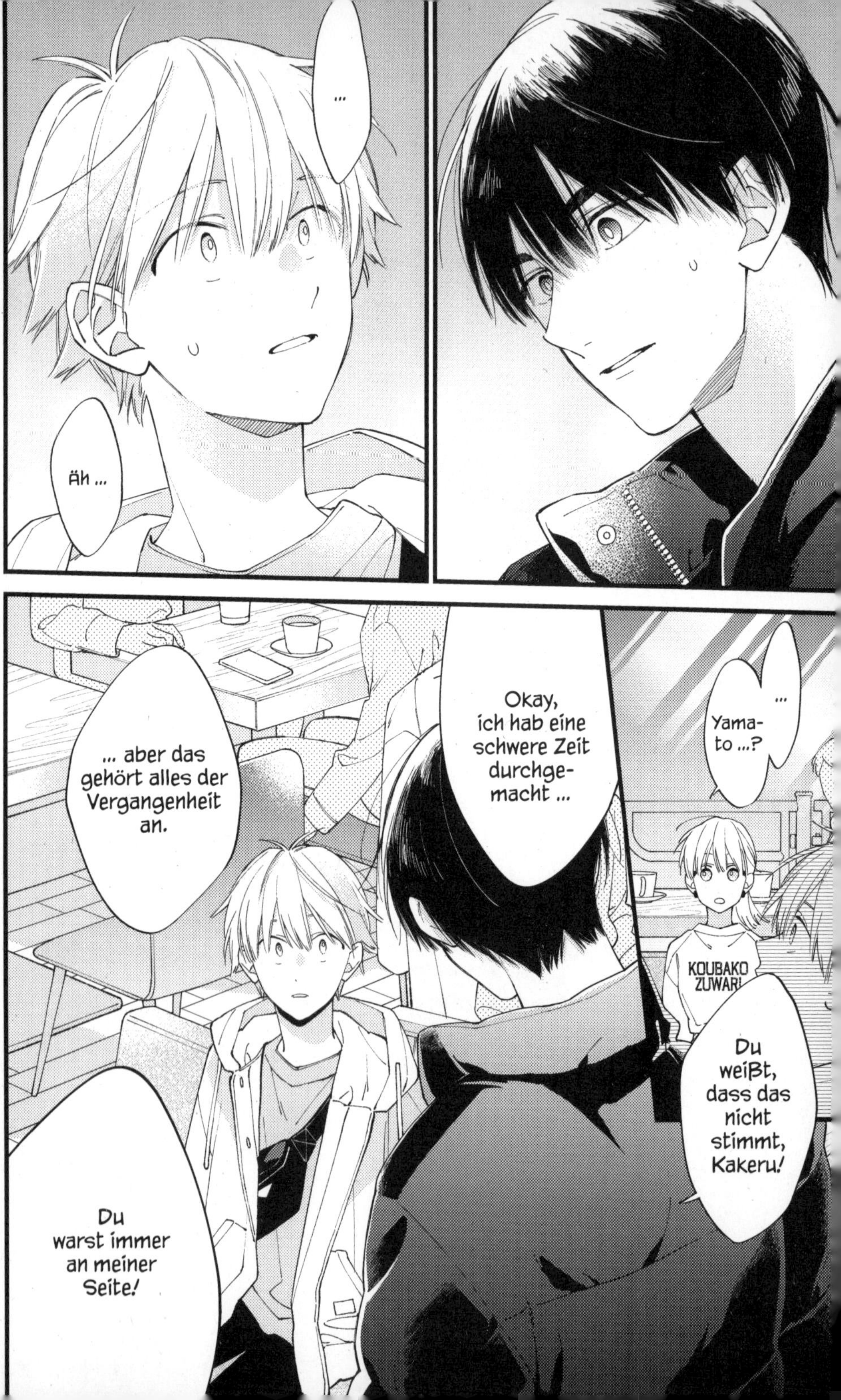
...
Äh ...
... Yamato ...?
KOUBAKO ZUWARI
Okay, ich hab eine schwere Zeit durchgemacht ...
... aber das gehört alles der Vergangenheit an.
Du weißt, dass das nicht stimmt, Kakeru!
Du warst immer an meiner Seite!

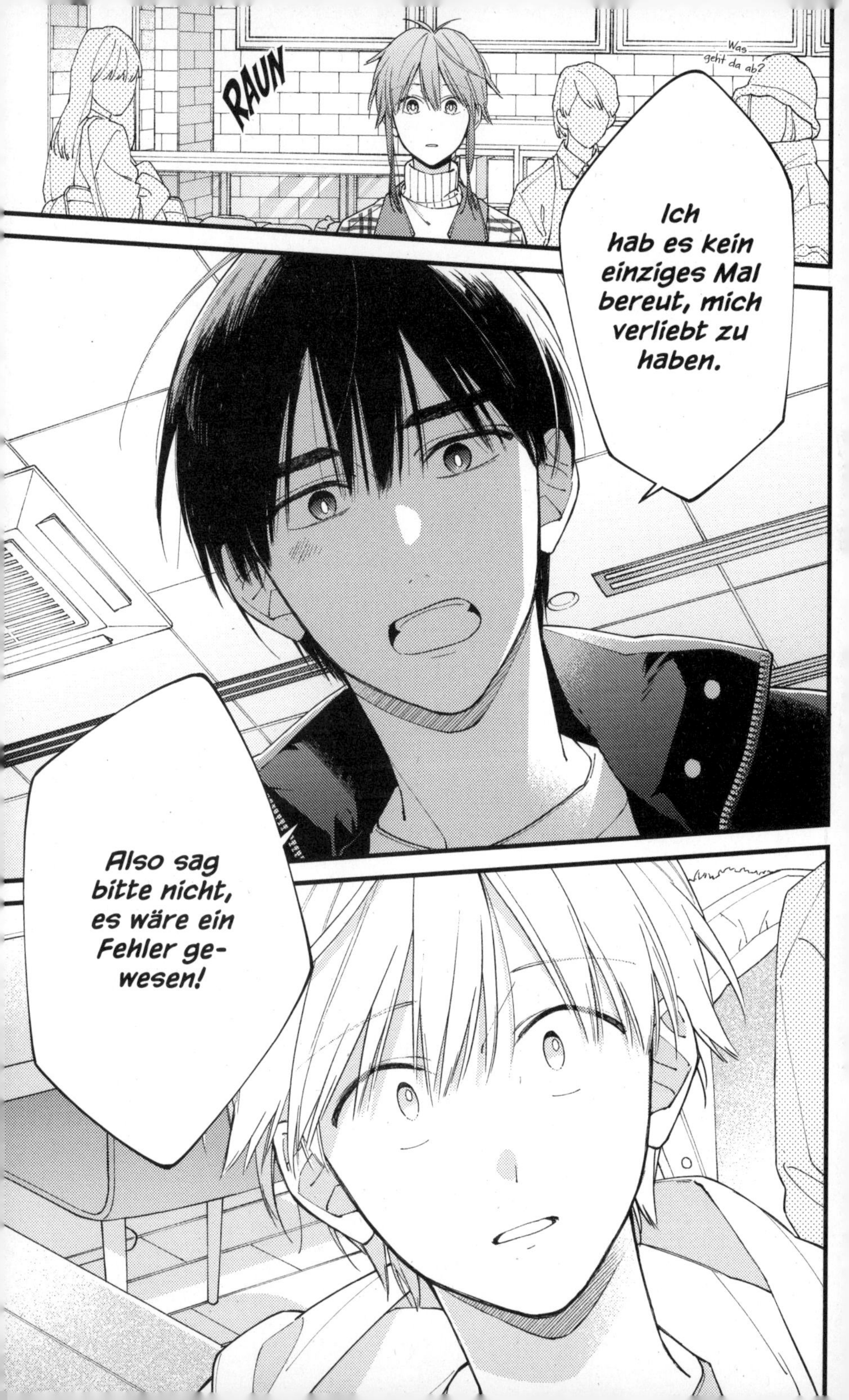
RAUN
Was geht da ab?
Ich hab es kein einziges Mal bereut, mich verliebt zu haben.
Also sag bitte nicht, es wäre ein Fehler gewesen!

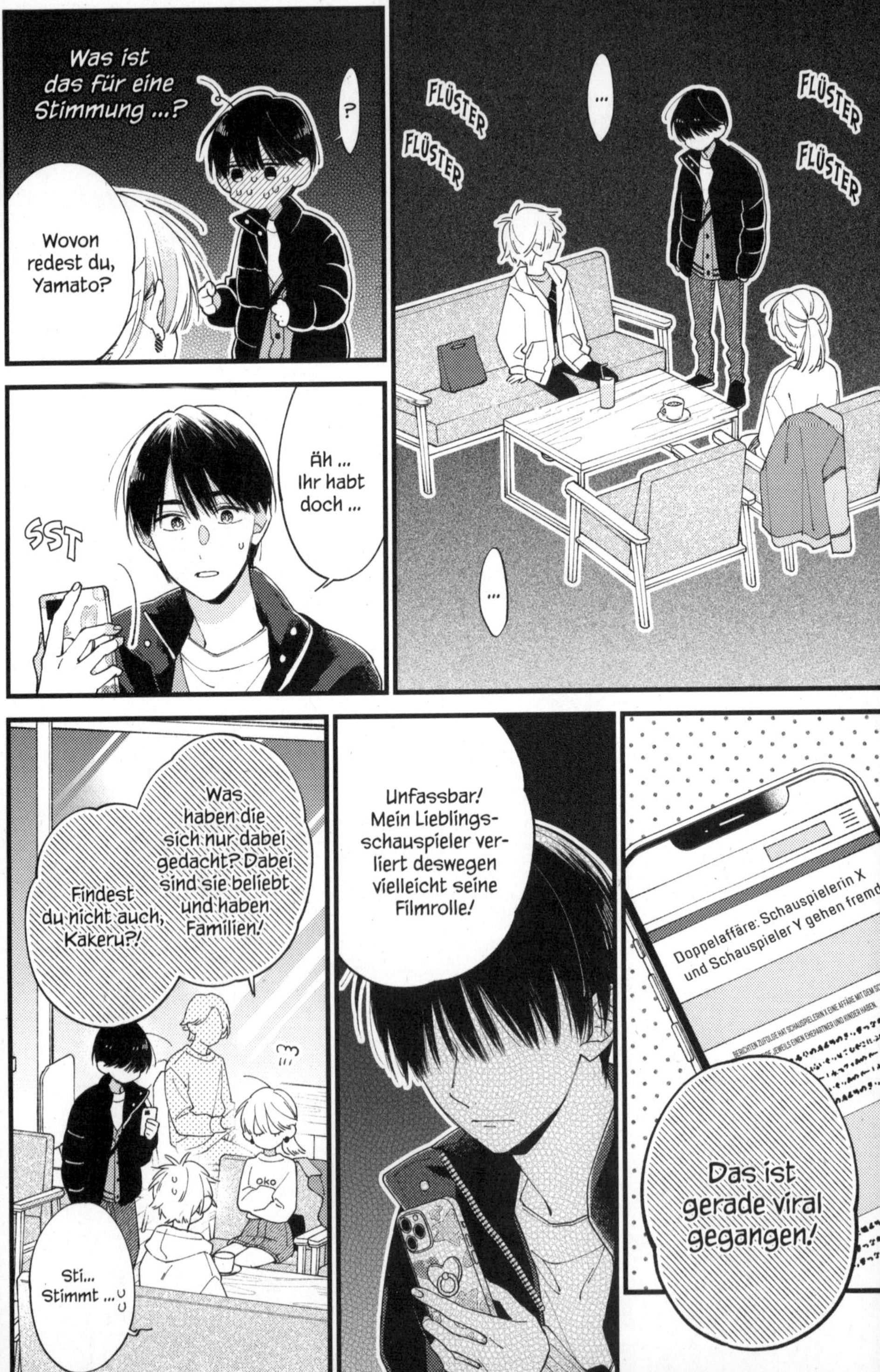
STILLE
FLÜSTER
FLÜSTER
...
FLÜSTER
FLÜSTER
...
?
Was ist das für eine Stimmung ...?
Wovon redest du, Yamato?
Äh ... Ihr habt doch ...
SST
Doppelaffäre: Schauspielerin X und Schauspieler Y gehen fremd
Das ist gerade viral gegangen!
Unfassbar! Mein Lieblings-schauspieler ver-liert deswegen vielleicht seine Filmrolle!
Was haben die sich nur dabei gedacht? Dabei sind sie beliebt und haben Familien!
Findest du nicht auch, Kakeru?!
Sti... Stimmt ...

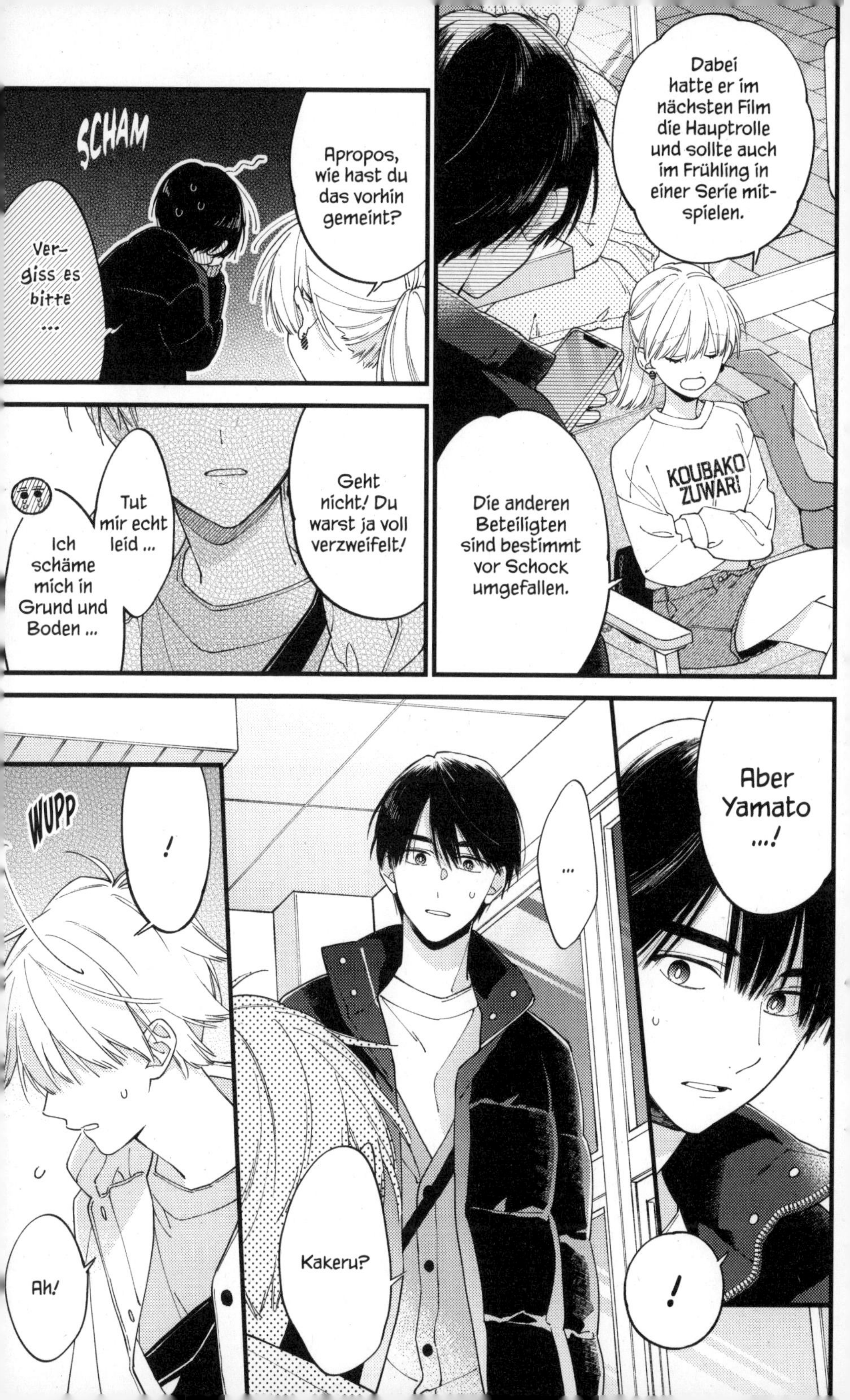
Dabei hatte er im nächsten Film die Hauptrolle und sollte auch im Frühling in einer Serie mit-spielen.
KOUBAKO ZUWARI
Die anderen Beteiligten sind bestimmt vor Schock umgefallen.
Apropos, wie hast du das vorhin gemeint?
SCHAM
Ver-giss es bitte ...
Geht nicht! Du warst ja voll verzweifelt!
Tut mir echt leid ...
Ich schäme mich in Grund und Boden ...
Aber Yamato ...!
!
...
Kakeru?
WUPP
!
Ah!

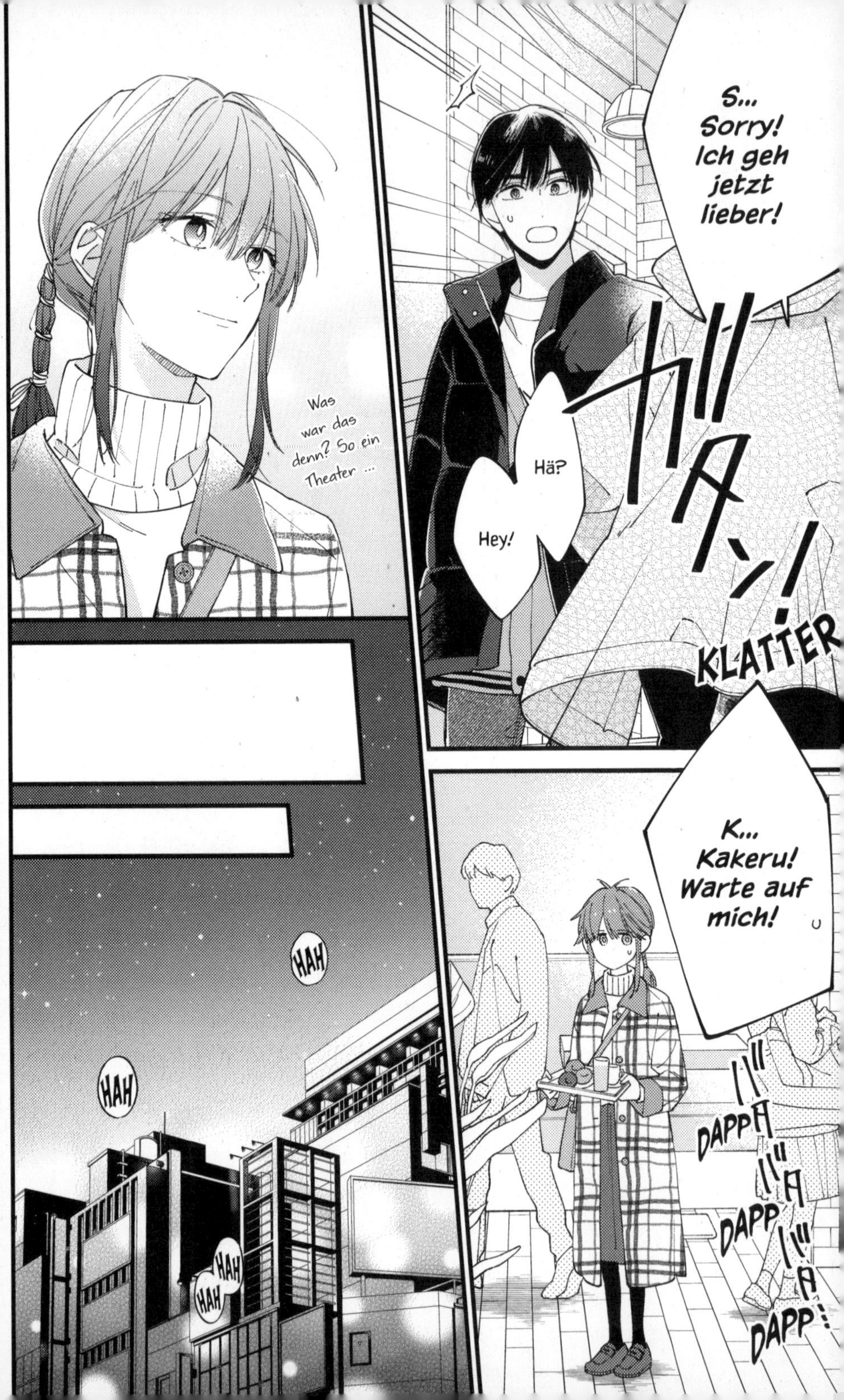
S... Sorry! Ich geh jetzt lieber!
KLATTER
Hä?
Hey!
Was war das denn? So ein Theater ...
K... Kakeru! Warte auf mich!
DAPP
DAPP
DAPP
HAH
HAH
HAH
HAH

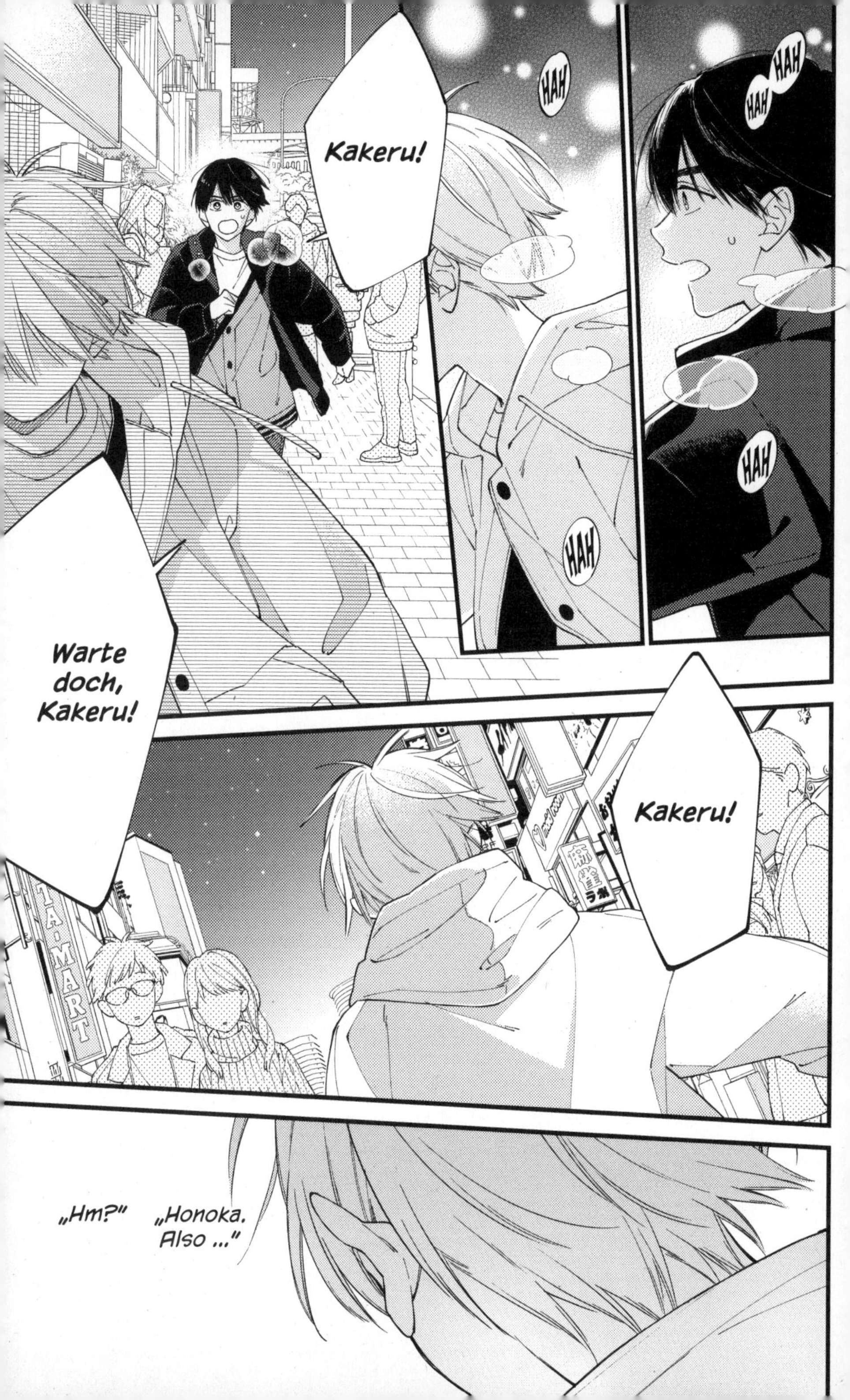
HAH HAH HAH
HAH
Kakeru!
HAH
HAH
Warte doch, Kakeru!
Kakeru!
TA-MART
„Honoka. Also ...“
„Hm?“

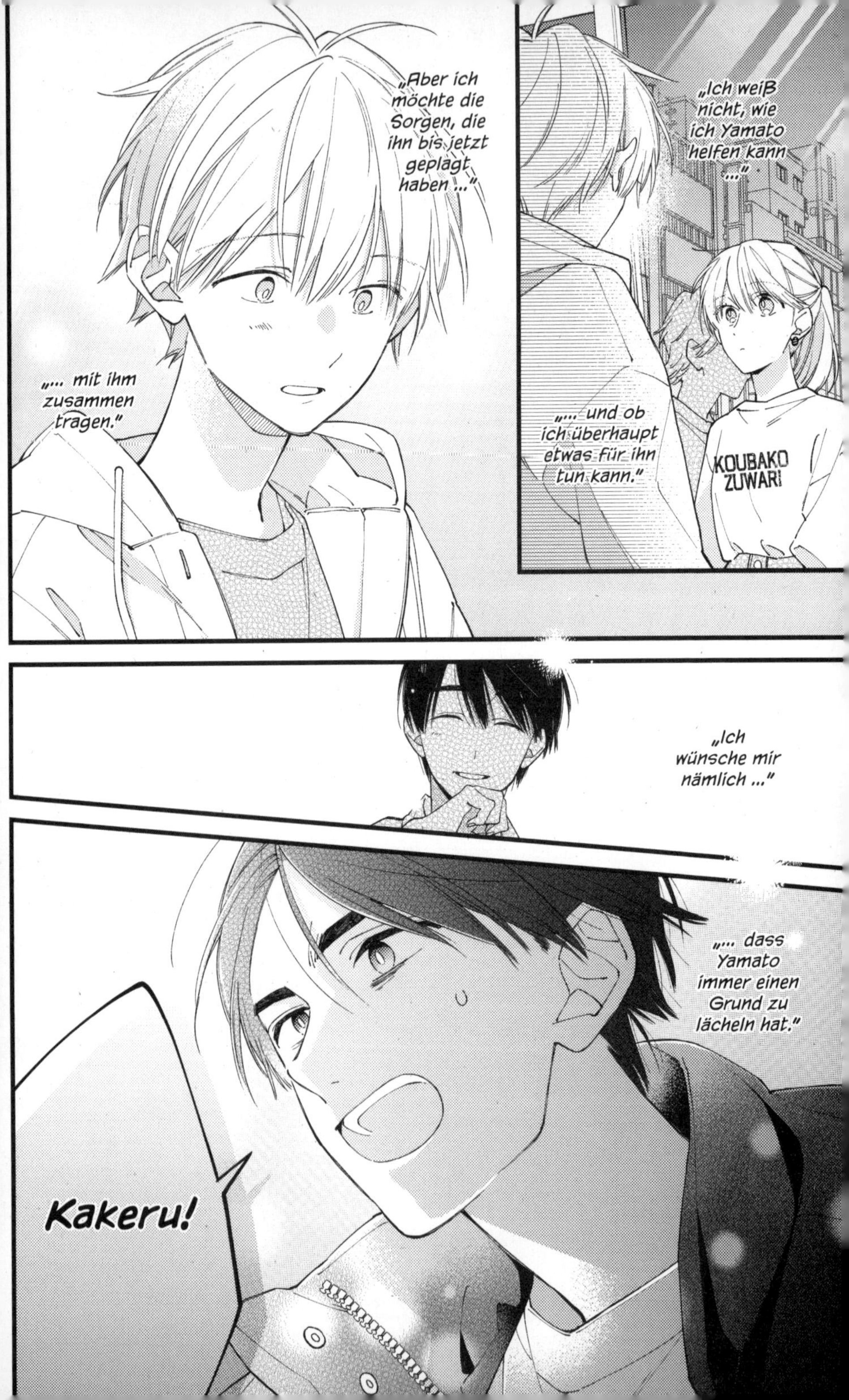
„Ich weiß nicht, wie ich Yamato helfen kann ...“
„... und ob ich überhaupt etwas für ihn tun kann.“
„Aber ich möchte die Sorgen, die ihn bis jetzt geplagt haben ...“
„... mit ihm zusammen tragen.“
KOUBAKO ZUWARI
„Ich wünsche mir nämlich ...“
„... dass Yamato immer einen Grund zu lächeln hat.“
Kakeru!

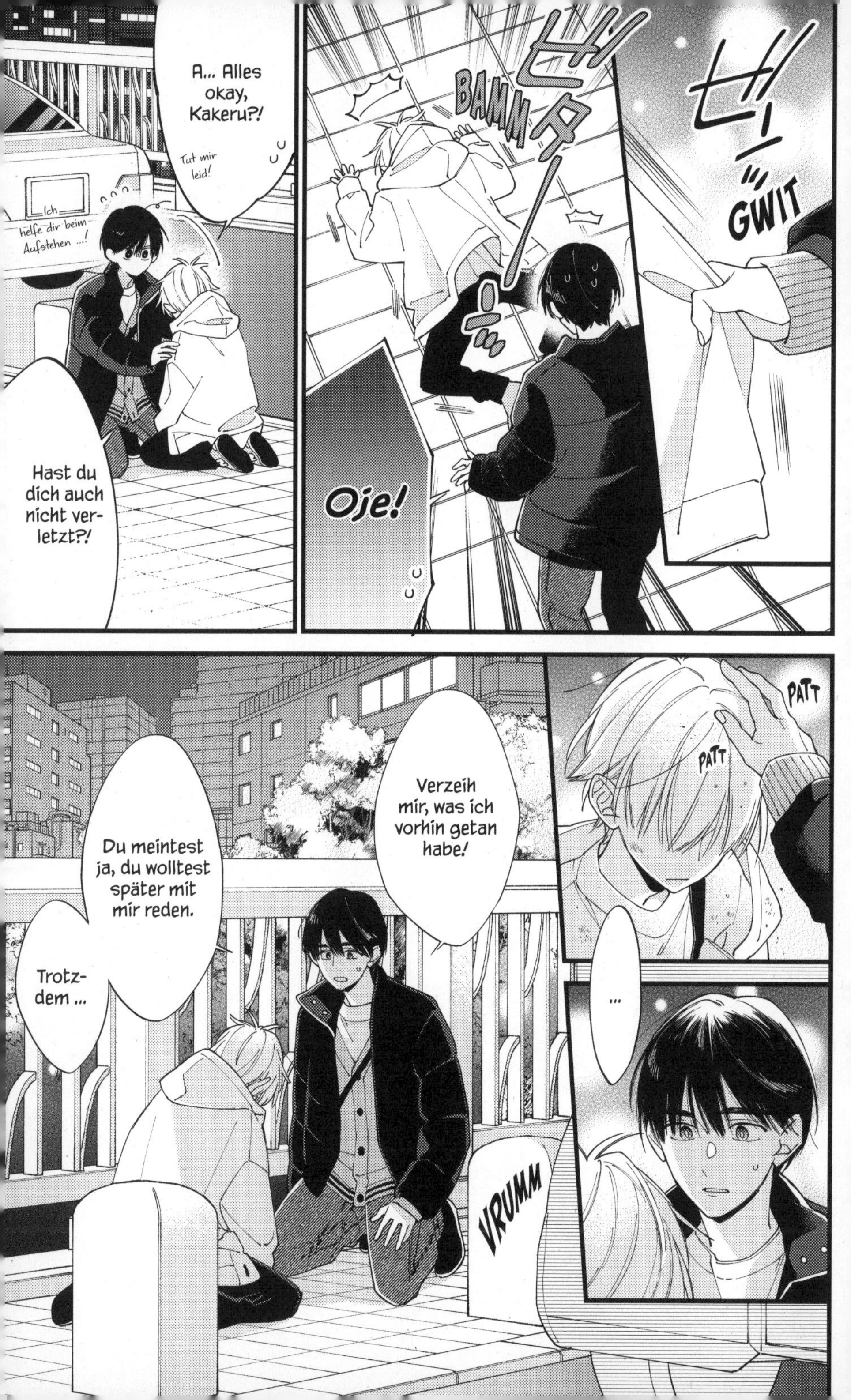

GWIT
BAMM
Oje!
A... Alles okay, Kakeru?!
Tut mir leid!
Ich helfe dir beim Aufstehen ...!
Hast du dich auch nicht verletzt?!
PATT
PATT
...
VRUMM
Verzeih mir, was ich vorhin getan habe!
Du meintest ja, du wolltest später mit mir reden.
Trotz-dem ...

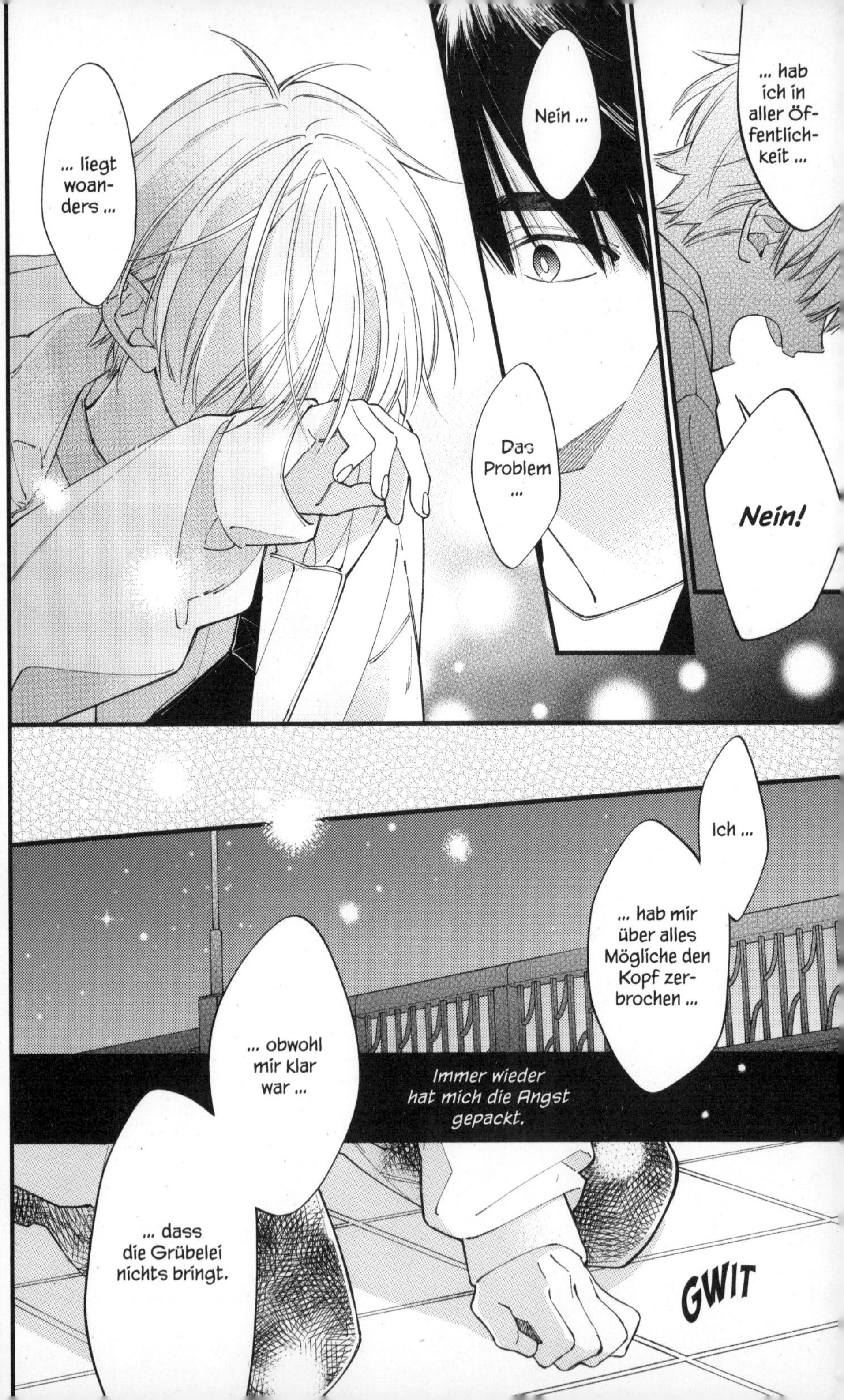

... hab ich in aller Öffentlichkeit ...
Nein!
Nein ...
Das Problem ...
... liegt woanders ...
Ich ...
... hab mir über alles Mögliche den Kopf zerbrochen ...
Immer wieder hat mich die Angst gepackt.
... obwohl mir klar war ...
... dass die Grübelei nichts bringt.
GWIT

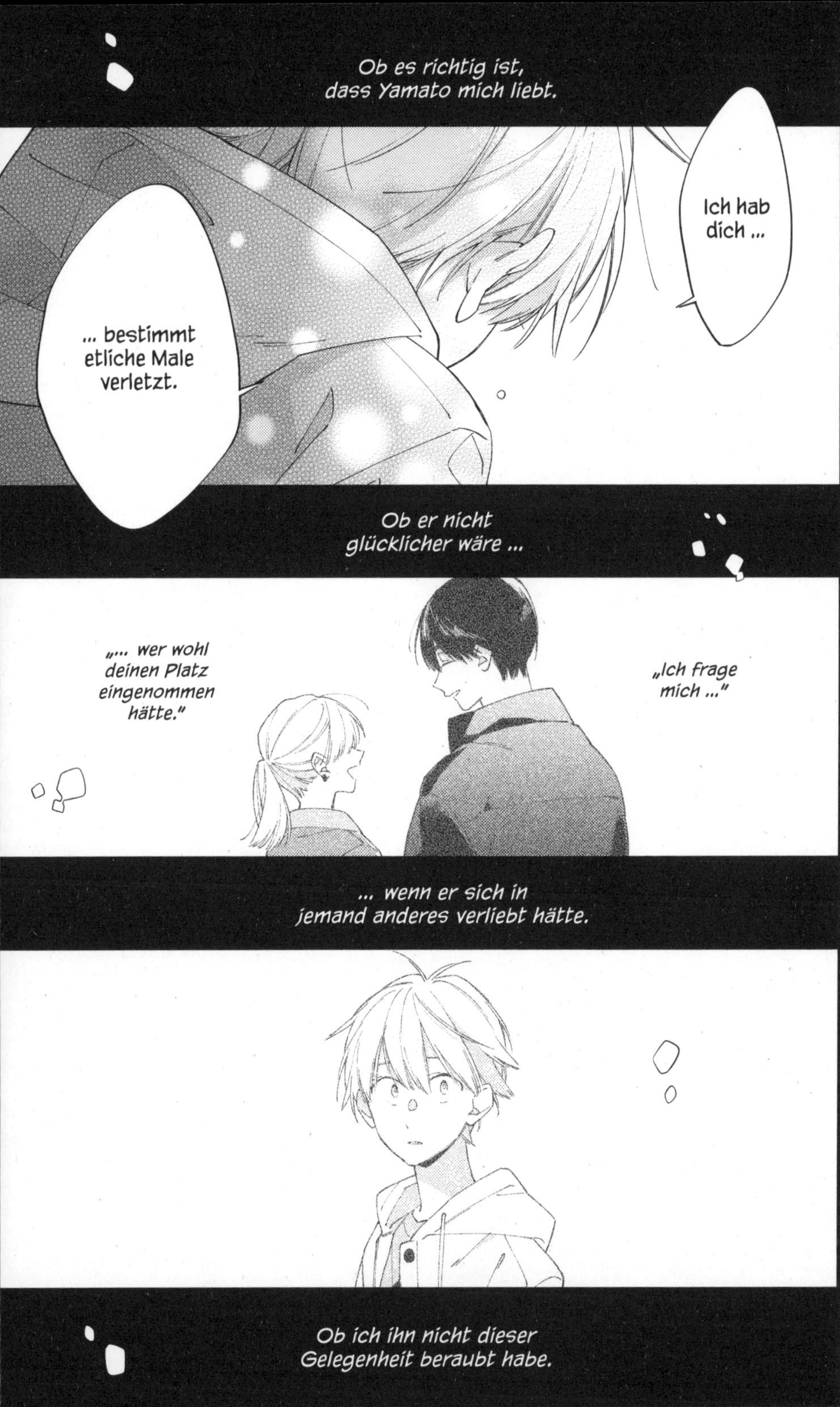
Ob es richtig ist, dass Yamato mich liebt.
Ich hab dich ...
... bestimmt etliche Male verletzt.
Ob er nicht glücklicher wäre ...
„Ich frage mich ..."
„... wer wohl deinen Platz eingenommen hätte."
... wenn er sich in jemand anderes verliebt hätte.
Ob ich ihn nicht dieser Gelegenheit beraubt habe.

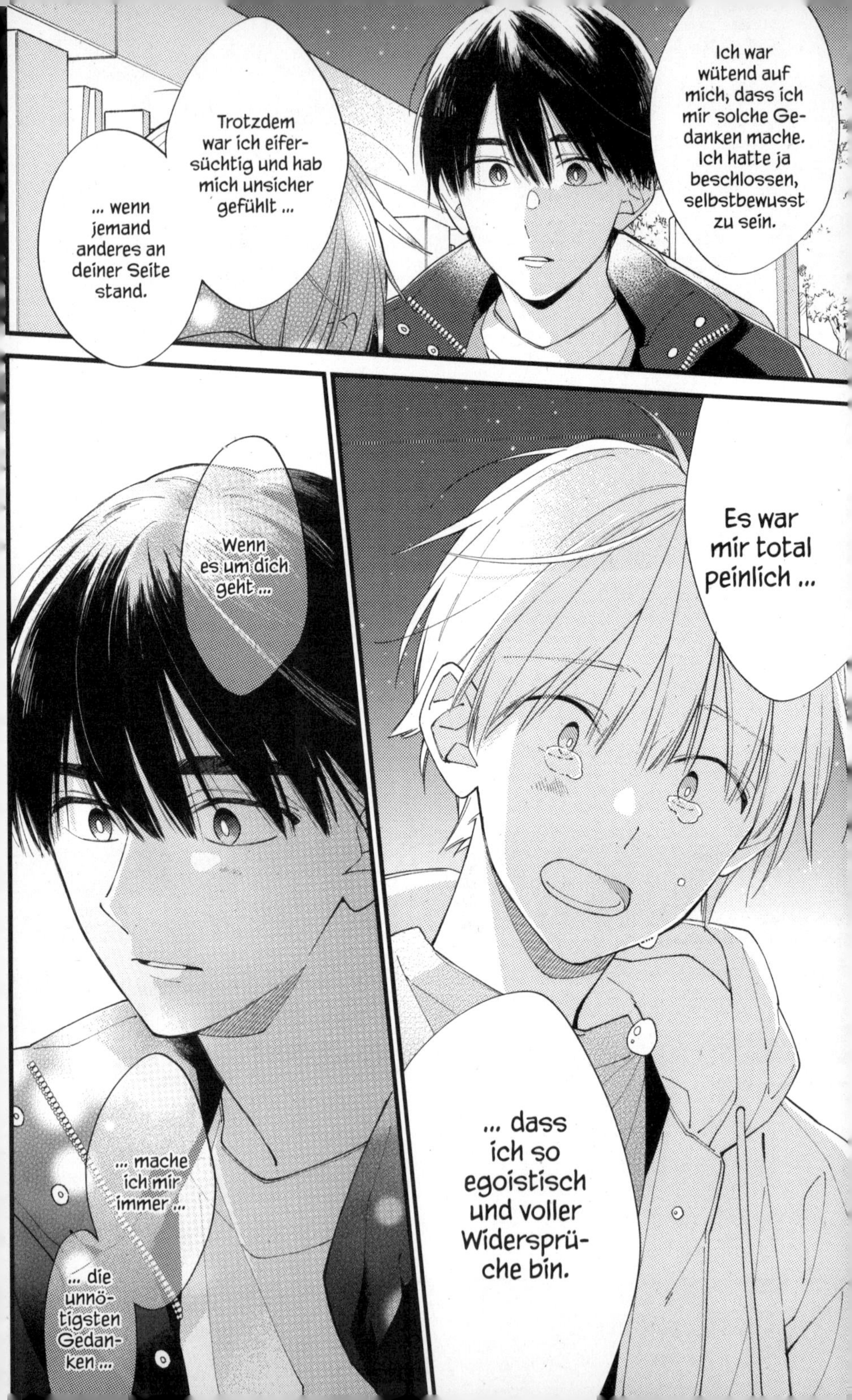
Ich war wütend auf mich, dass ich mir solche Gedanken mache. Ich hatte ja beschlossen, selbstbewusst zu sein.
Trotzdem war ich eifersüchtig und hab mich unsicher gefühlt ...
... wenn jemand anderes an deiner Seite stand.
Es war mir total peinlich ...
... dass ich so egoistisch und voller Widersprüche bin.
Wenn es um dich geht ...
... mache ich mir immer ...
... die unnötigsten Gedanken ...

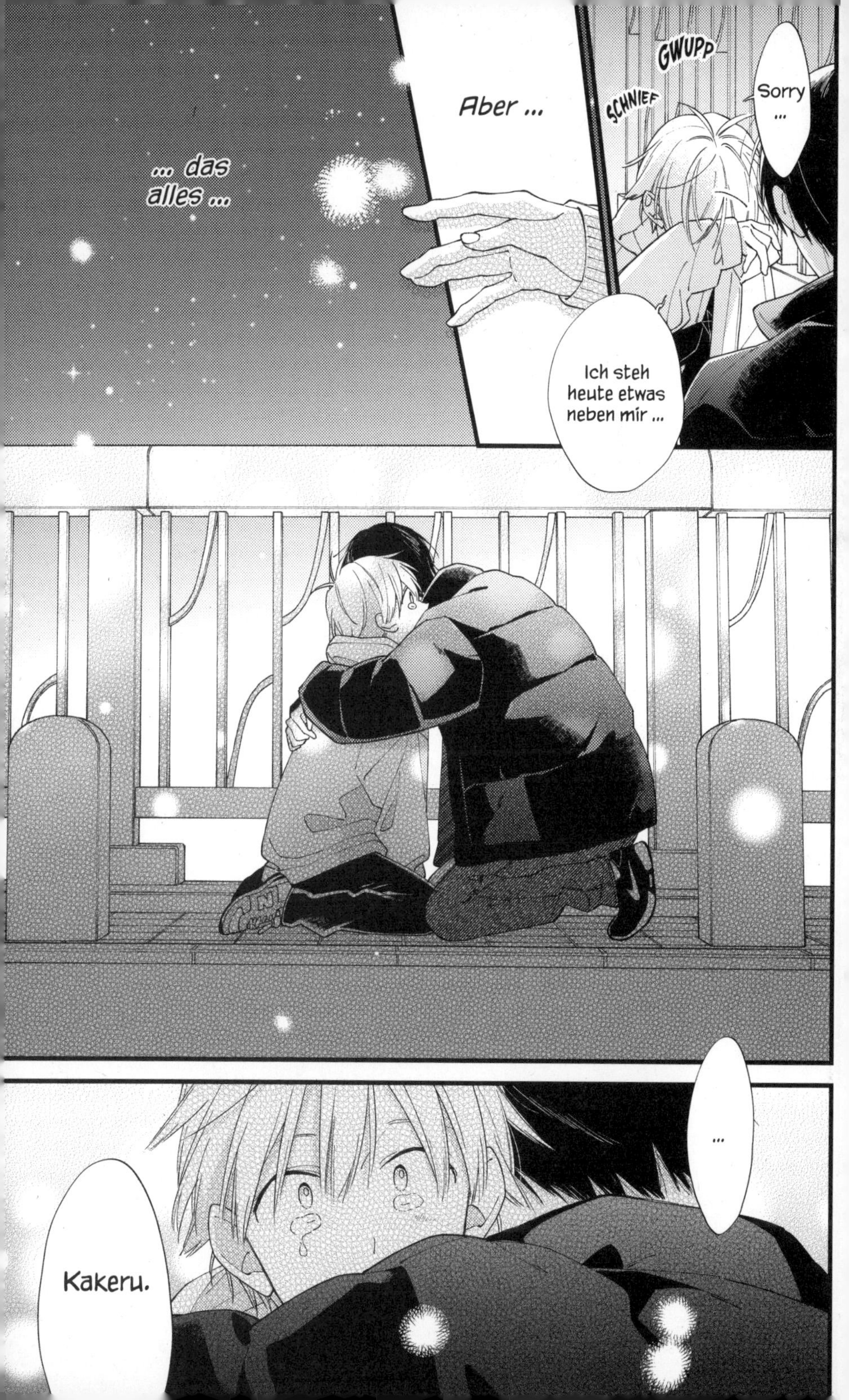
GWUPP
Sorry ...
SCHNIEF
Aber ...
Ich steh heute etwas neben mir ...
... das alles ...
...
Kakeru.

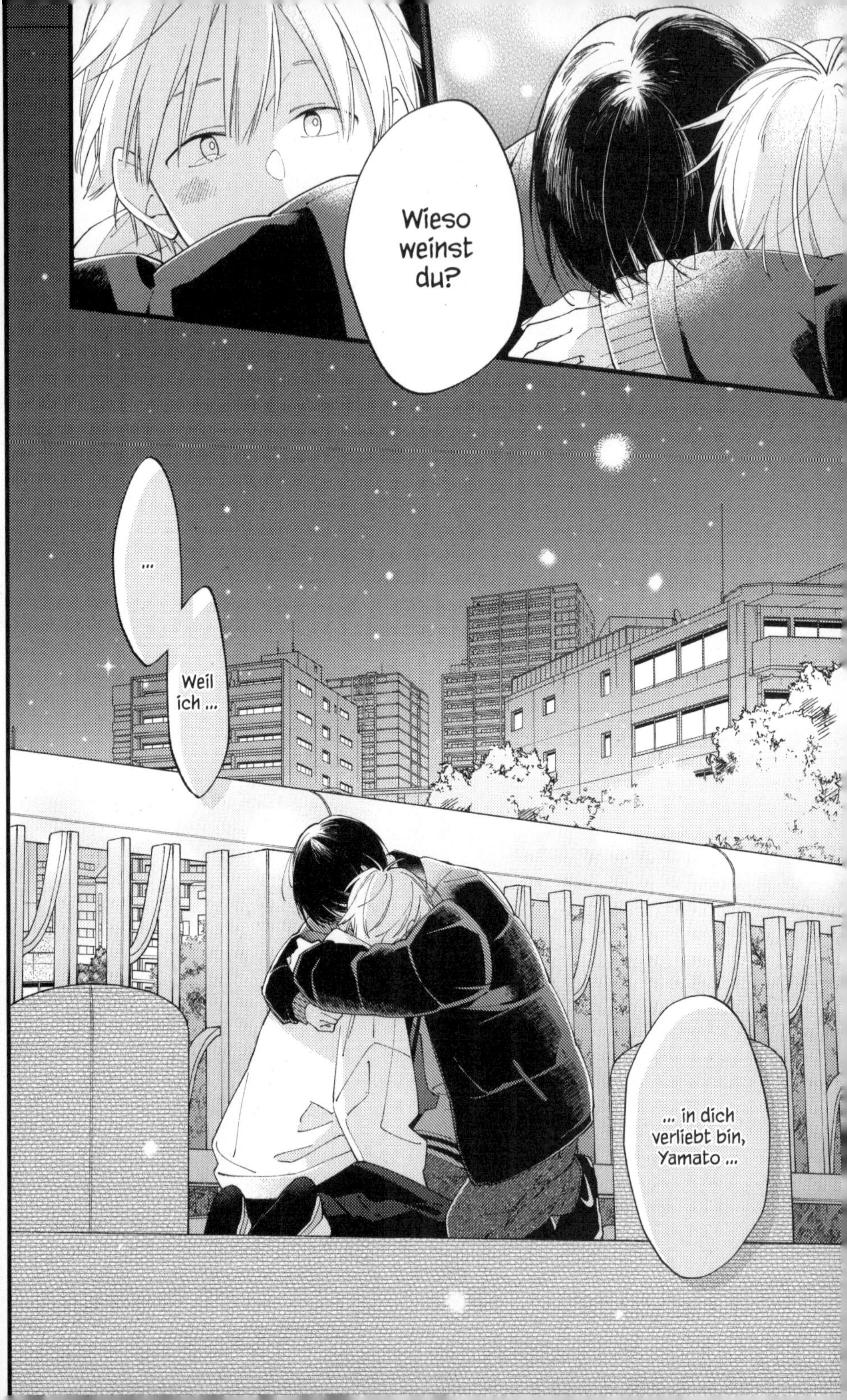
Wieso weinst du?
...
Weil ich ...
... in dich verliebt bin, Yamato ...

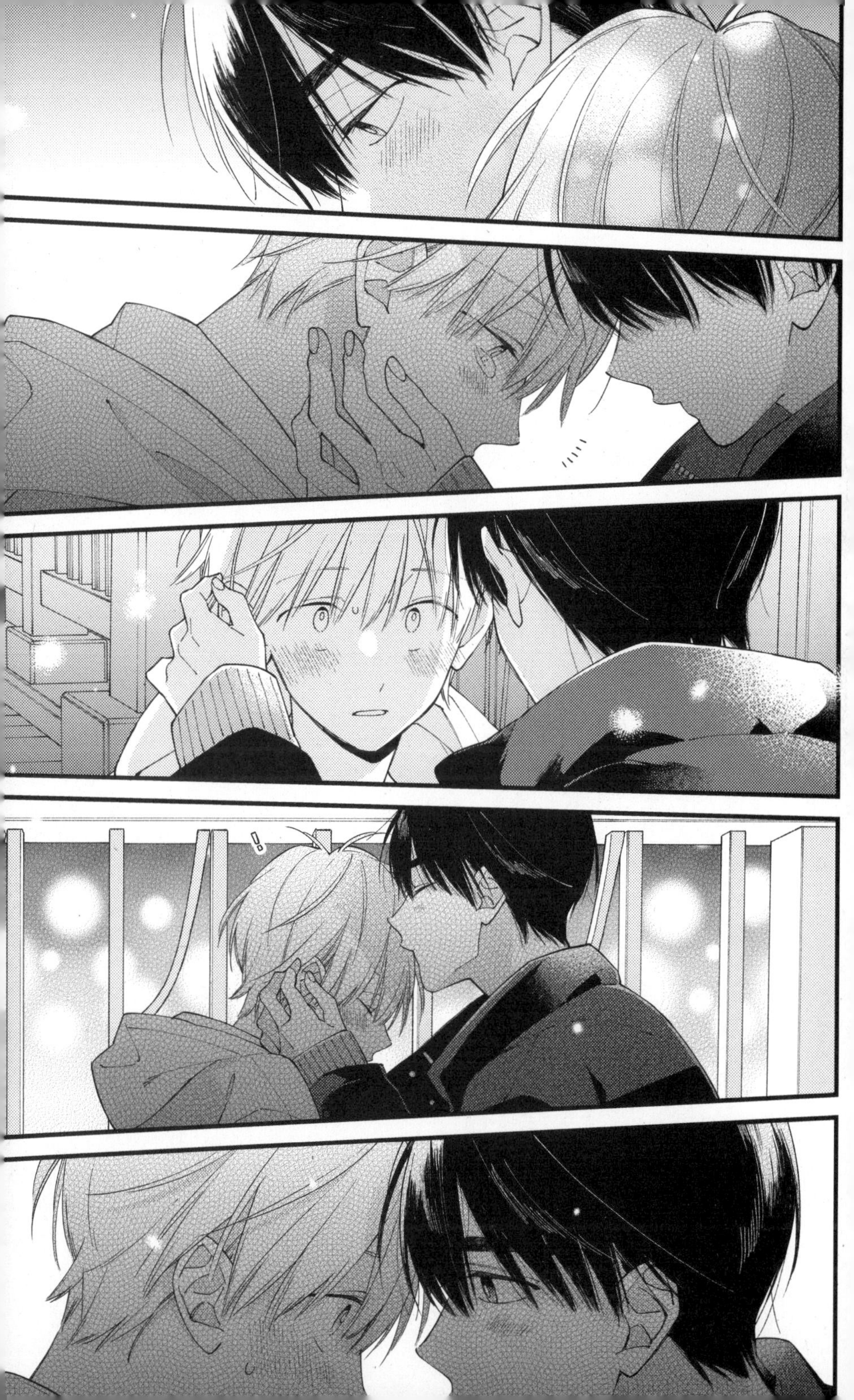

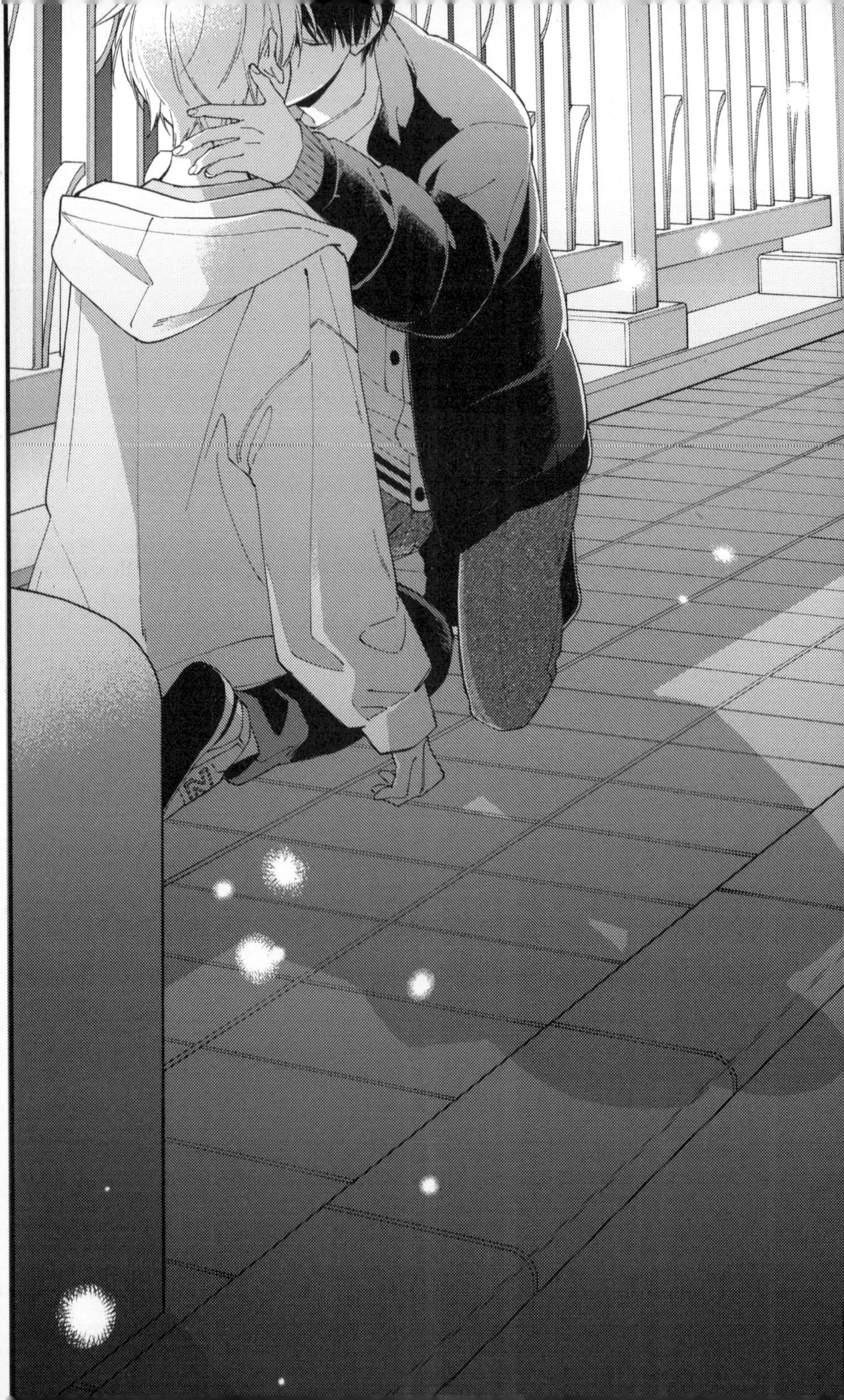

Nach dem Valentinstag

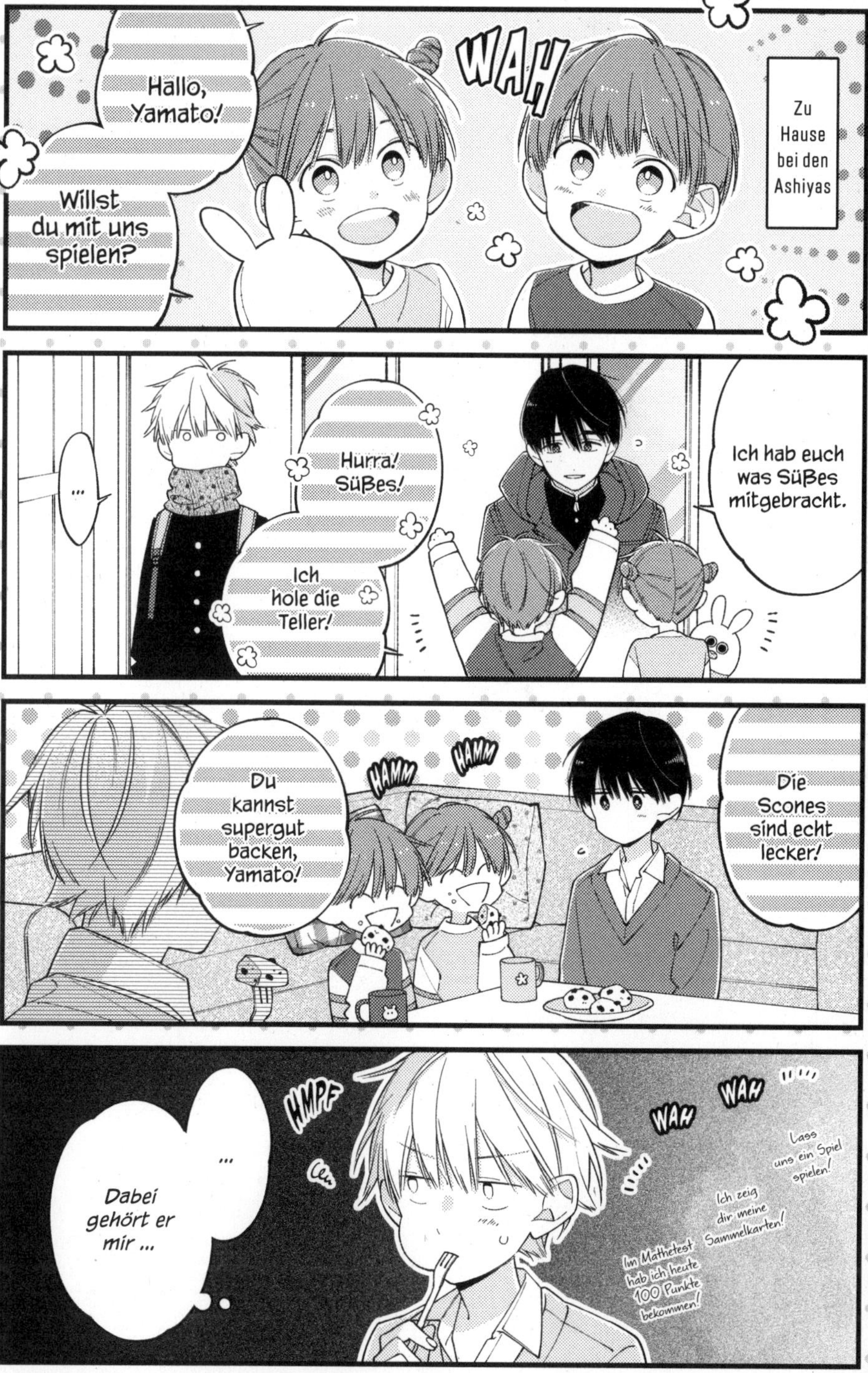

Ich kann dich nicht erreichen

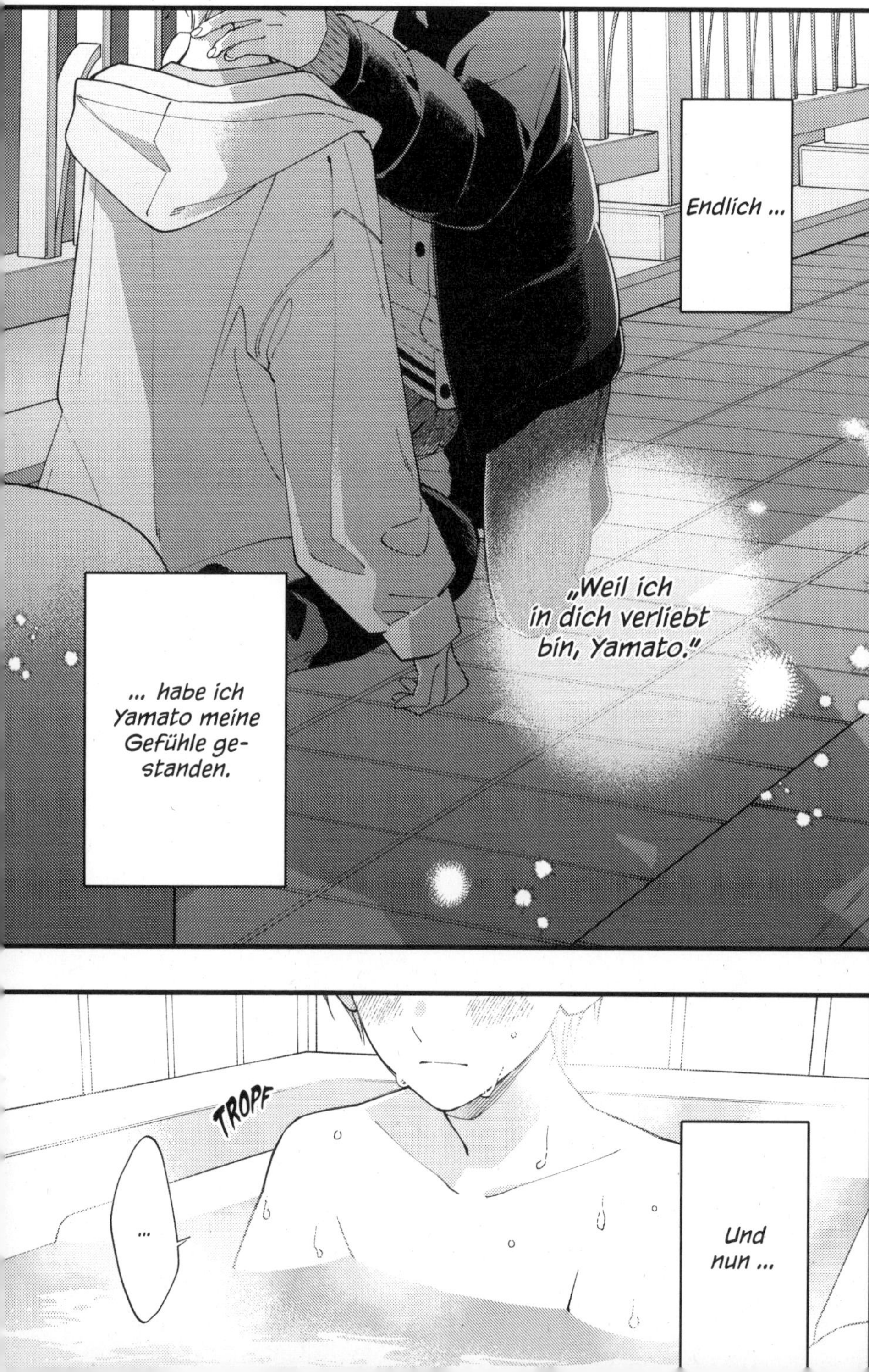
Endlich ...
„Weil ich in dich verliebt bin, Yamato."
... habe ich Yamato meine Gefühle gestanden.
TROPF
Und nun ...
...

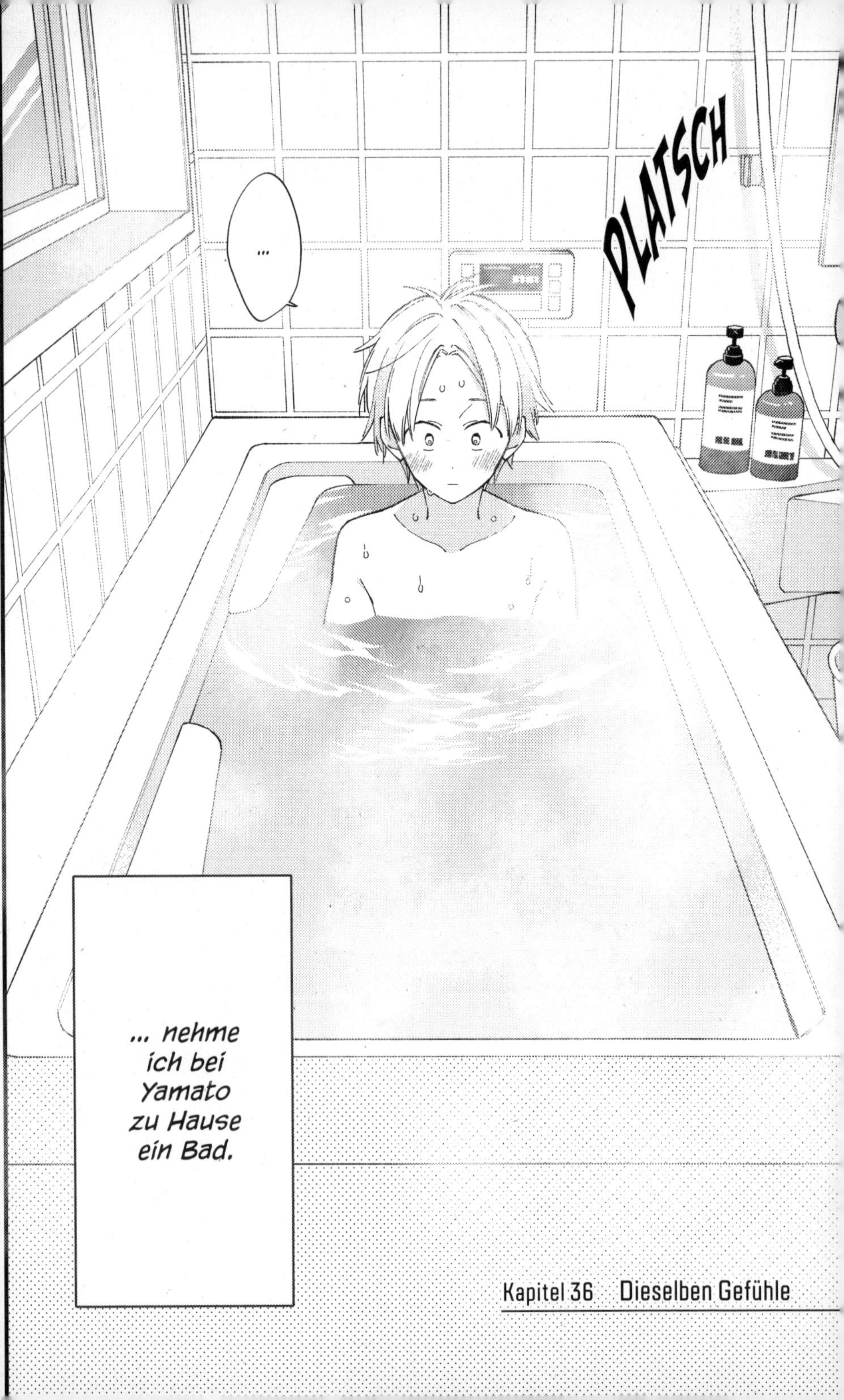

Kapitel 36 Dieselben Gefühle

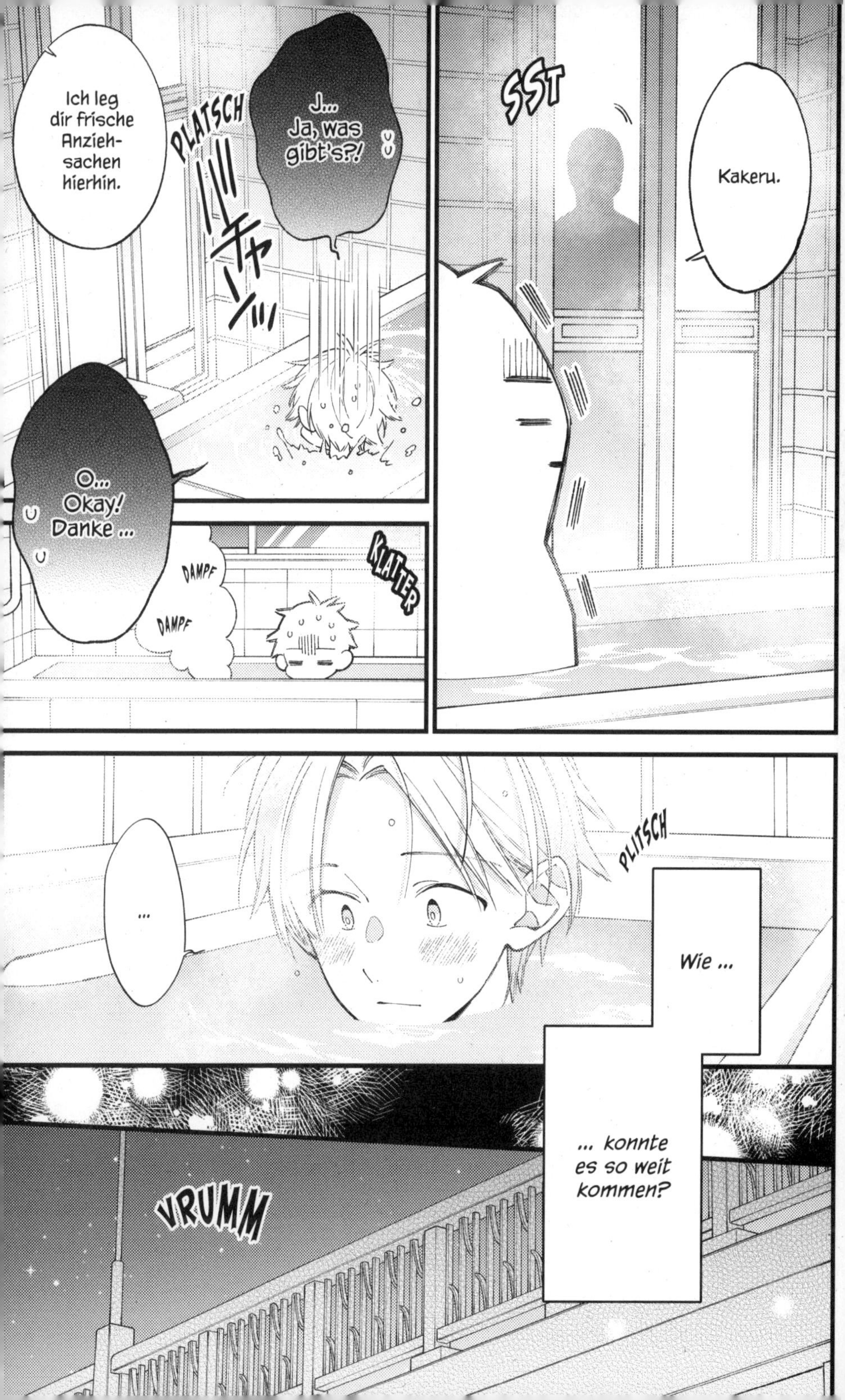
SST
Kakeru.
PLATSCH
J... Ja, was gibt's?!
Ich leg dir frische Anzieh-sachen hierhin.
KLATTER
DAMPF
DAMPF
O... Okay! Danke ...
PLITSCH
...
Wie ...
VRUMM
... konnte es so weit kommen?

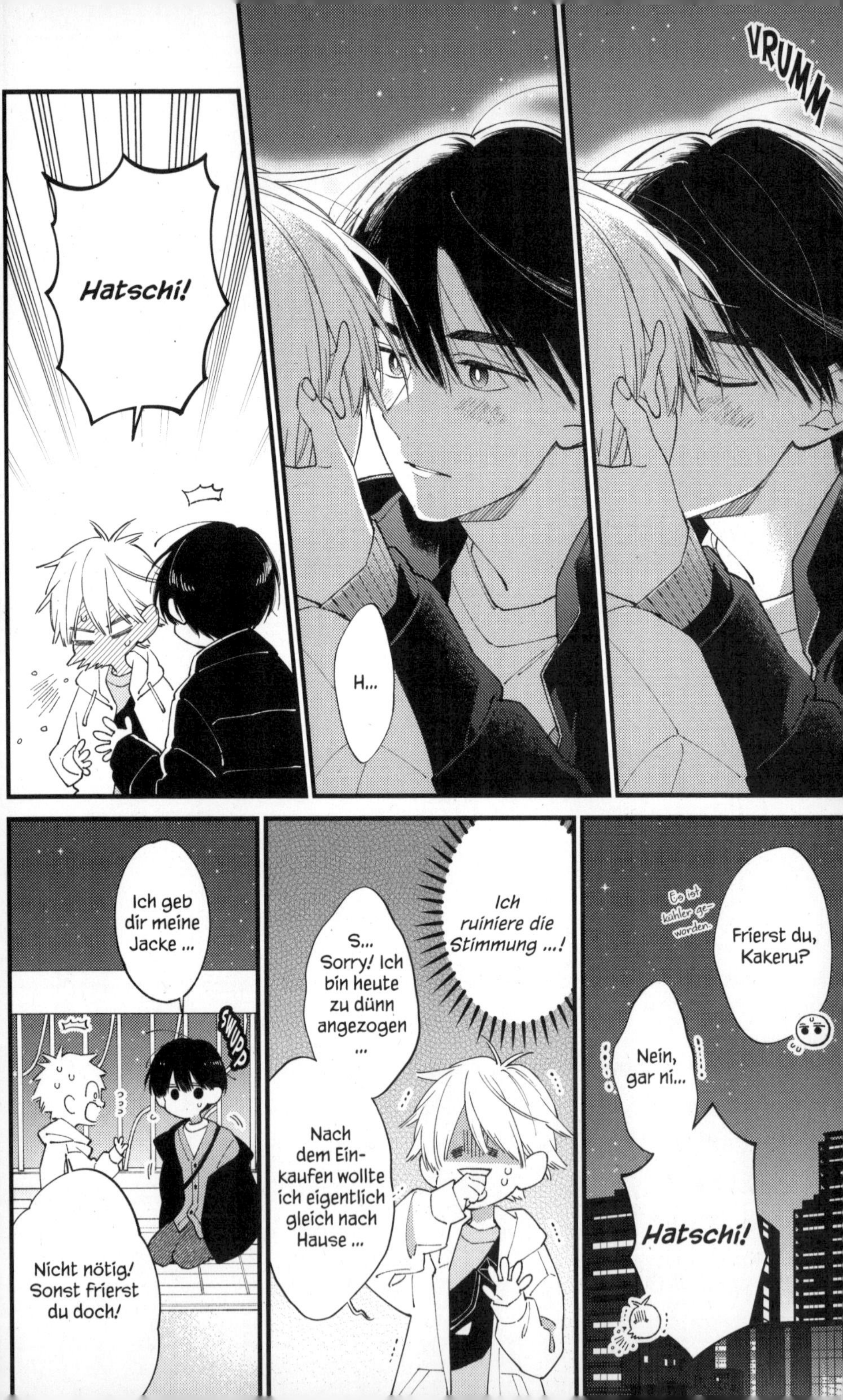
VRUMM
H...
Hatschi!
Es ist kühler geworden.
Frierst du, Kakeru?
Nein, gar ni...
Hatschi!
Ich ruiniere die Stimmung ...!
S... Sorry! Ich bin heute zu dünn angezogen ...
Nach dem Einkaufen wollte ich eigentlich gleich nach Hause ...
Ich geb dir meine Jacke ...
SWIPP
Nicht nötig! Sonst frierst du doch!

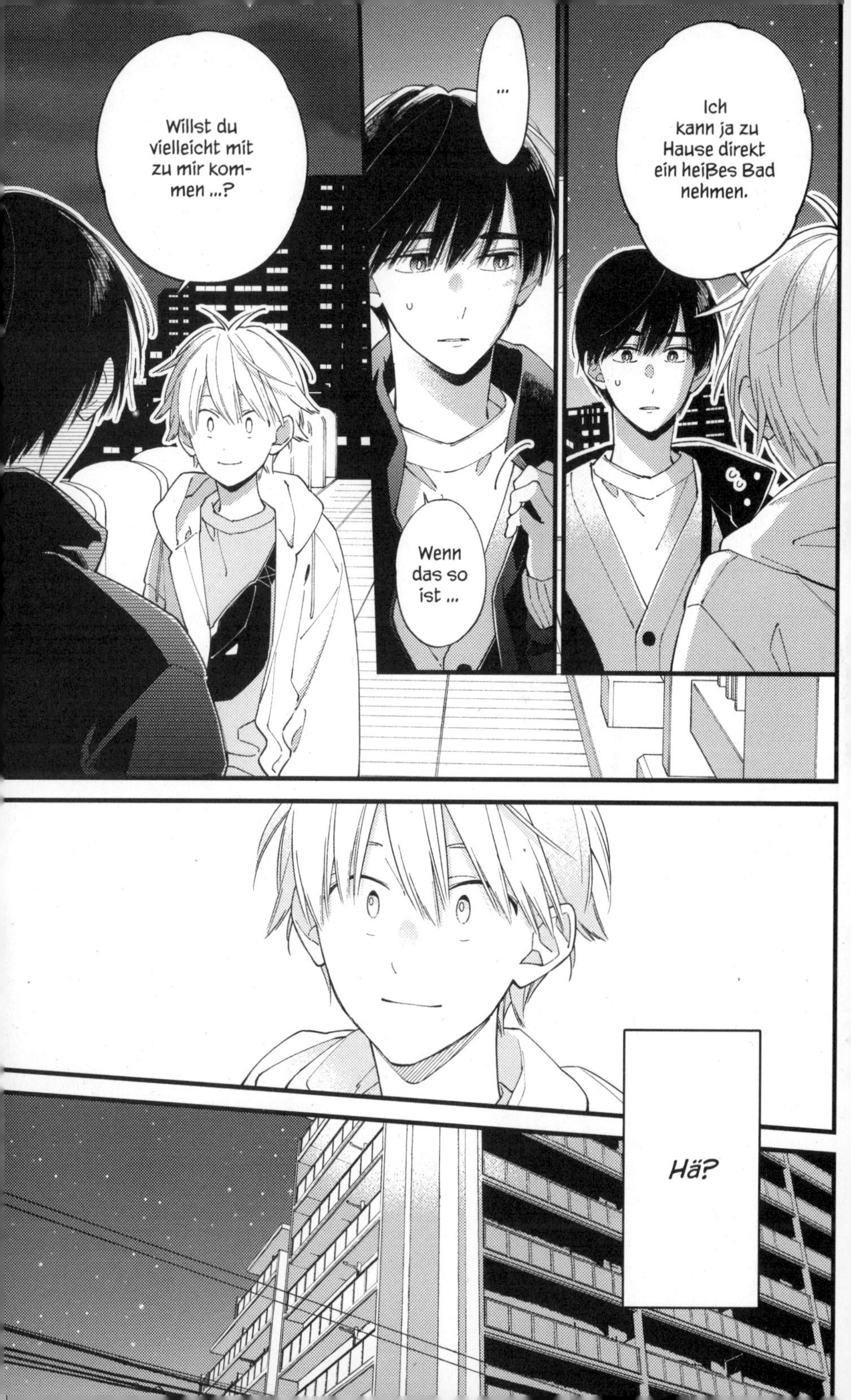

Ich kann ja zu Hause direkt ein heißes Bad nehmen.
...
Wenn das so ist ...
Willst du vielleicht mit zu mir kommen ...?
Hä?

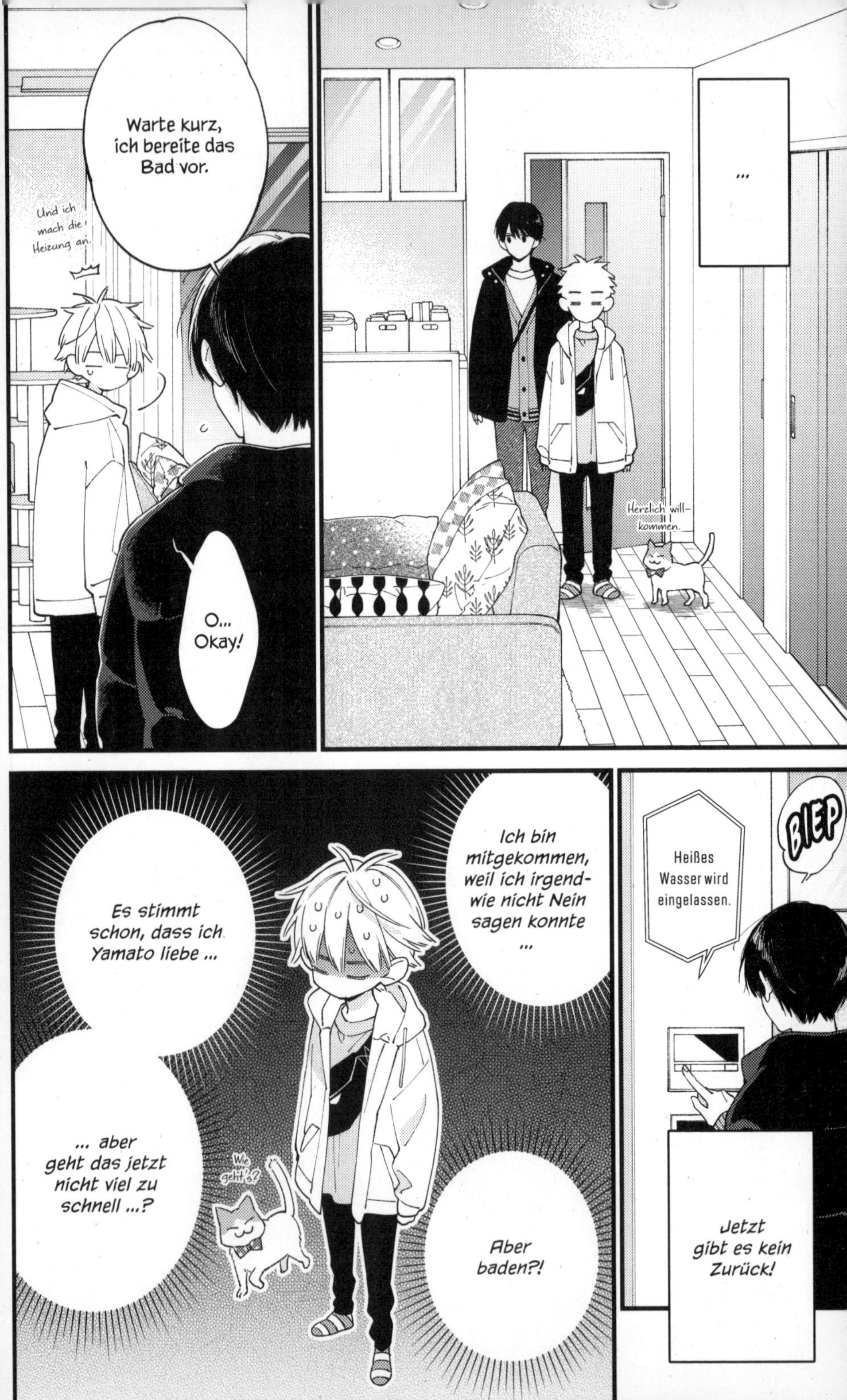
...
Herzlich willkommen.
Warte kurz, ich bereite das Bad vor.
Und ich mach die Heizung an.
O... Okay!
BIEP
Heißes Wasser wird eingelassen.
Jetzt gibt es kein Zurück!
Ich bin mitgekommen, weil ich irgendwie nicht Nein sagen konnte ...
Es stimmt schon, dass ich Yamato liebe ...
Aber baden?!
... aber geht das jetzt nicht viel zu schnell ...?
Wie geht's?

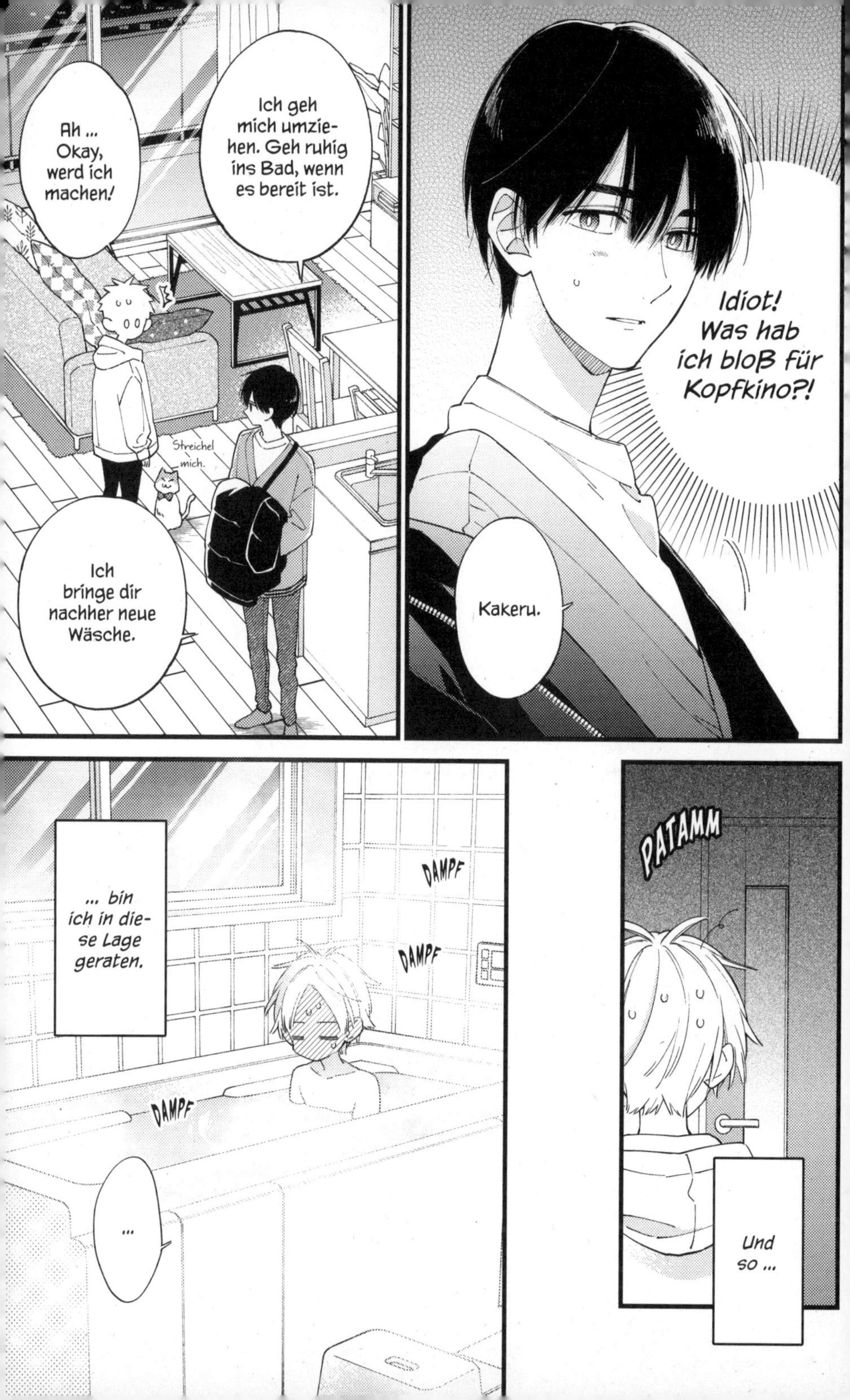
Ich geh mich umziehen. Geh ruhig ins Bad, wenn es bereit ist.
Ah ... Okay, werd ich machen!
Streichel mich.
Ich bringe dir nachher neue Wäsche.
Idiot! Was hab ich bloß für Kopfkino?!
Kakeru.
PATAMM
Und so ...
DAMPF
DAMPF
... bin ich in diese Lage geraten.
DAMPF
...

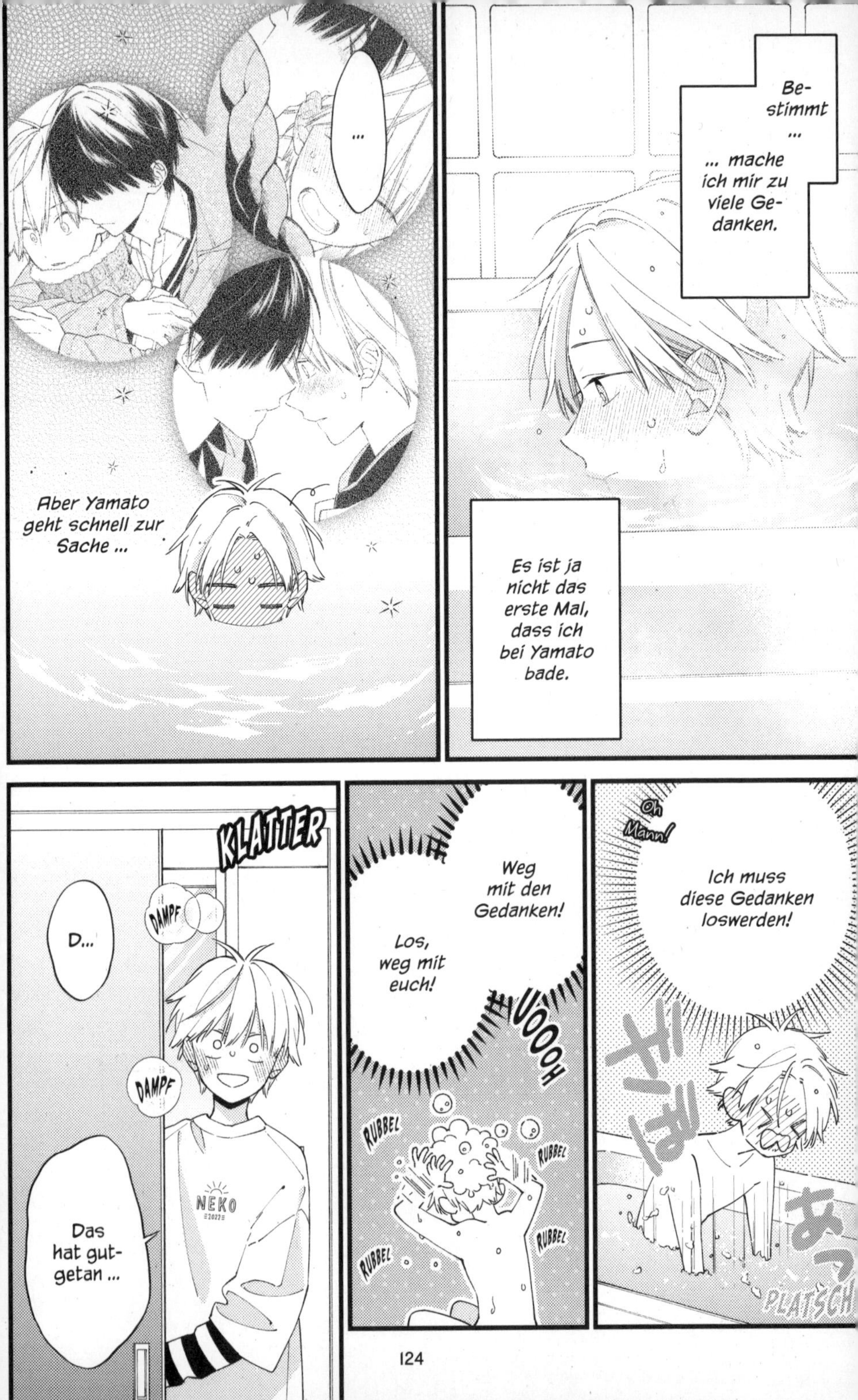

Bestimmt ...
... mache ich mir zu viele Gedanken.
Es ist ja nicht das erste Mal, dass ich bei Yamato bade.
...
Aber Yamato geht schnell zur Sache ...
Oh Mann!
Ich muss diese Gedanken loswerden!
PLATSCH
Weg mit den Gedanken!
Los, weg mit euch!
VOOOH
RUBBEL
RUBBEL
RUBBEL
RUBBEL
KLATTER
DAMPF
DAMPF
D...
Das hat gutgetan ...
NEKO
2022

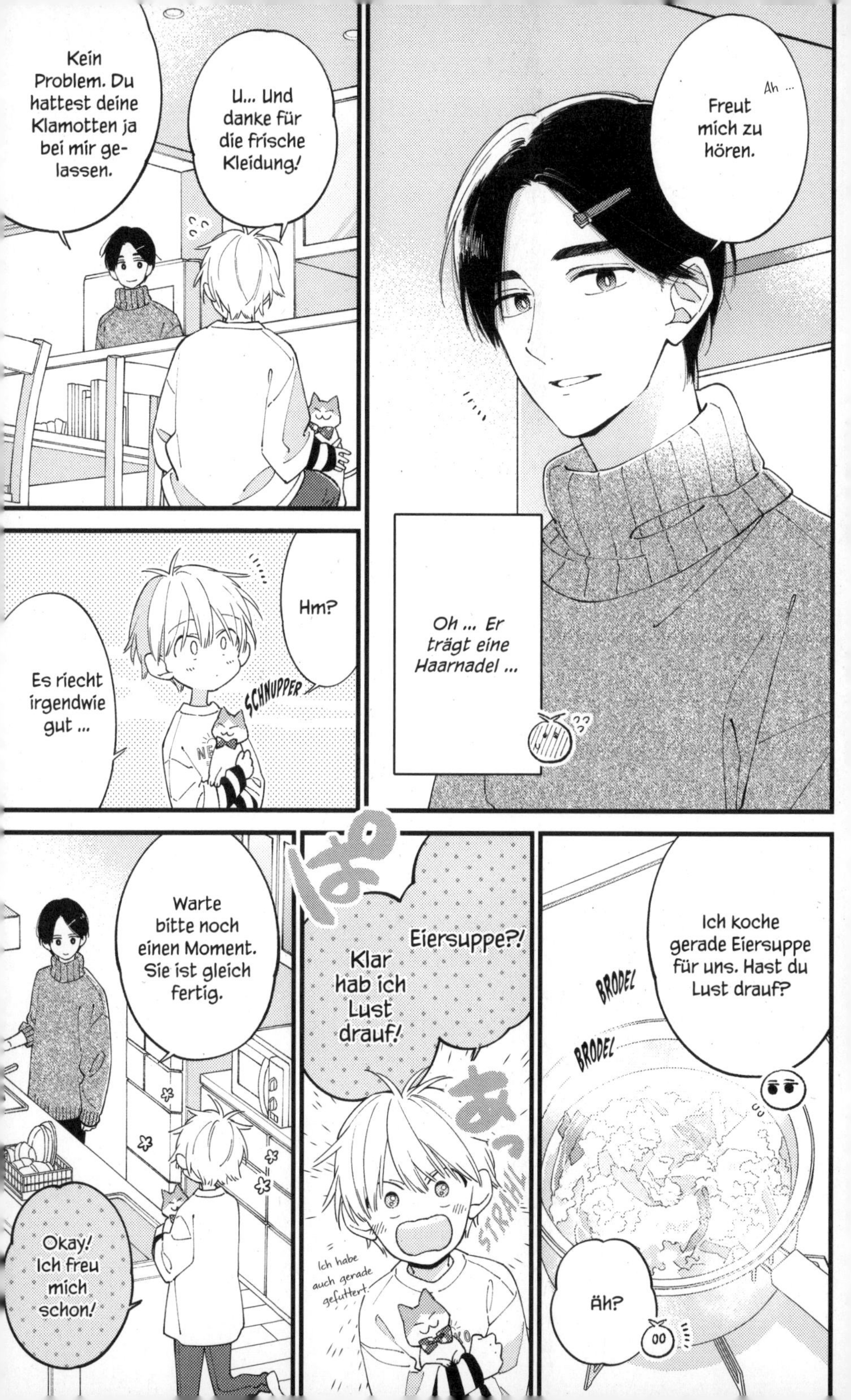
Ah ...
Freut mich zu hören.
Oh ... Er trägt eine Haarnadel ...
U... Und danke für die frische Kleidung!
Kein Problem. Du hattest deine Klamotten ja bei mir gelassen.
Hm?
SCHNUPPER
Es riecht irgendwie gut ...
Ich koche gerade Eiersuppe für uns. Hast du Lust drauf?
BRODEL
BRODEL
Äh?
Eiersuppe?!
Klar hab ich Lust drauf!
STRAHL
Ich habe auch gerade gefuttert.
Warte bitte noch einen Moment. Sie ist gleich fertig.
Okay! Ich freu mich schon!

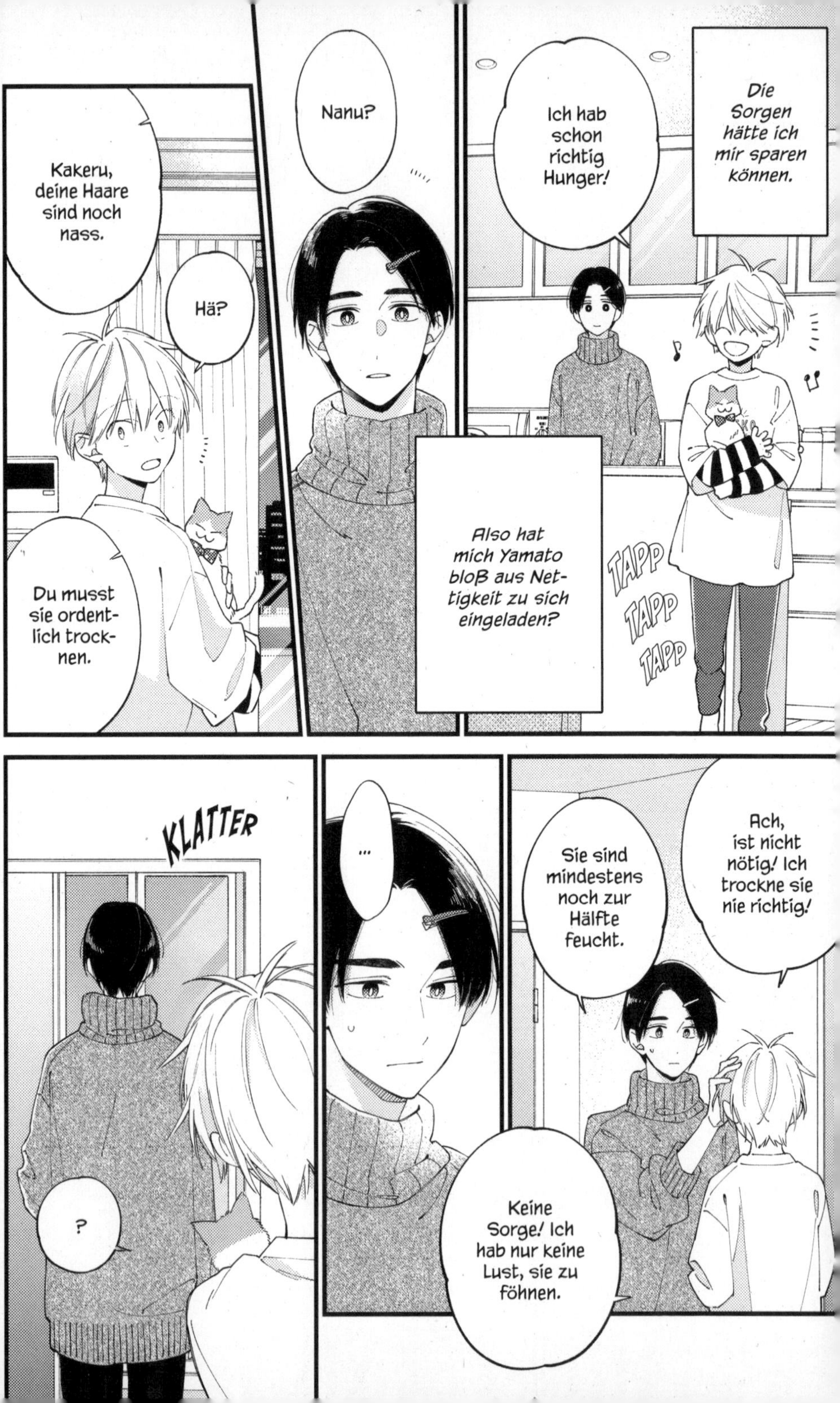
Die Sorgen hätte ich mir sparen können.
Ich hab schon richtig Hunger!
Also hat mich Yamato bloß aus Nettigkeit zu sich eingeladen?
TAPP TAPP TAPP
Nanu?
Kakeru, deine Haare sind noch nass.
Hä?
Du musst sie ordentlich trocknen.
Ach, ist nicht nötig! Ich trockne sie nie richtig!
Sie sind mindestens noch zur Hälfte feucht.
...
Keine Sorge! Ich hab nur keine Lust, sie zu föhnen.
KLATTER
?

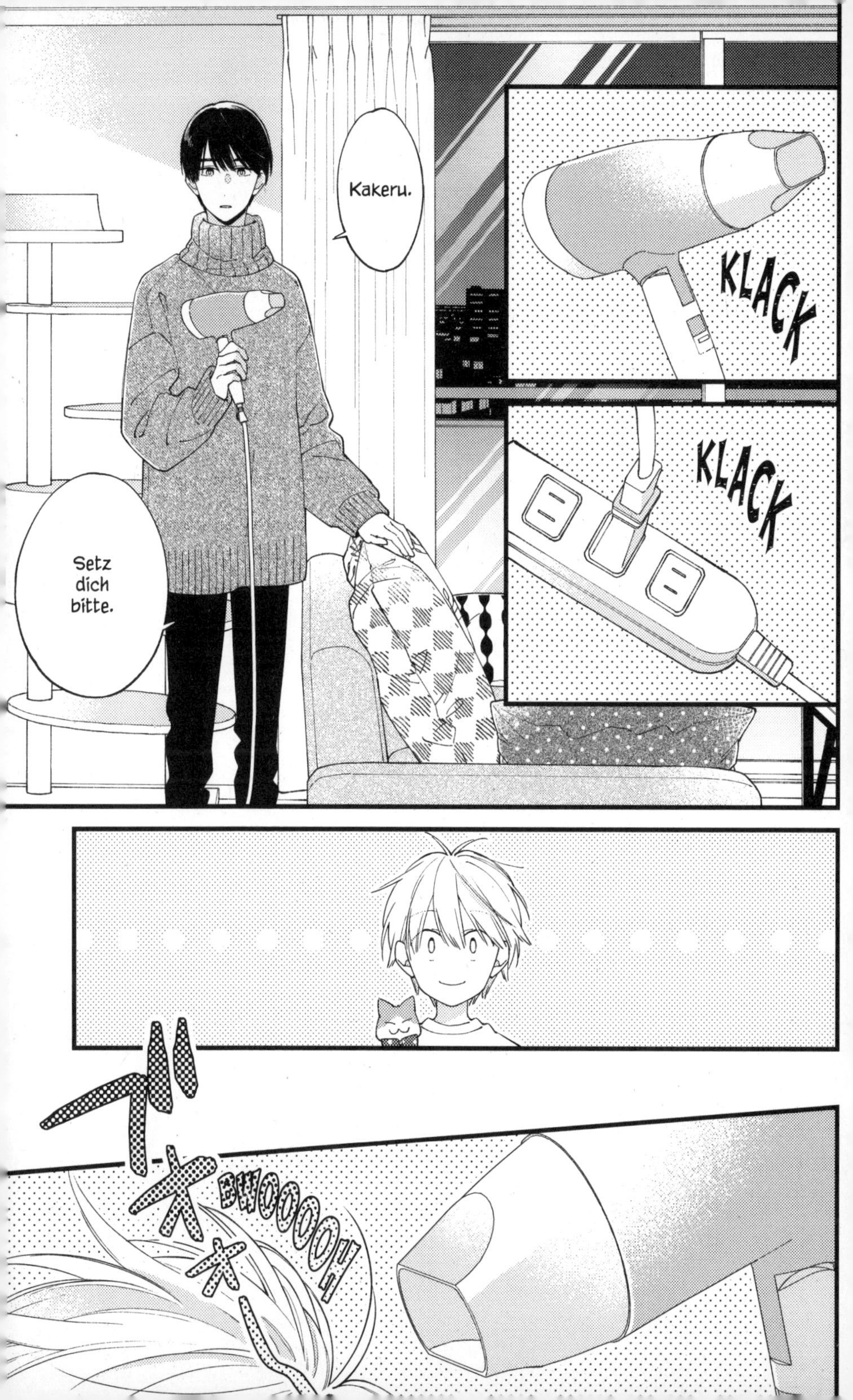
KLACK
KLACK
Kakeru.
Setz dich bitte.
BWOOOOH

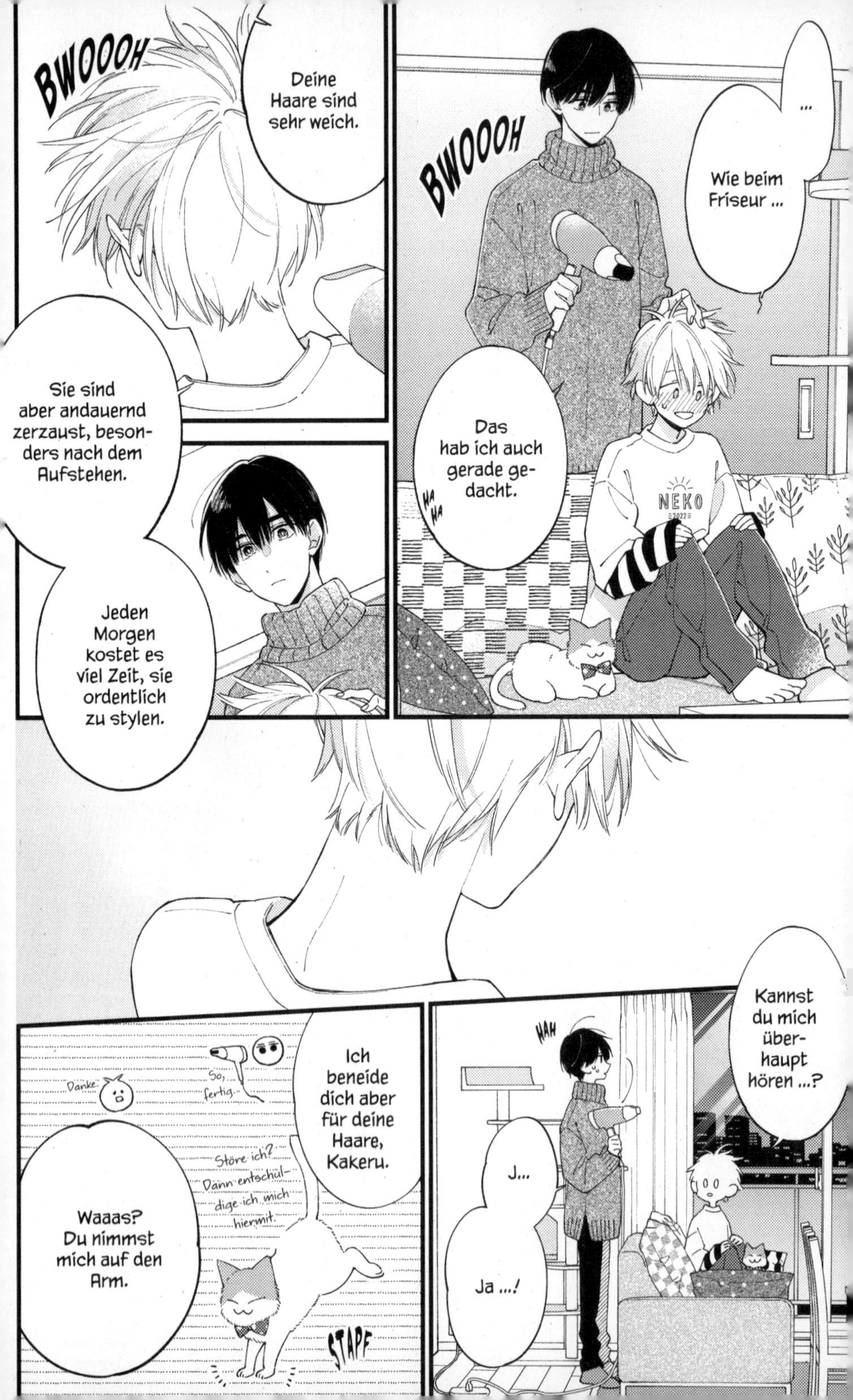
...
Wie beim Friseur ...
BWOOOH
Das hab ich auch gerade gedacht.
HA HA
NEKO
Deine Haare sind sehr weich.
BWOOOH
Sie sind aber andauernd zerzaust, besonders nach dem Aufstehen.
Jeden Morgen kostet es viel Zeit, sie ordentlich zu stylen.
Kannst du mich überhaupt hören ...?
HAH
J...
Ja ...!
Ich beneide dich aber für deine Haare, Kakeru.
So, fertig.
Danke.
Störe ich? Dann entschuldige ich mich hiermit.
Waaas? Du nimmst mich auf den Arm.
STAPF

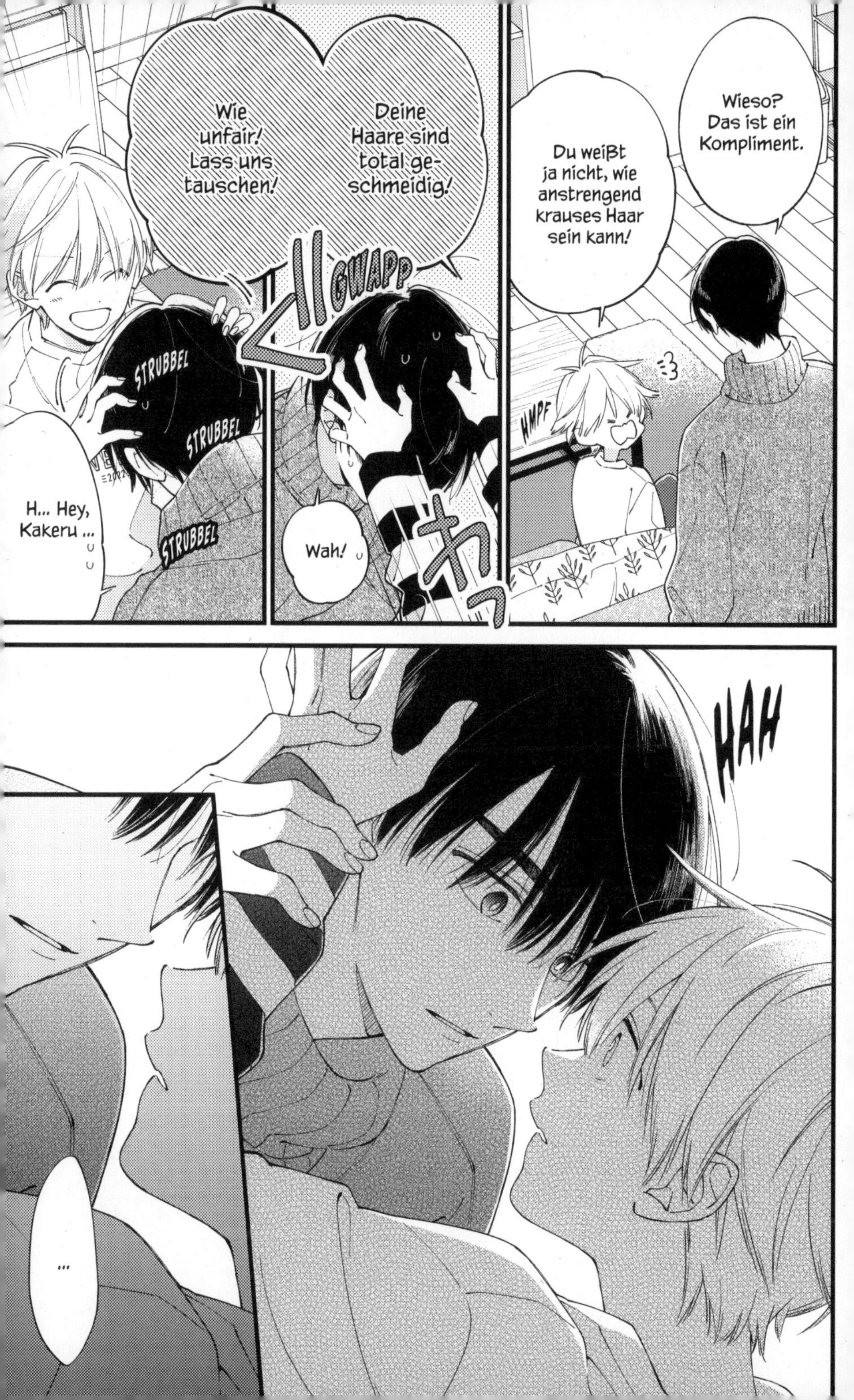

Wieso?
Das ist ein Kompliment.
Du weißt ja nicht, wie anstrengend krauses Haar sein kann!
HMPF
Deine Haare sind total geschmeidig!
Wie unfair! Lass uns tauschen!
GWAPP
Wah!
わっ
STRUBBEL
STRUBBEL
STRUBBEL
H... Hey, Kakeru ...
HAH
...

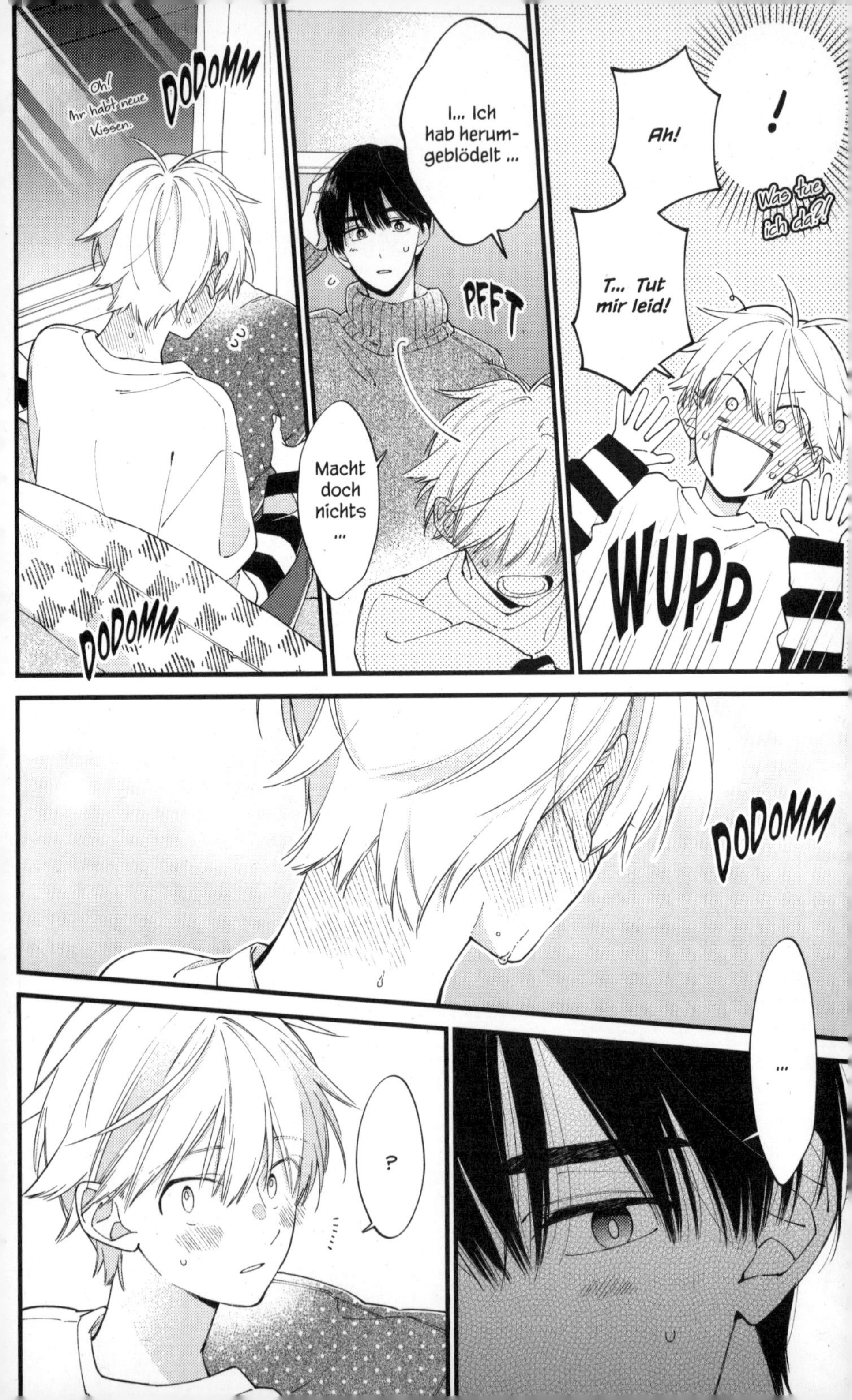
!
Was tue ich da?!
Ah!
T... Tut mir leid!
WUPP
I... Ich hab herumgeblödelt ...
PFFT
Macht doch nichts ...
Oh! Ihr habt neue Kissen.
DODOMM
DODOMM
DODOMM
...
?

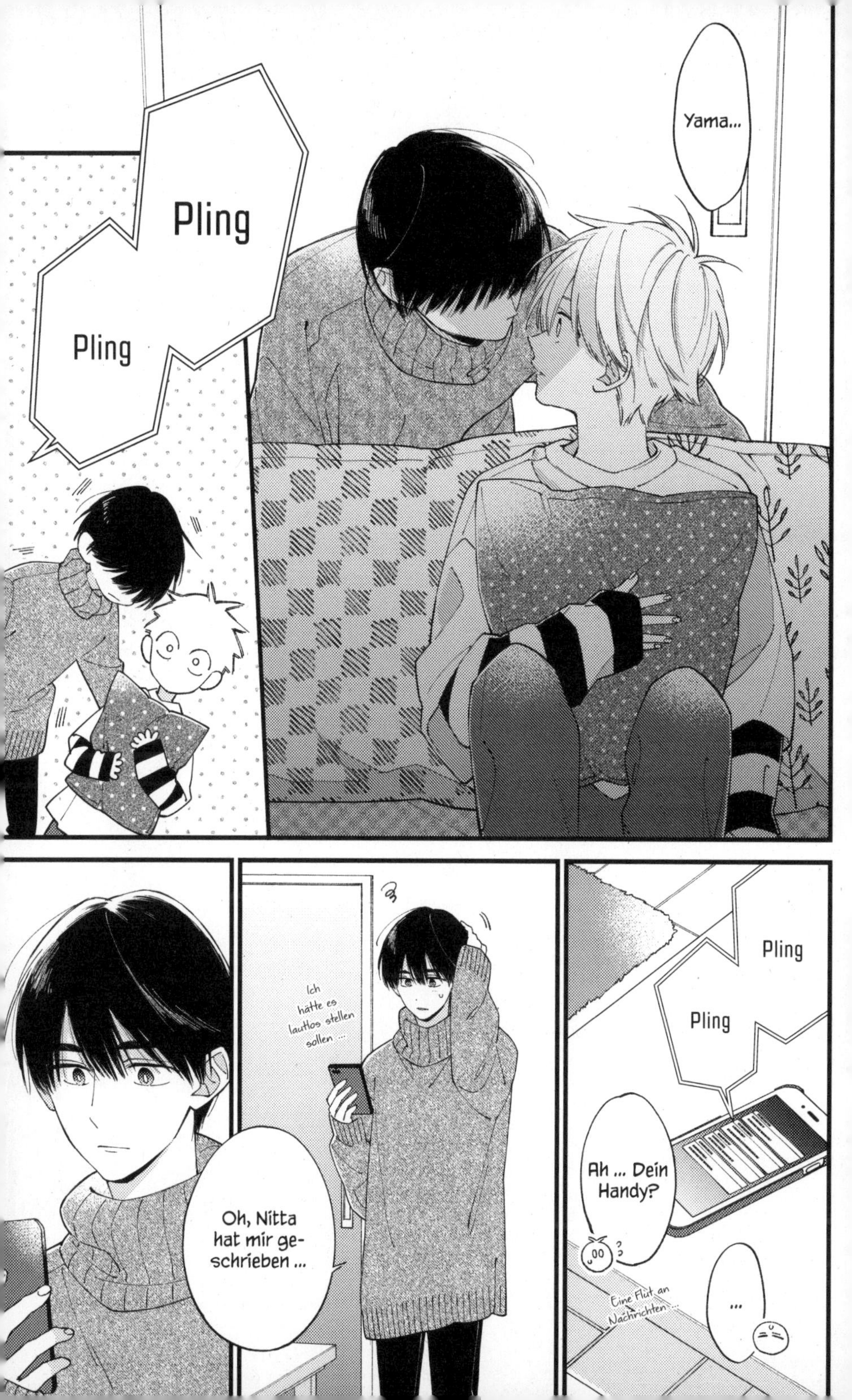

Yama...
Pling
Pling
Pling
Pling
Ah ... Dein Handy?
...
Eine Flut an Nachrichten ...
Ich hätte es lautlos stellen sollen ...
Oh, Nitta hat mir geschrieben ...

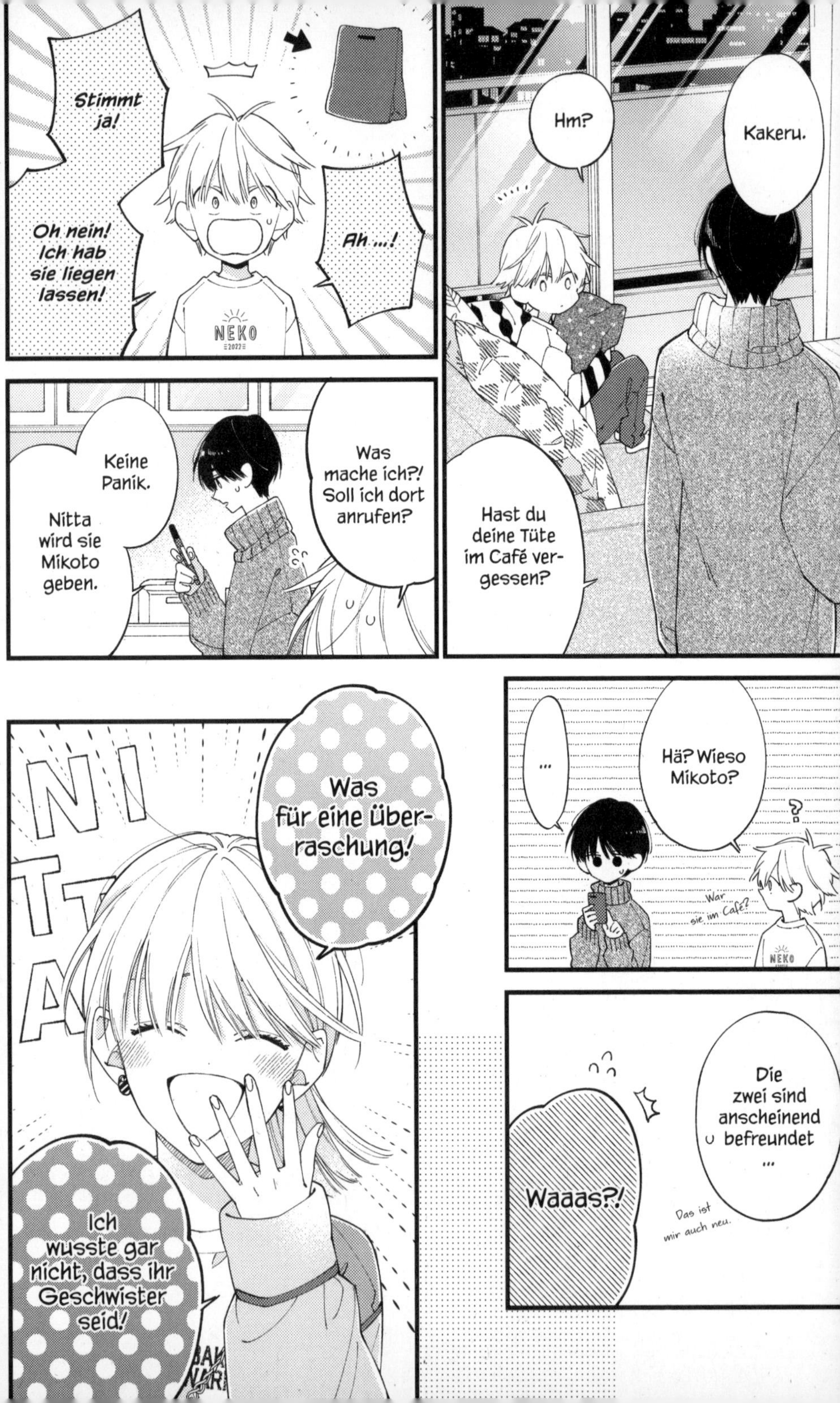
Kakeru.
Hm?
....
Hast du deine Tüte im Café vergessen?
Ah ...!
Stimmt ja!
Oh nein! Ich hab sie liegen lassen!
NEKO
Was mache ich?! Soll ich dort anrufen?
Keine Panik.
Nitta wird sie Mikoto geben.
Hä? Wieso Mikoto?
...
War sie im Café?
NEKO
Die zwei sind anscheinend befreundet ...
Waaas?!
Das ist mir auch neu.
Was für eine über-raschung!
Ich wusste gar nicht, dass ihr Geschwister seid!

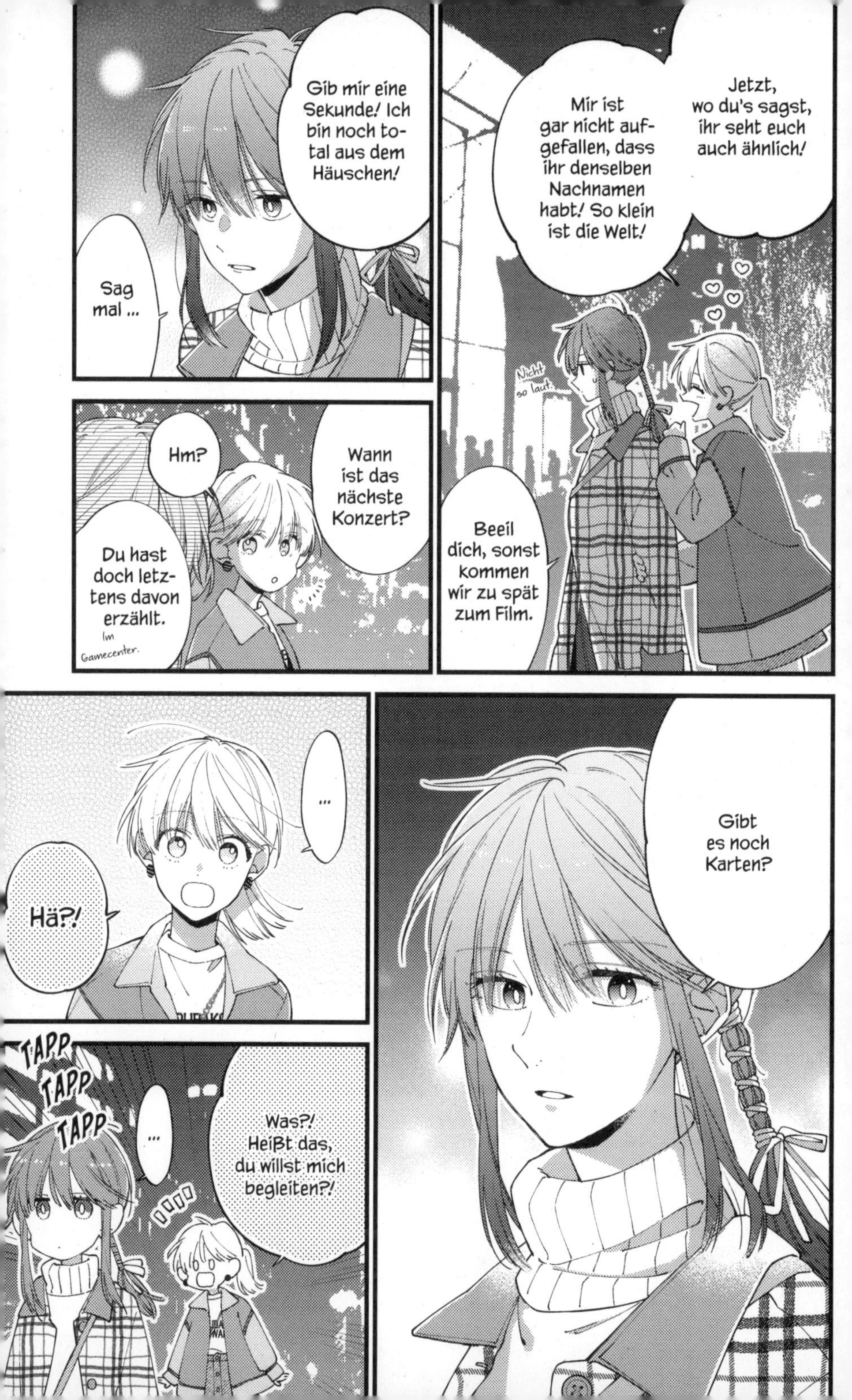
Jetzt, wo du's sagst, ihr seht euch auch ähnlich!
Mir ist gar nicht aufgefallen, dass ihr denselben Nachnamen habt! So klein ist die Welt!
Nicht so laut.
Beeil dich, sonst kommen wir zu spät zum Film.
Gib mir eine Sekunde! Ich bin noch total aus dem Häuschen!
Sag mal ...
Wann ist das nächste Konzert?
Hm?
Du hast doch letztens davon erzählt.
Im Gamecenter.
Gibt es noch Karten?
...
Hä?!
Was?! Heißt das, du willst mich begleiten?!
...
TAPP
TAPP
TAPP

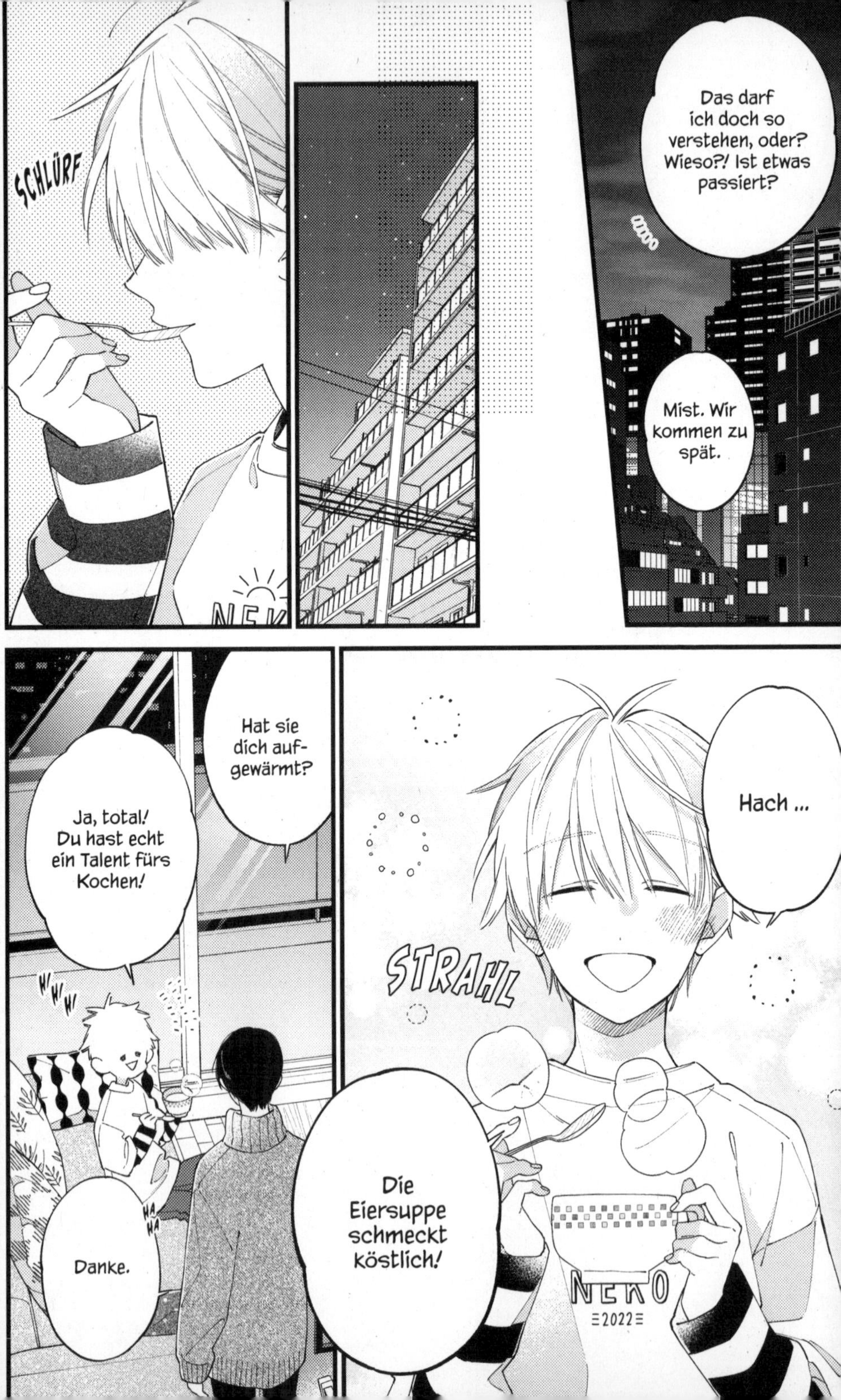
Das darf ich doch so verstehen, oder? Wieso?! Ist etwas passiert?
Mist. Wir kommen zu spät.
SCHLÜRF
Hach ...
STRAHL
Die Eiersuppe schmeckt köstlich!
NEKO
2022
Hat sie dich aufgewärmt?
Ja, total! Du hast echt ein Talent fürs Kochen!
HI HI HI
HA HA
Danke.

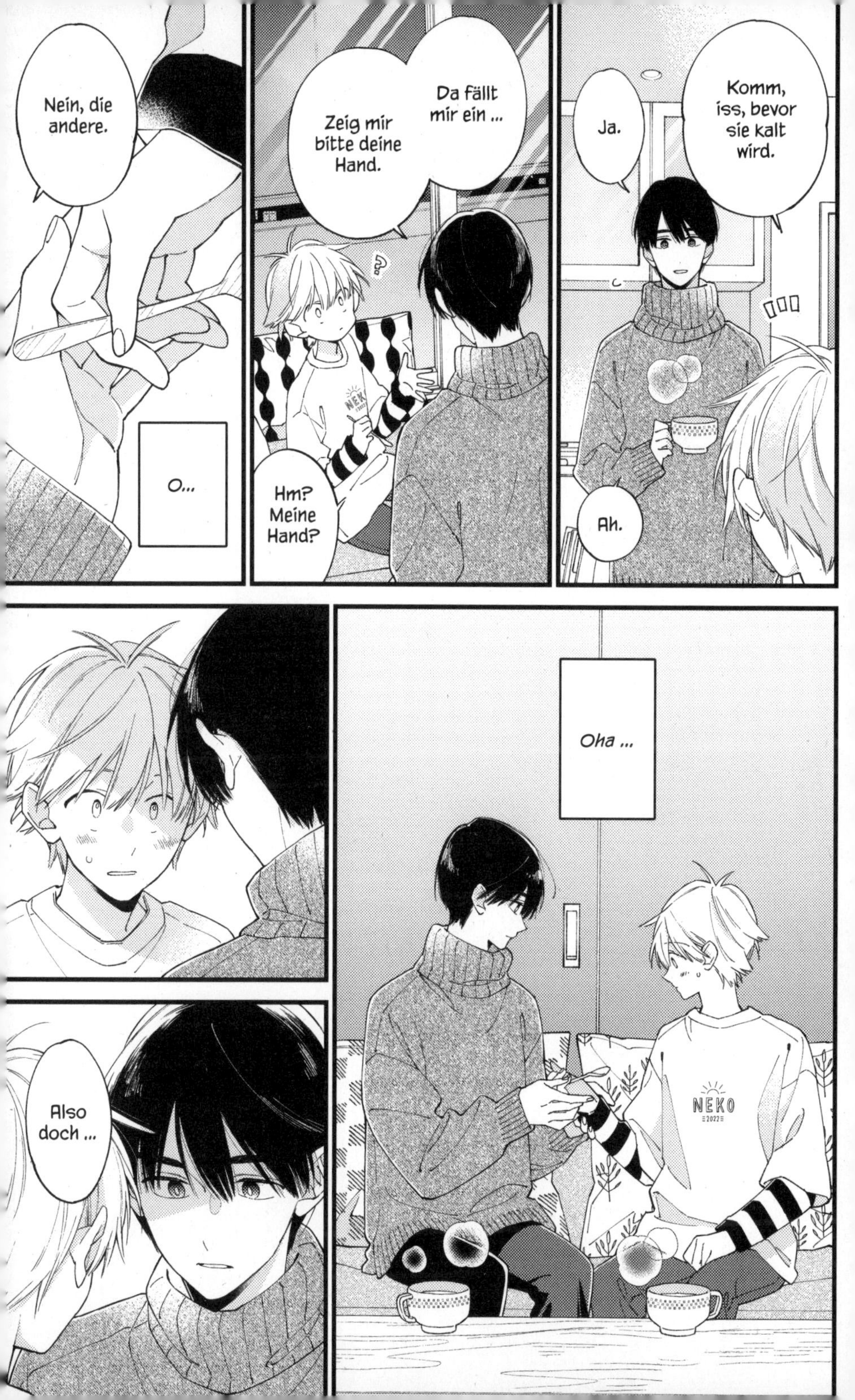
Komm, iss, bevor sie kalt wird.
Ja.
Ah.
Da fällt mir ein ...
Zeig mir bitte deine Hand.
Hm? Meine Hand?
Nein, die andere.
O...
Oha ...
Also doch ...

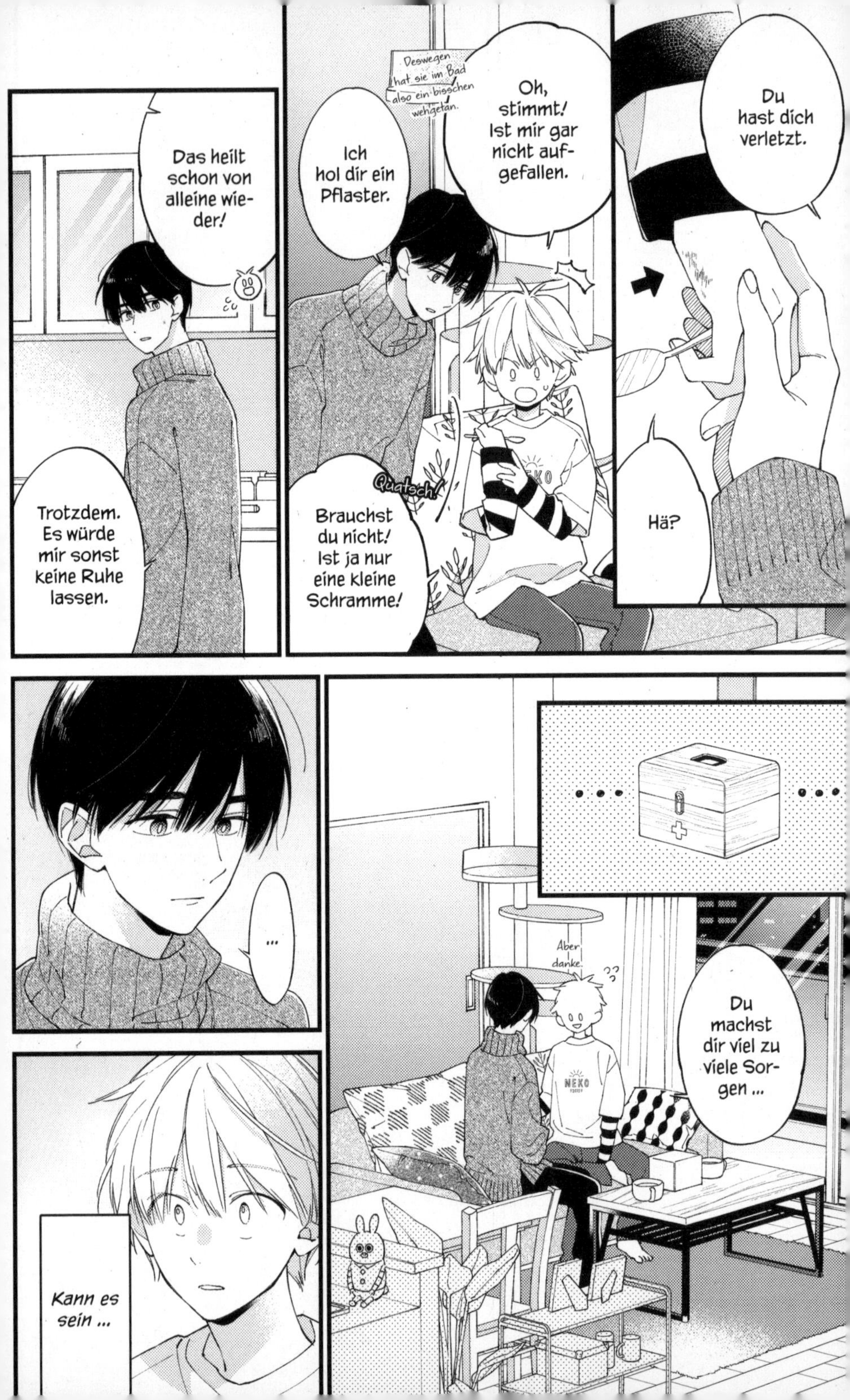
Du hast dich verletzt.
Hä?
Oh, stimmt! Ist mir gar nicht aufgefallen.
Deswegen hat sie im Bad also ein bisschen wehgetan.
Ich hol dir ein Pflaster.
Quatsch!
Brauchst du nicht! Ist ja nur eine kleine Schramme!
Das heilt schon von alleine wieder!
Trotzdem. Es würde mir sonst keine Ruhe lassen.
... ...
Du machst dir viel zu viele Sorgen ...
Aber danke.
...
Kann es sein ...

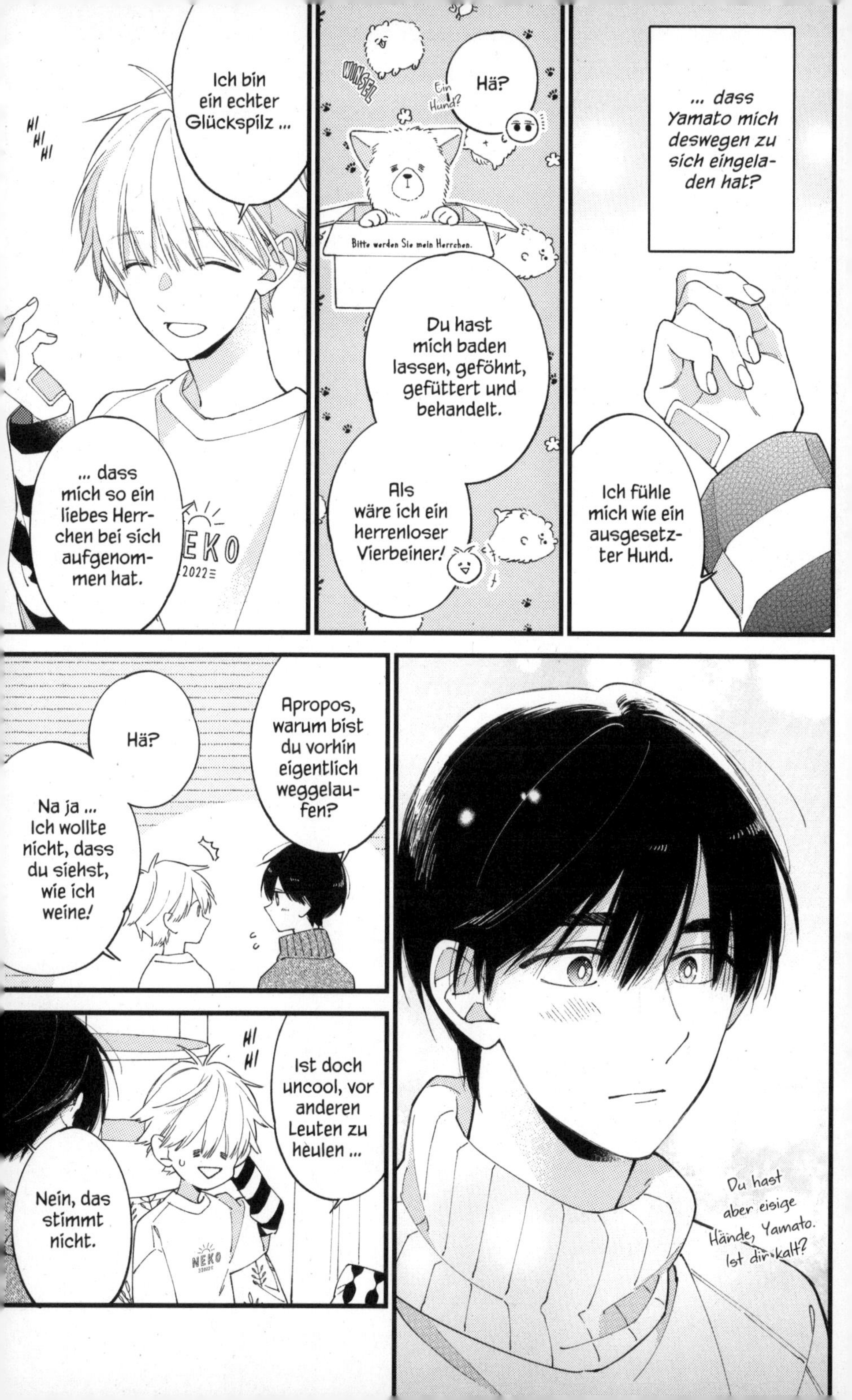
... dass Yamato mich deswegen zu sich eingeladen hat?
Ich fühle mich wie ein ausgesetzter Hund.
Hä?
Ein Hund?
WINSEL
Bitte werden Sie mein Herrchen.
Du hast mich baden lassen, geföhnt, gefüttert und behandelt.
Als wäre ich ein herrenloser Vierbeiner!
Ich bin ein echter Glückspilz ...
HI HI HI
... dass mich so ein liebes Herrchen bei sich aufgenommen hat.
Apropos, warum bist du vorhin eigentlich weggelaufen?
Hä?
Na ja ... Ich wollte nicht, dass du siehst, wie ich weine!
Du hast aber eisige Hände, Yamato. Ist dir kalt?
Ist doch uncool, vor anderen Leuten zu heulen ...
HI HI
Nein, das stimmt nicht.

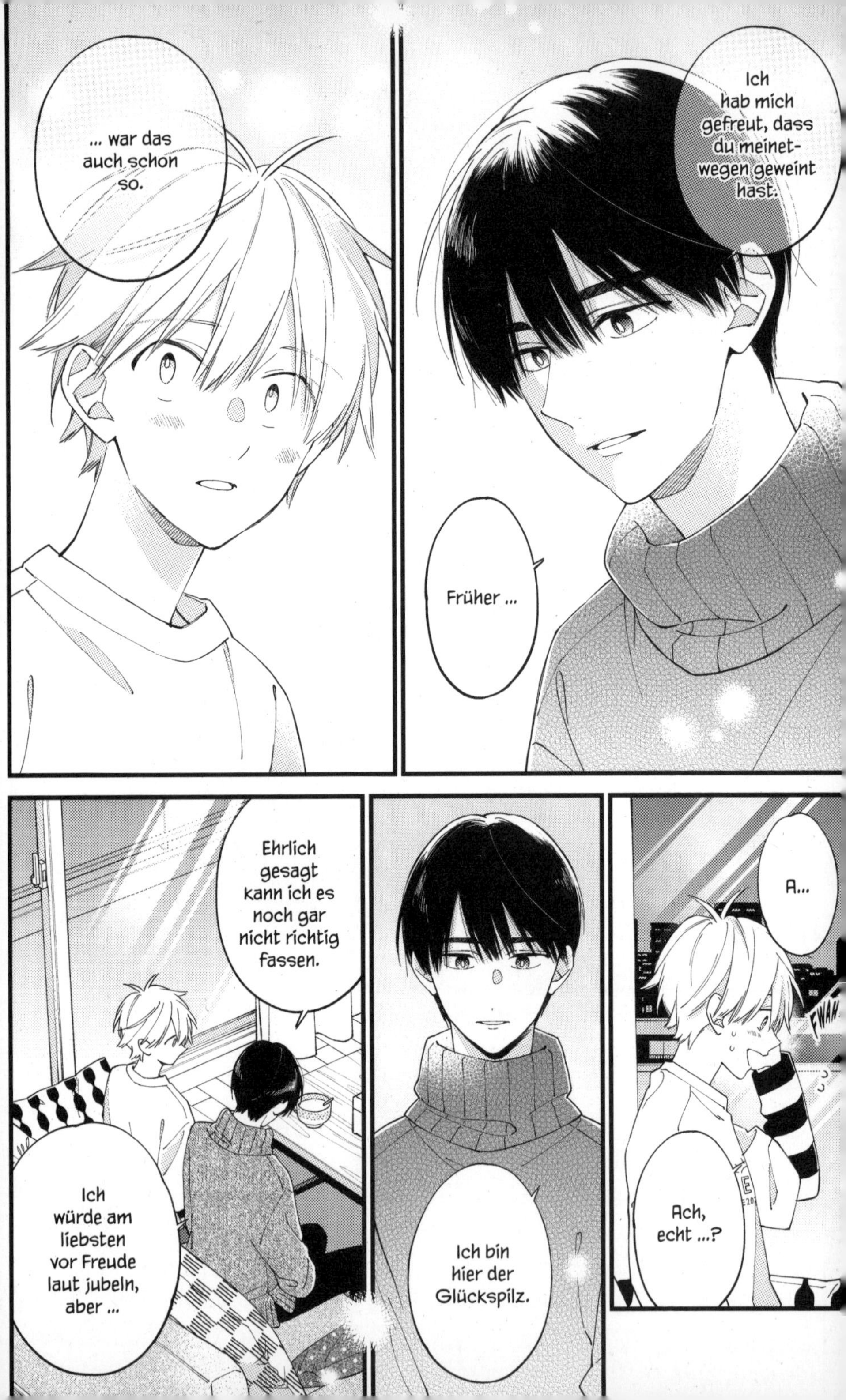
Ich hab mich gefreut, dass du meinetwegen geweint hast.
Früher ...
... war das auch schon so.
A...
FWAH
Ach, echt ...?
Ich bin hier der Glückspilz.
Ehrlich gesagt kann ich es noch gar nicht richtig fassen.
Ich würde am liebsten vor Freude laut jubeln, aber ...

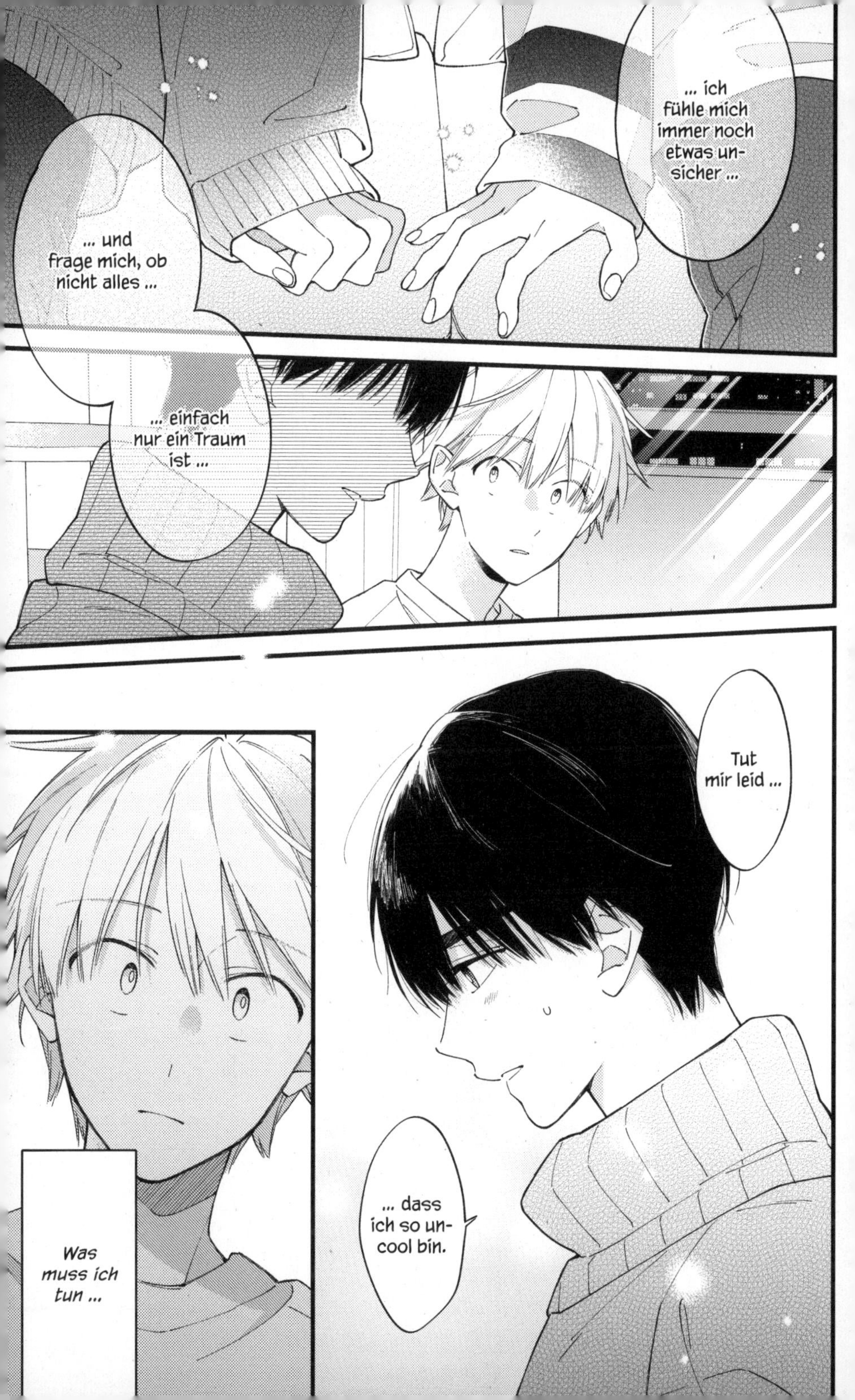
... ich fühle mich immer noch etwas unsicher ...
... und frage mich, ob nicht alles ...
... einfach nur ein Traum ist ...
Tut mir leid ...
... dass ich so uncool bin.
Was muss ich tun ...

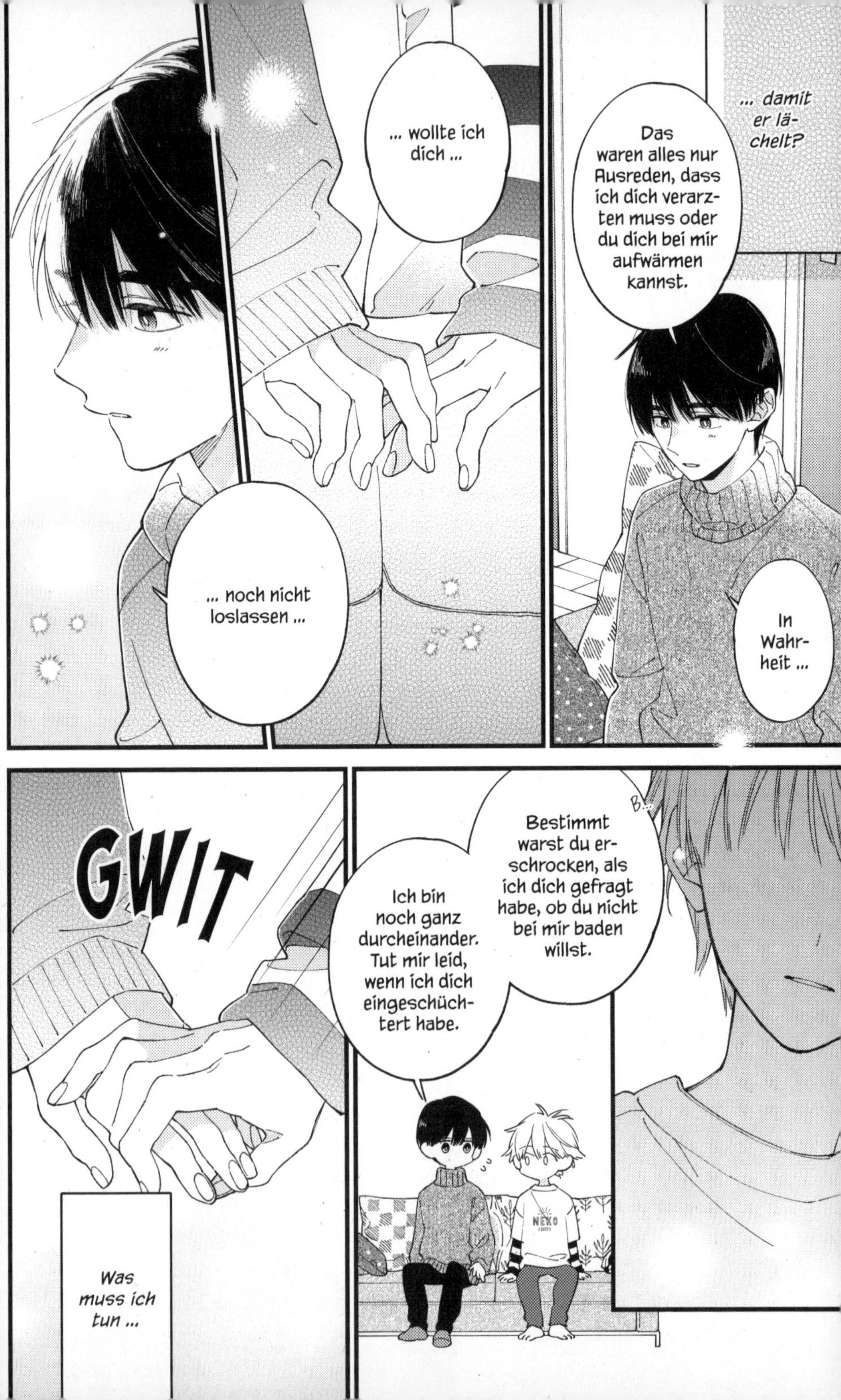
... damit er lächelt?
Das waren alles nur Ausreden, dass ich dich verarzten muss oder du dich bei mir aufwärmen kannst.
In Wahrheit ...
... wollte ich dich ...
... noch nicht loslassen ...
B...
Bestimmt warst du erschrocken, als ich dich gefragt habe, ob du nicht bei mir baden willst.
Ich bin noch ganz durcheinander. Tut mir leid, wenn ich dich eingeschüchtert habe.
GWIT
Was muss ich tun ...

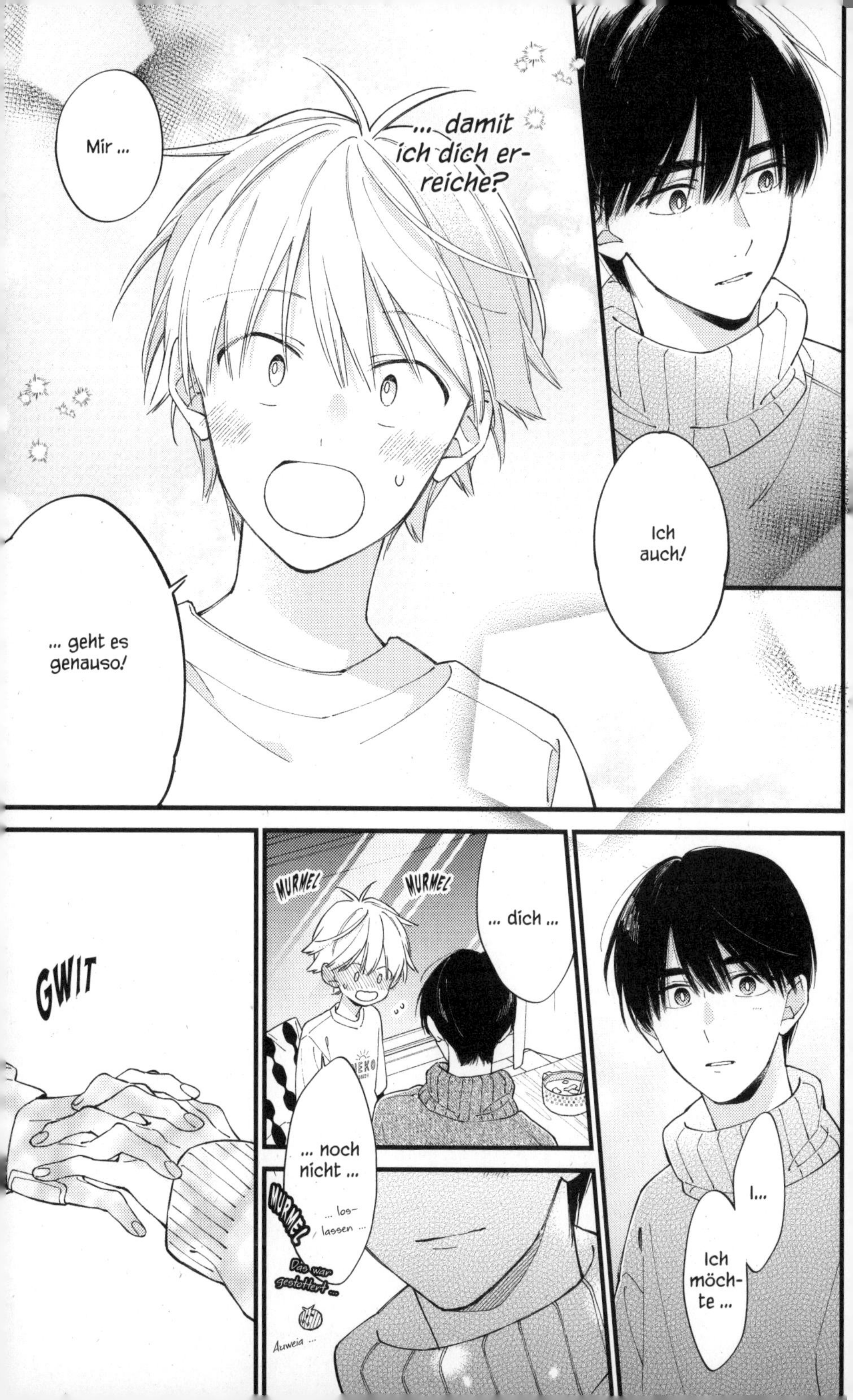
... damit ich dich er-reiche?
Mir ...
Ich auch!
... geht es genauso!
I...
Ich möch-te ...
MURMEL
MURMEL
... dich ...
... noch nicht ...
MURMEL
... los-lassen ...
Das war gestottert ...
Auweia ...
GWIT

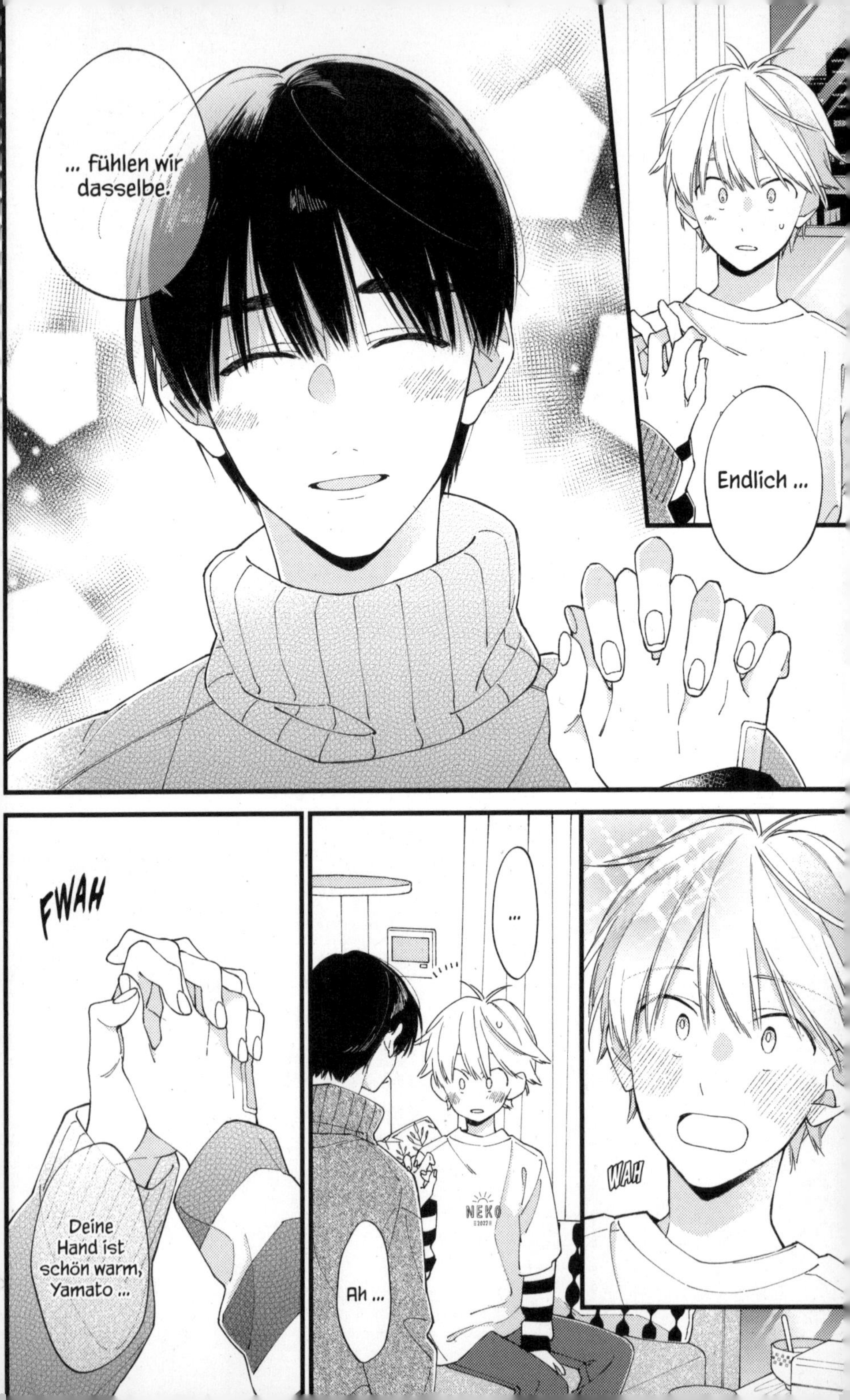
Endlich ...
... fühlen wir dasselbe.
WAH
...
Ah ...
FWAH
Deine Hand ist schön warm, Yamato ...

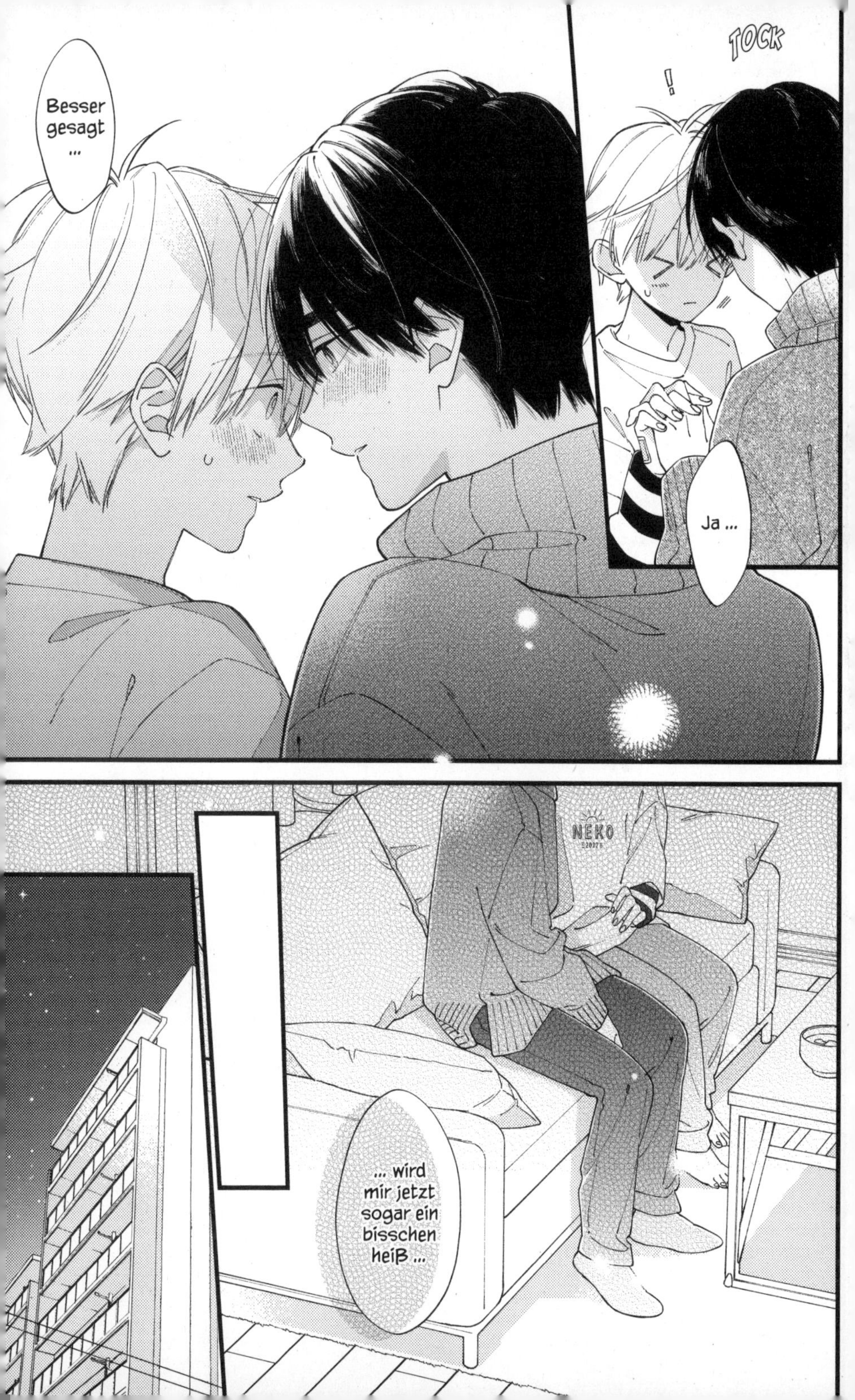
TOCK
!
Besser gesagt …
Ja …
… wird mir jetzt sogar ein bisschen heiß …
NEKO

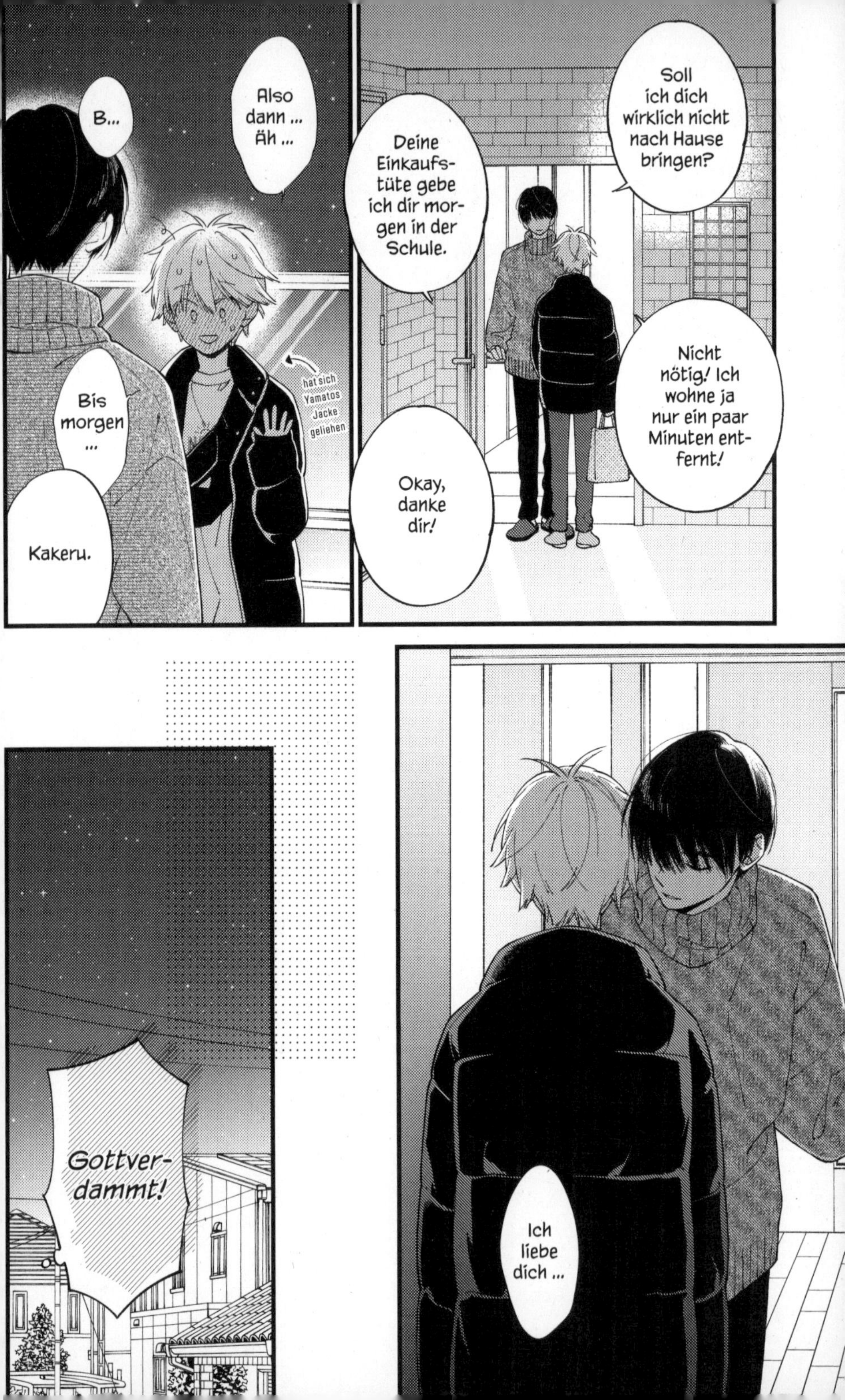
Soll ich dich wirklich nicht nach Hause bringen?
Deine Einkaufstüte gebe ich dir morgen in der Schule.
Nicht nötig! Ich wohne ja nur ein paar Minuten entfernt!
Okay, danke dir!
Also dann ... Äh ...
B...
hat sich Yamatos Jacke geliehen
Bis morgen ...
Kakeru.
Ich liebe dich ...
Gottverdammt!

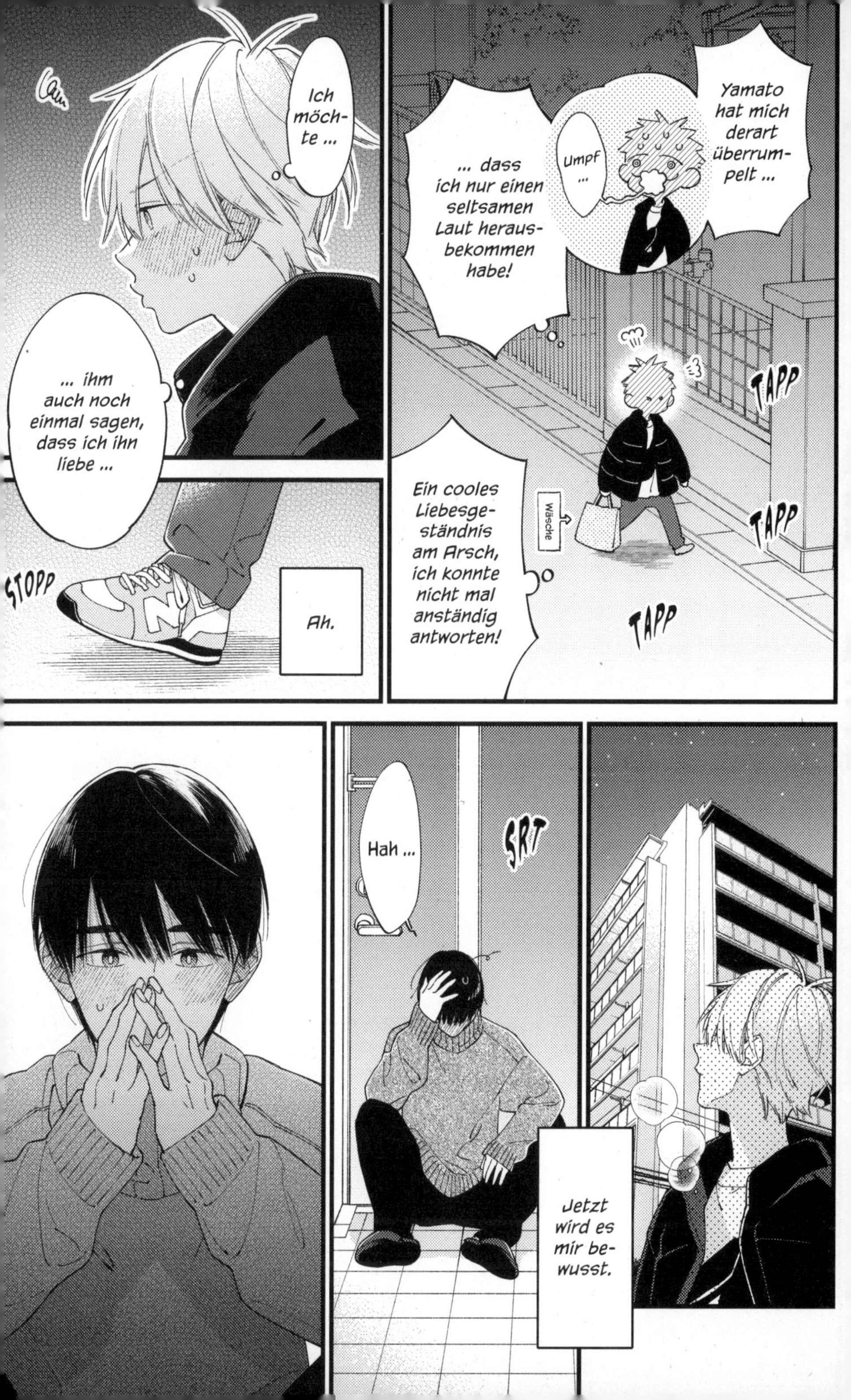
Ich möchte ...
... ihm auch noch einmal sagen, dass ich ihn liebe ...
STOPP
Ah.
... dass ich nur einen seltsamen Laut herausbekommen habe!
Umpf ...
Yamato hat mich derart überrumpelt ...
TAPP
TAPP
Wäsche
Ein cooles Liebesgeständnis am Arsch, ich konnte nicht mal anständig antworten!
TAPP
Hah ...
SRT
Jetzt wird es mir bewusst.

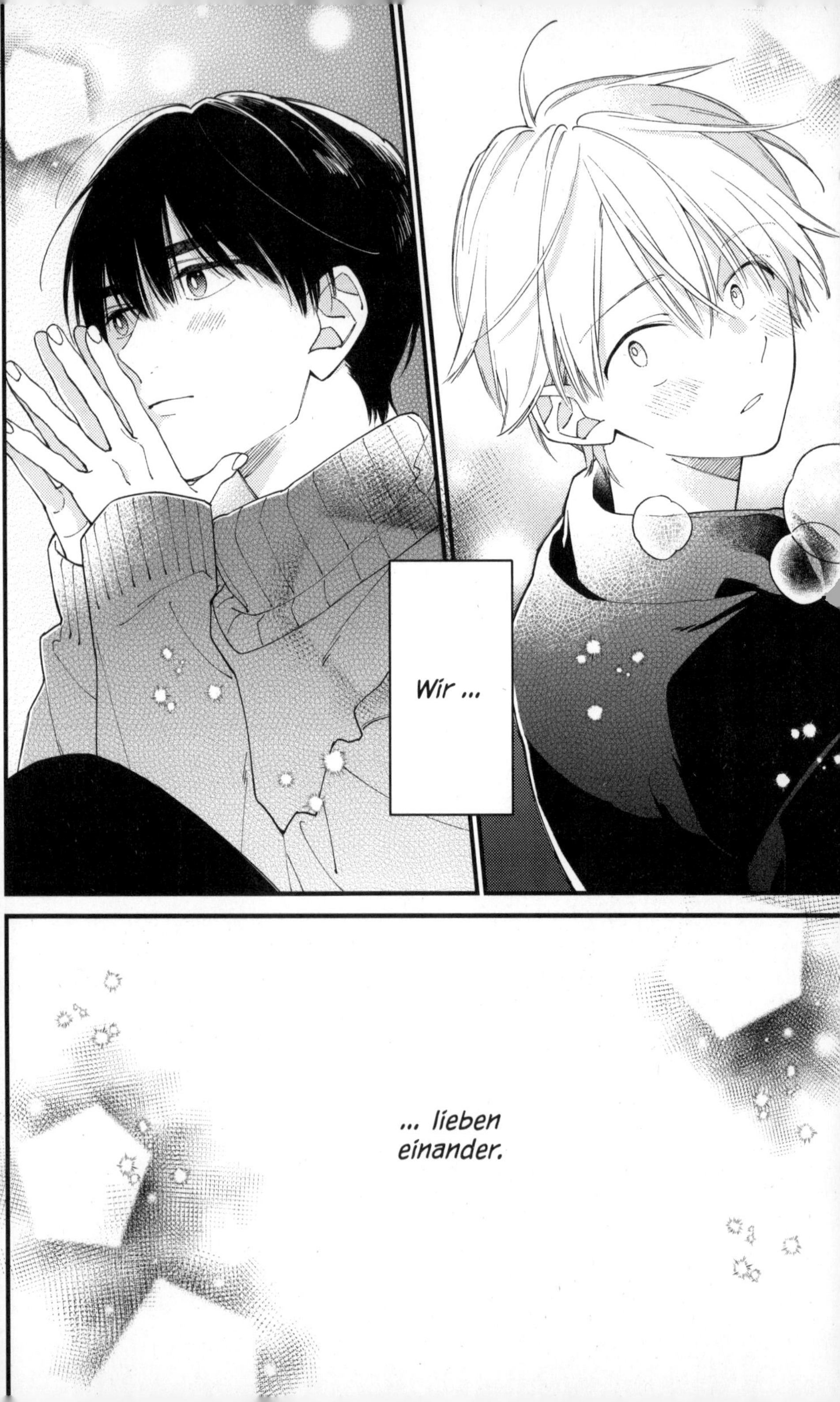
Wir ...
... lieben einander.

Wäsche

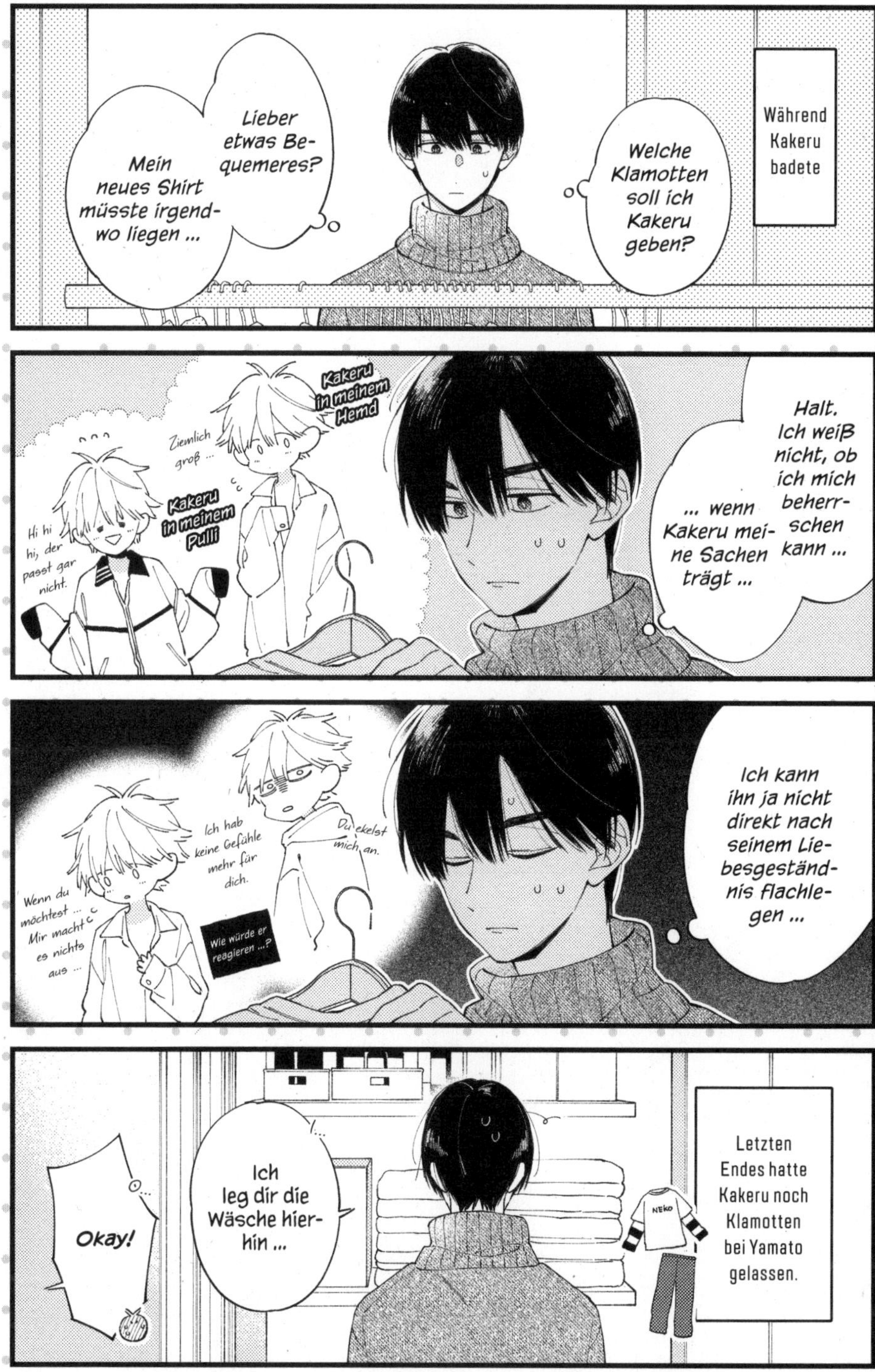
Während Kakeru badete
Welche Klamotten soll ich Kakeru geben?
Lieber etwas Bequemeres?
Mein neues Shirt müsste irgendwo liegen ...
Halt. Ich weiß nicht, ob ich mich beherrschen kann ...
... wenn Kakeru meine Sachen trägt ...
Kakeru in meinem Hemd
Ziemlich groß ...
Kakeru in meinem Pulli
Hi hi hi, der passt gar nicht.
Ich kann ihn ja nicht direkt nach seinem Liebesgeständnis flachlegen ...
Du ekelst mich an.
Ich hab keine Gefühle mehr für dich.
Wie würde er reagieren ...?
Wenn du möchtest ... Mir macht es nichts aus ...
Letzten Endes hatte Kakeru noch Klamotten bei Yamato gelassen.
NEKO
!...
Ich leg dir die Wäsche hierhin ...
...
Okay!

Ich kann dich nicht erreichen

Kapitel 37 Was wichtig ist

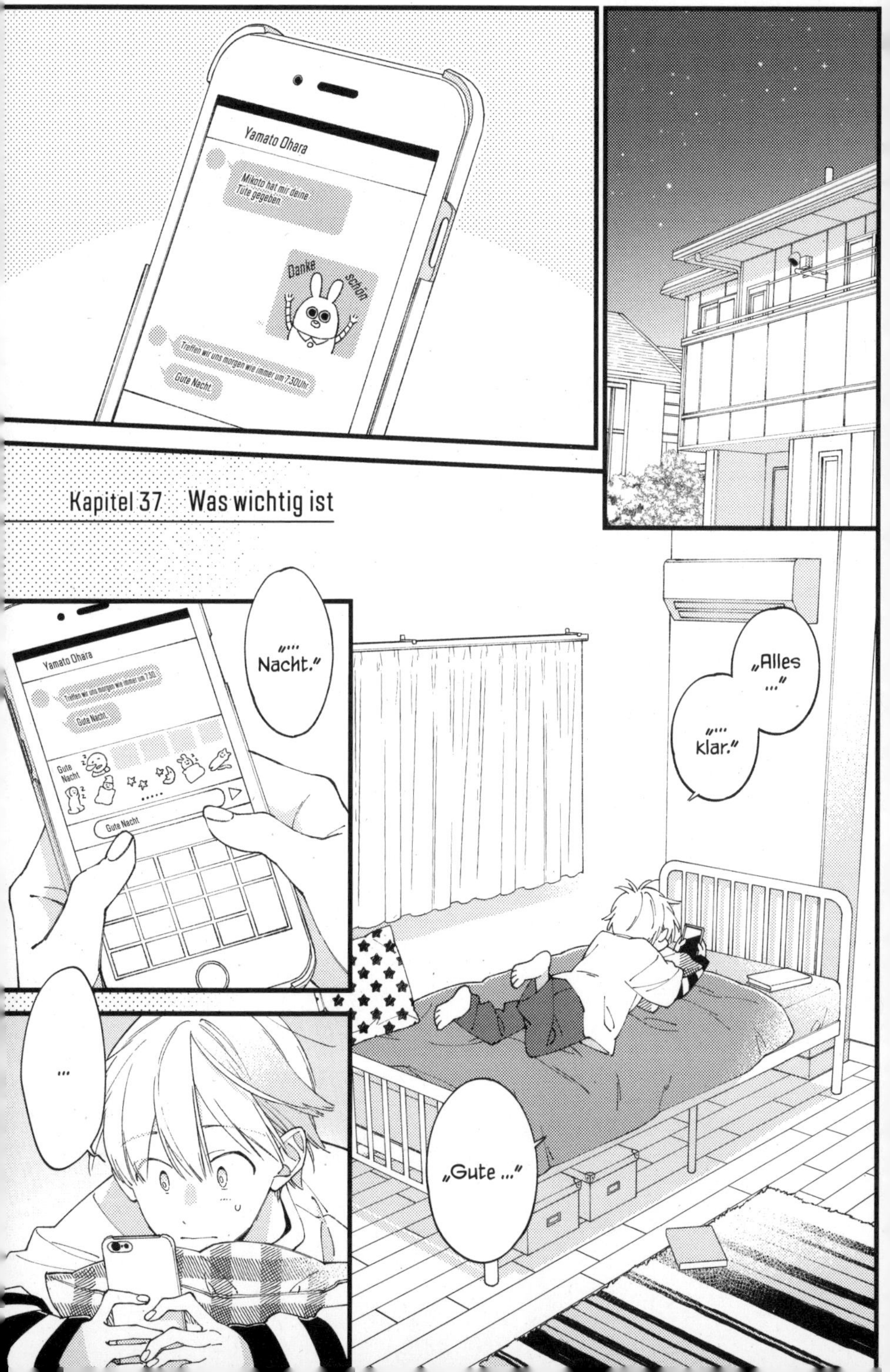

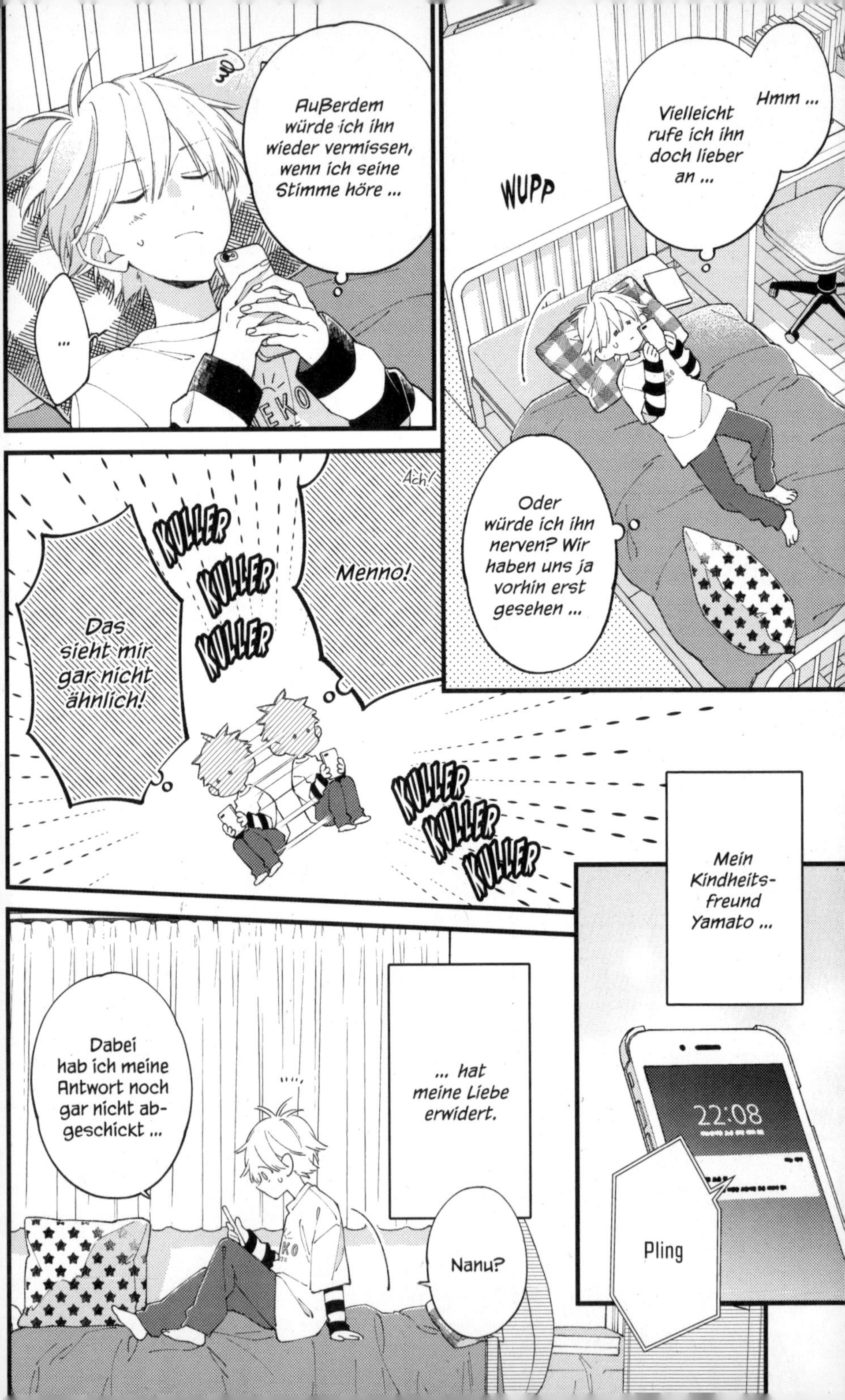

Hmm ...
Vielleicht rufe ich ihn doch lieber an ...
WUPP
Oder würde ich ihn nerven? Wir haben uns ja vorhin erst gesehen ...
Außerdem würde ich ihn wieder vermissen, wenn ich seine Stimme höre ...
...
Ach!
Menno!
KULLER KULLER KULLER
Das sieht mir gar nicht ähnlich!
KULLER KULLER KULLER
Mein Kindheits-freund Yamato ...
22:08
Pling
... hat meine Liebe erwidert.
Nanu?
Dabei hab ich meine Antwort noch gar nicht ab-geschickt ...

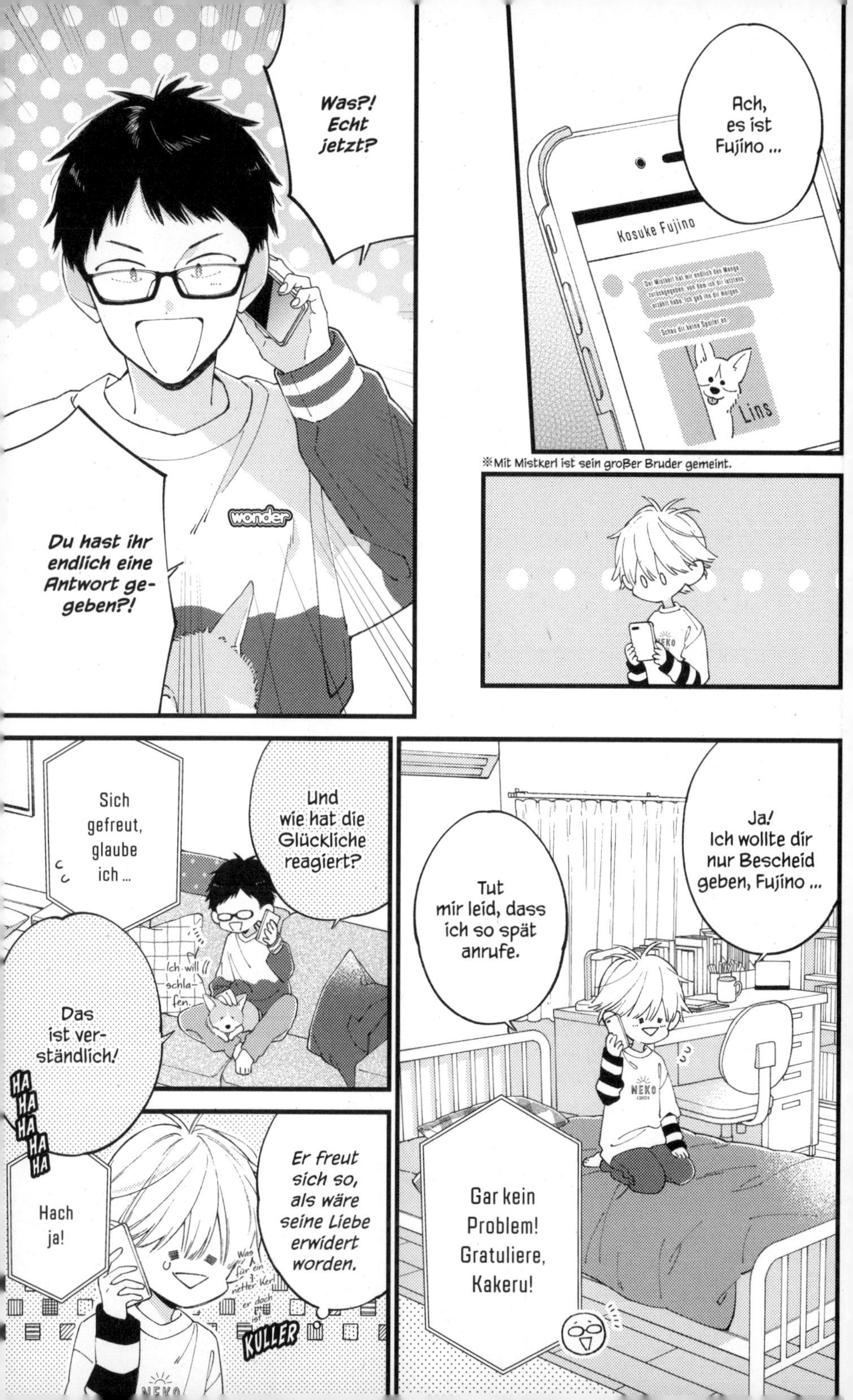

Ach, es ist Fujino ...
Kosuke Fujino
Der Mistkerl hat mir endlich den Manga zurückgegeben, von dem ich dir letztens erzählt habe. Ich geb ihn dir morgen.
Schau dir keine Spoiler an.
Lins
※Mit Mistkerl ist sein großer Bruder gemeint.
Was?! Echt jetzt?
Du hast ihr endlich eine Antwort gegeben?!
wonder
Ja! Ich wollte dir nur Bescheid geben, Fujino ...
Tut mir leid, dass ich so spät anrufe.
Gar kein Problem! Gratuliere, Kakeru!
NEKO
Und wie hat die Glückliche reagiert?
Sich gefreut, glaube ich ...
Ich will schlafen.
Das ist verständlich!
HA HA HA HA HA
Er freut sich so, als wäre seine Liebe erwidert worden.
Hach ja!
Was für ein netter Kerl er doch ist ...
KULLER

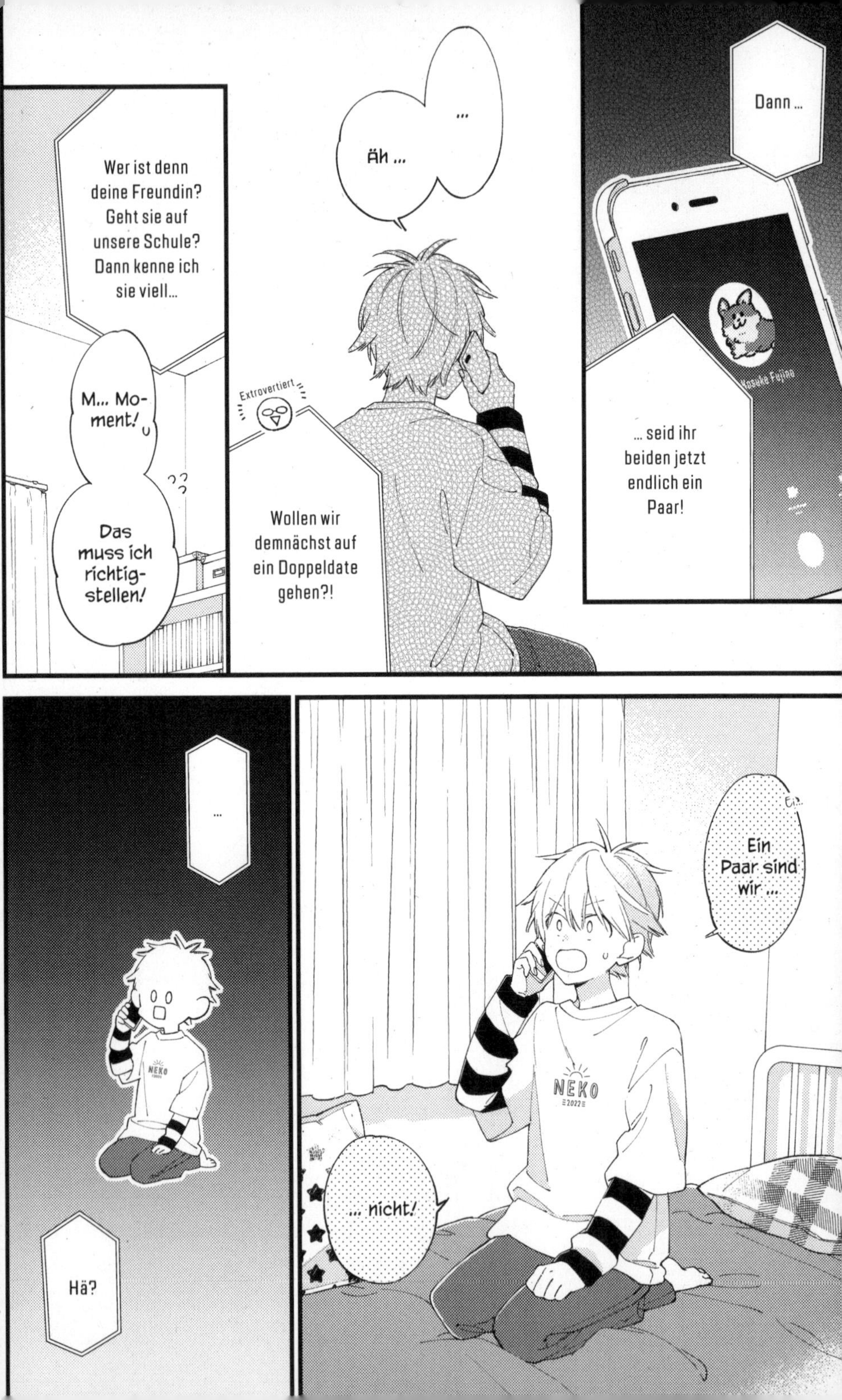
Dann ...
Kosuke Fujino
... seid ihr beiden jetzt endlich ein Paar!
...
Äh ...
Extrovertiert
Wollen wir demnächst auf ein Doppeldate gehen?!
Wer ist denn deine Freundin? Geht sie auf unsere Schule? Dann kenne ich sie viell...
M... Moment!
Das muss ich richtigstellen!
Ei...
Ein Paar sind wir ...
... nicht!
...
Hä?

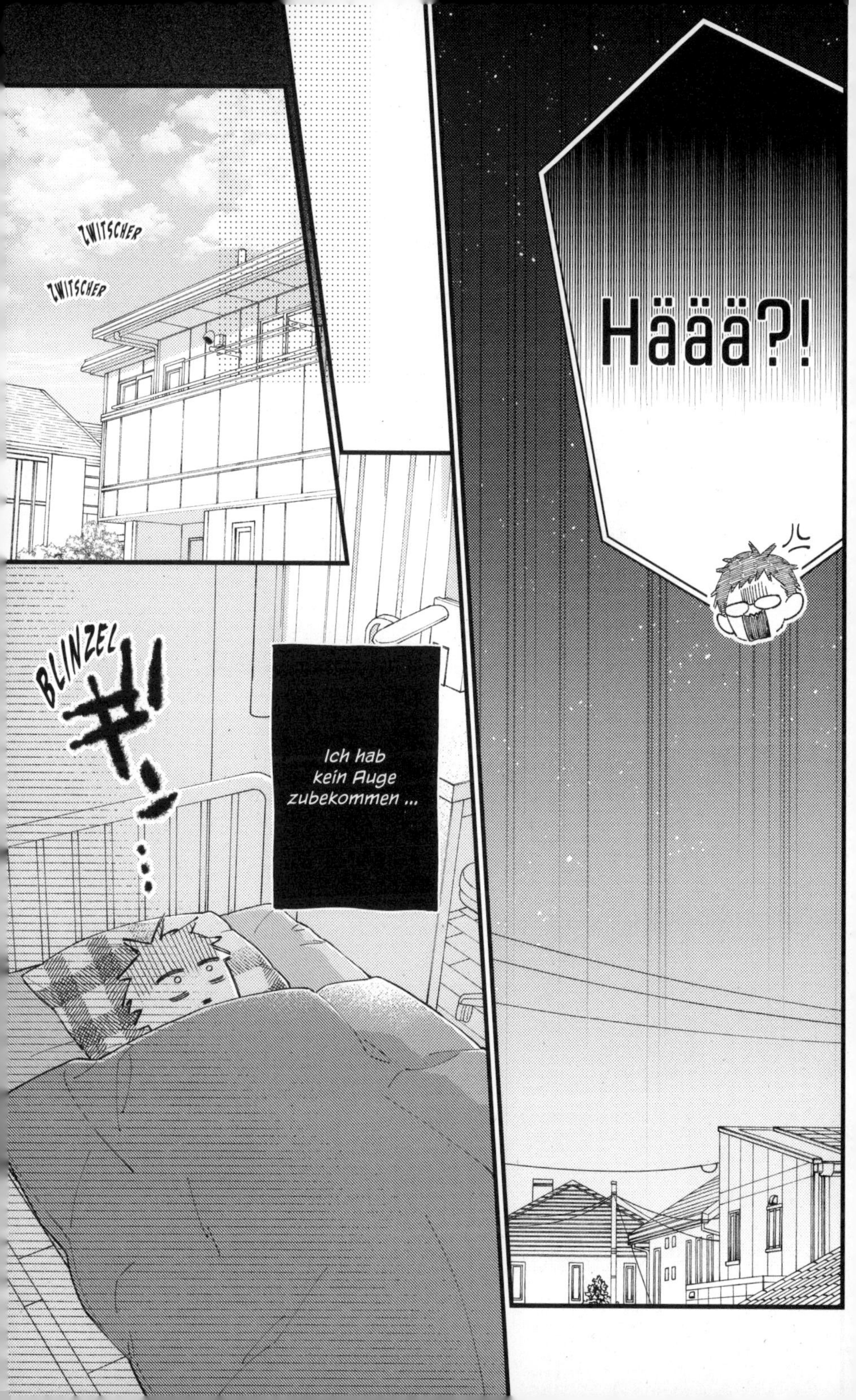

Häää?!
Zwitscher
Zwitscher
Ich hab kein Auge zubekommen ...
Blinzel

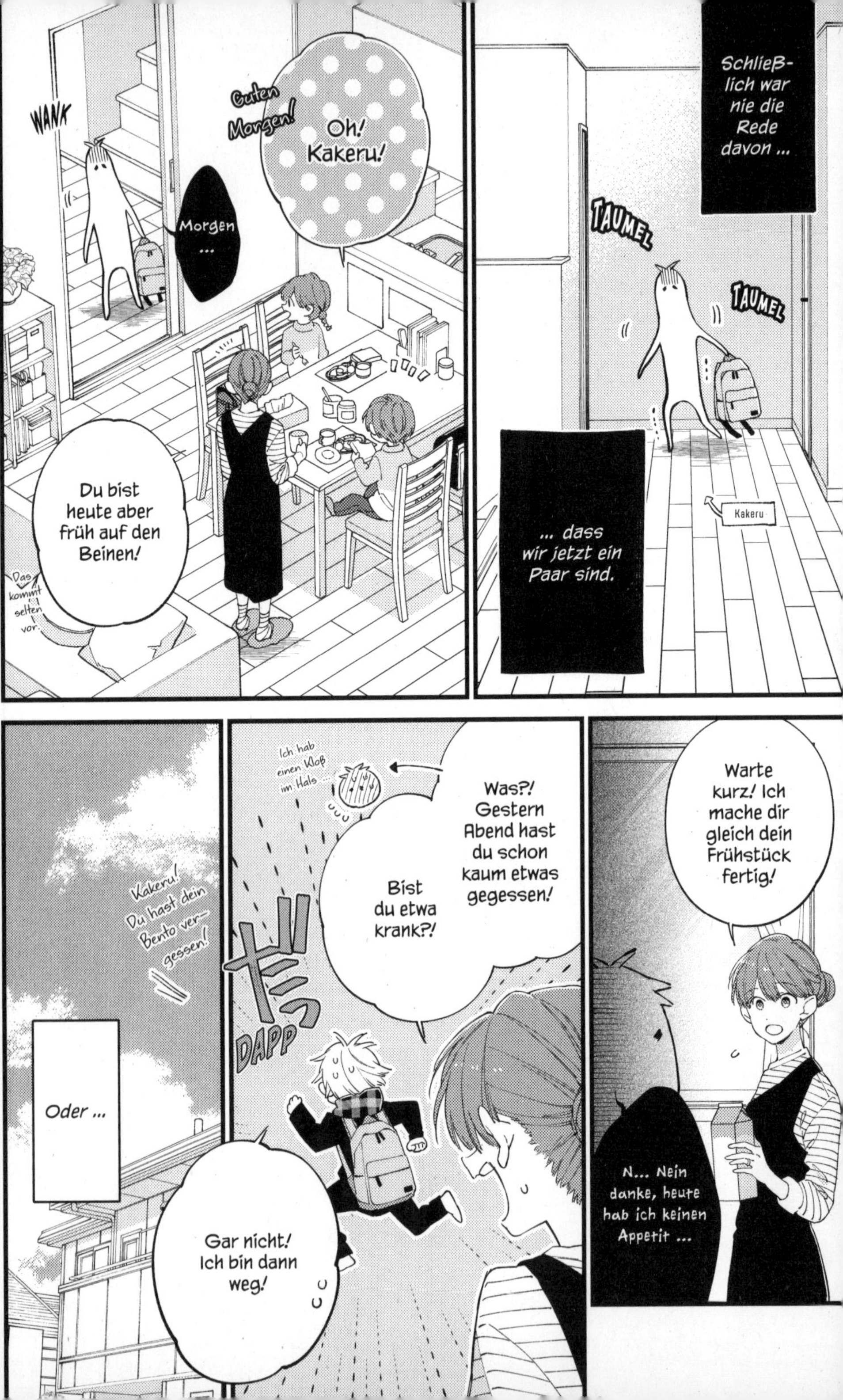
WANK
Morgen ...
Guten Morgen!
Oh! Kakeru!
Du bist heute aber früh auf den Beinen!
Das kommt selten vor.
Schließlich war nie die Rede davon ...
TAUMEL
TAUMEL
Kakeru
... dass wir jetzt ein Paar sind.
Warte kurz! Ich mache dir gleich dein Frühstück fertig!
N... Nein danke, heute hab ich keinen Appetit ...
Was?! Gestern Abend hast du schon kaum etwas gegessen!
Ich hab einen Kloß im Hals ...
Bist du etwa krank?!
DAPP
Gar nicht! Ich bin dann weg!
Kakeru! Du hast dein Bento vergessen!
Oder ...

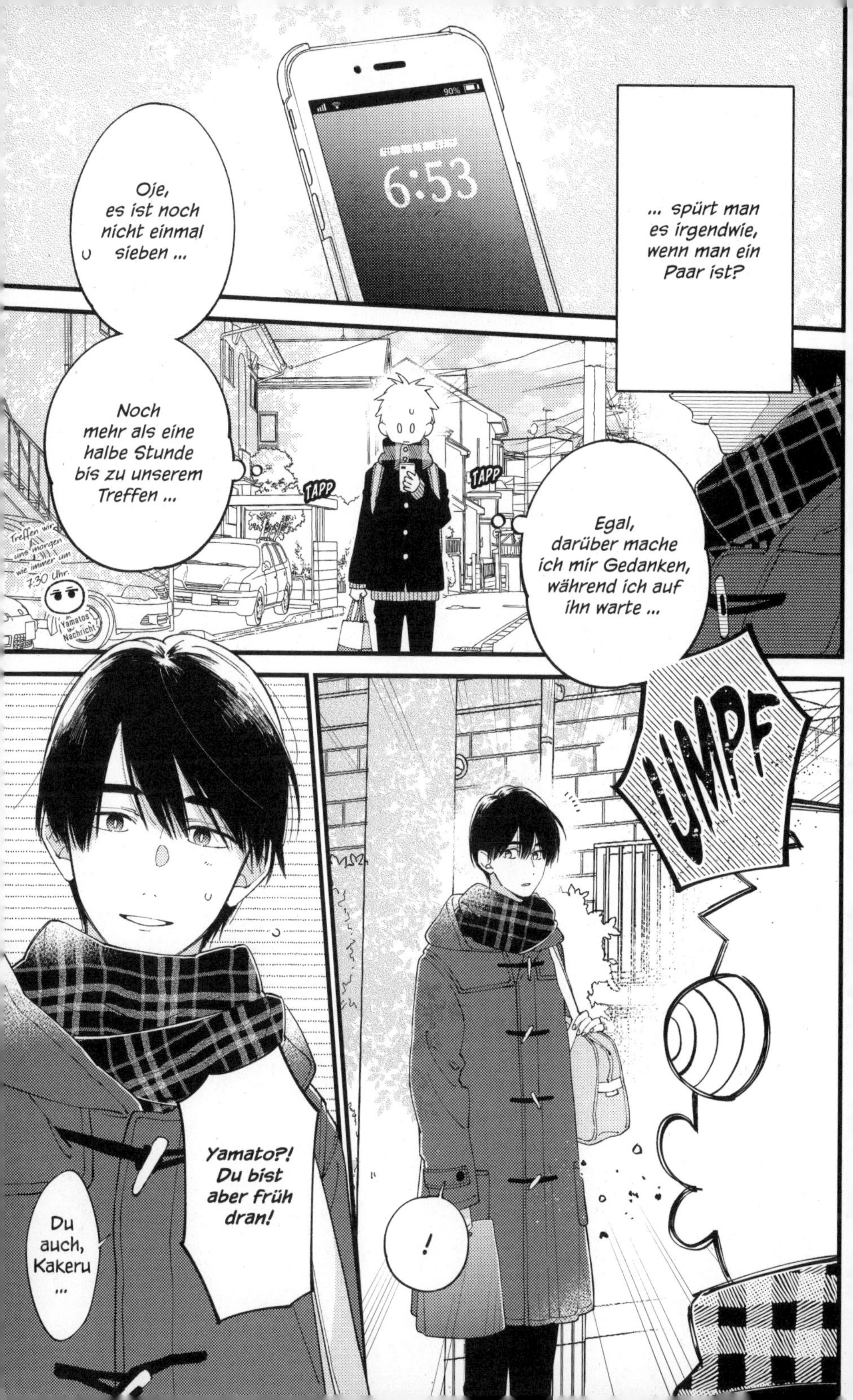

... spürt man es irgendwie, wenn man ein Paar ist?
90%
6:53
Oje, es ist noch nicht einmal sieben ...
Noch mehr als eine halbe Stunde bis zu unserem Treffen ...
TAPP
TAPP
Treffen wir uns morgen wie immer um 7:30 Uhr.
Yamatos Nachricht
Egal, darüber mache ich mir Gedanken, während ich auf ihn warte ...
UMPF
!
Yamato?! Du bist aber früh dran!
Du auch, Kakeru ...

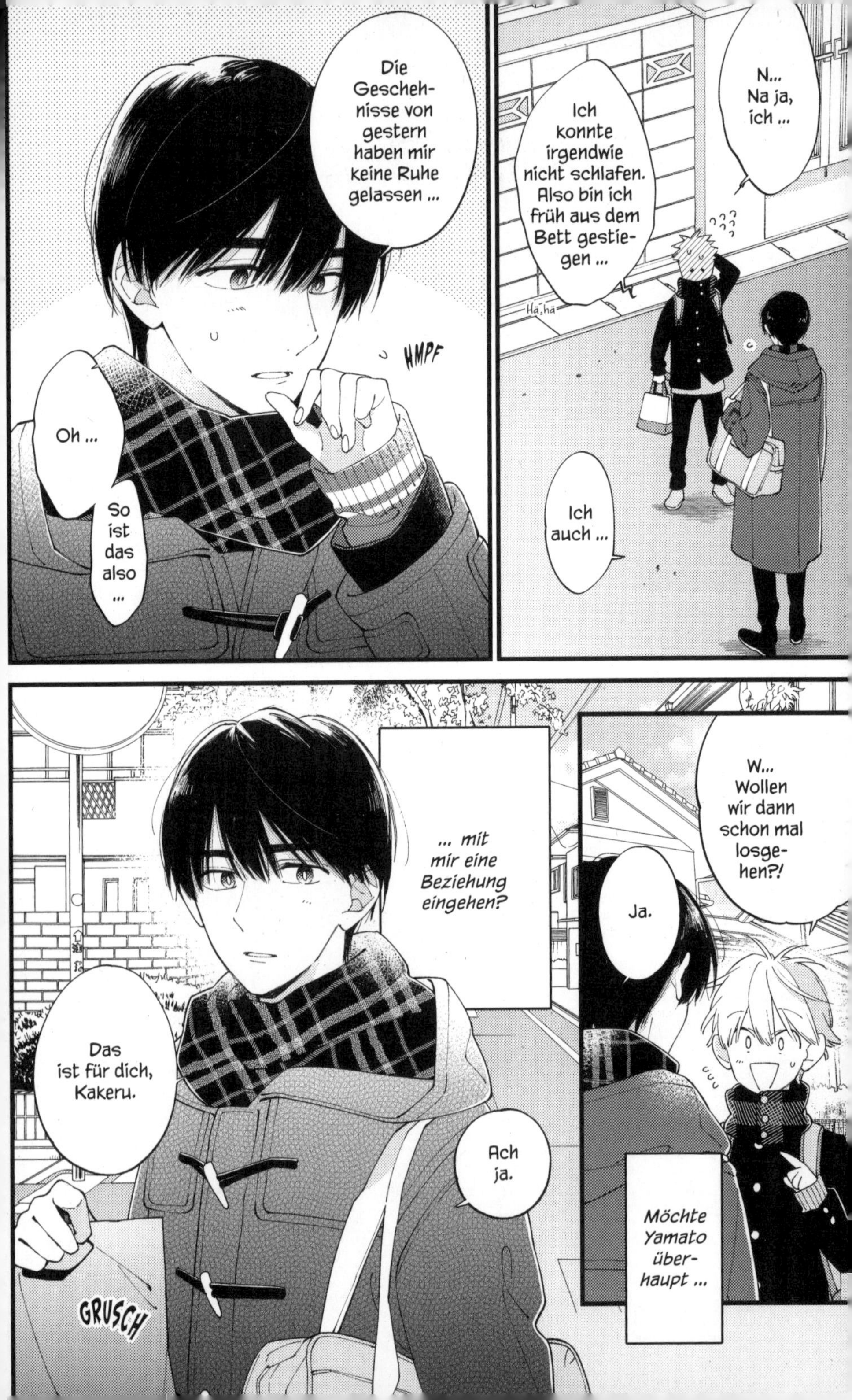
N... Na ja, ich ...
Ich konnte irgendwie nicht schlafen. Also bin ich früh aus dem Bett gestiegen ...
Hä hä
Ich auch ...
Die Geschehnisse von gestern haben mir keine Ruhe gelassen ...
HMPF
Oh ...
So ist das also ...
W... Wollen wir dann schon mal losgehen?!
Ja.
Möchte Yamato überhaupt ...
... mit mir eine Beziehung eingehen?
Ach ja.
Das ist für dich, Kakeru.
GRUSCH

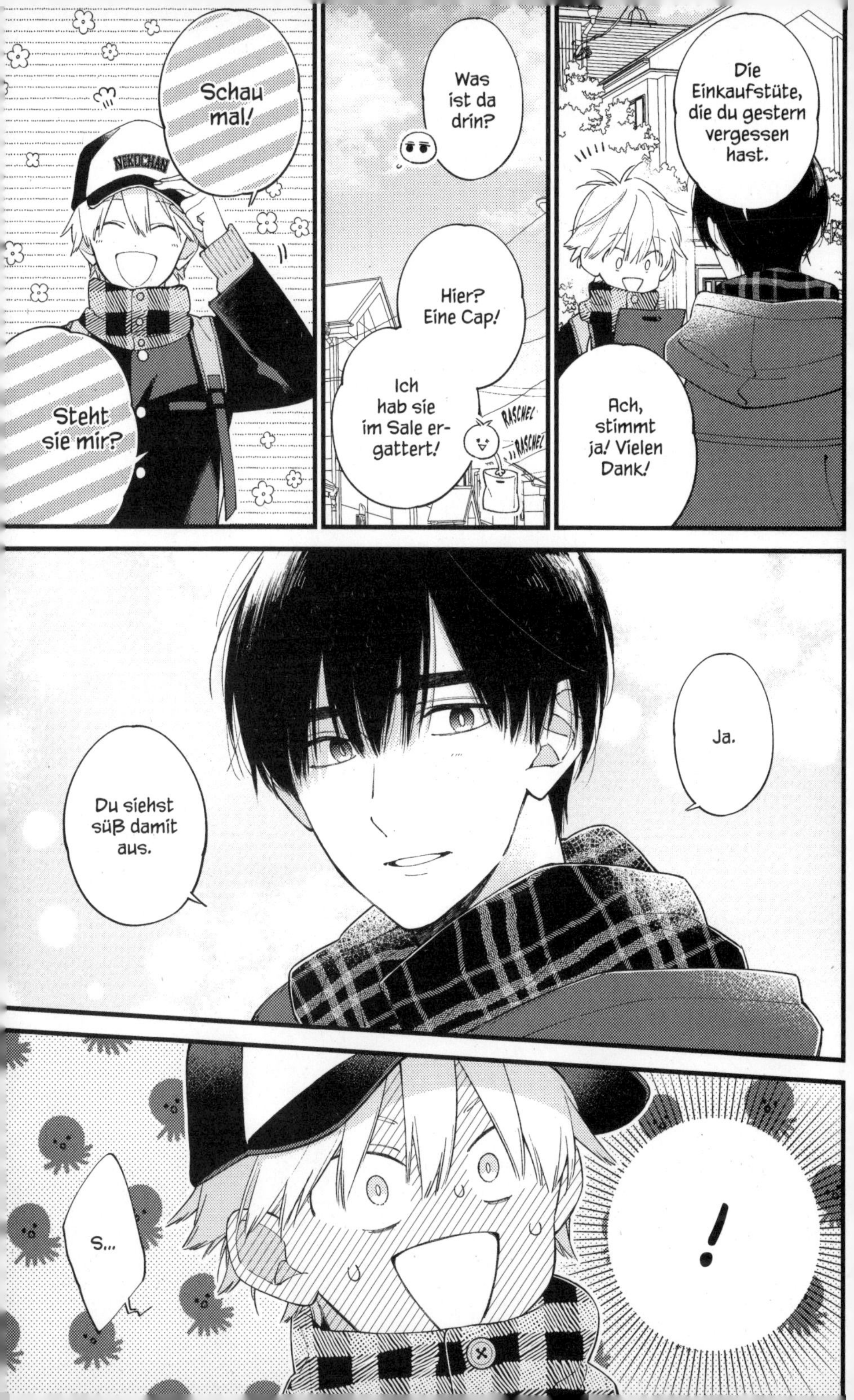
Die Einkaufstüte, die du gestern vergessen hast.
Ach, stimmt ja! Vielen Dank!
Was ist da drin?
Hier? Eine Cap!
Ich hab sie im Sale er-gattert!
RASCHEL
RASCHEL
Schau mal!
NEKOCHAN
Steht sie mir?
Ja.
Du siehst süß damit aus.
!
S...

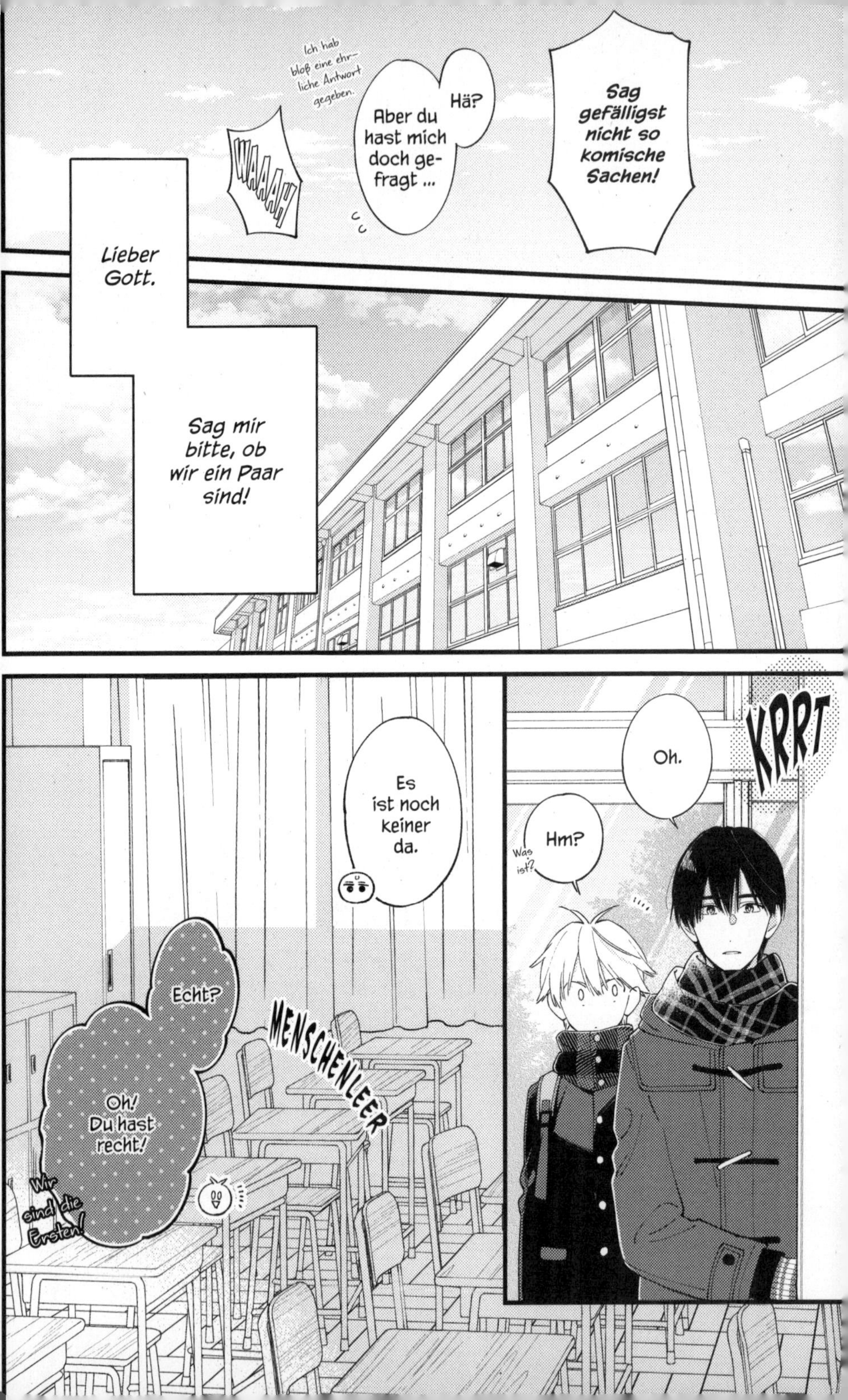

Sag gefälligst nicht so komische Sachen!
Hä?
Aber du hast mich doch gefragt ...
Ich hab bloß eine ehrliche Antwort gegeben.
WAAAAH
Lieber Gott.
Sag mir bitte, ob wir ein Paar sind!
KRRT
Oh.
Hm?
Was ist?
Es ist noch keiner da.
MENSCHENLEER
Echt?
Oh! Du hast recht!
Wir sind die Ersten!

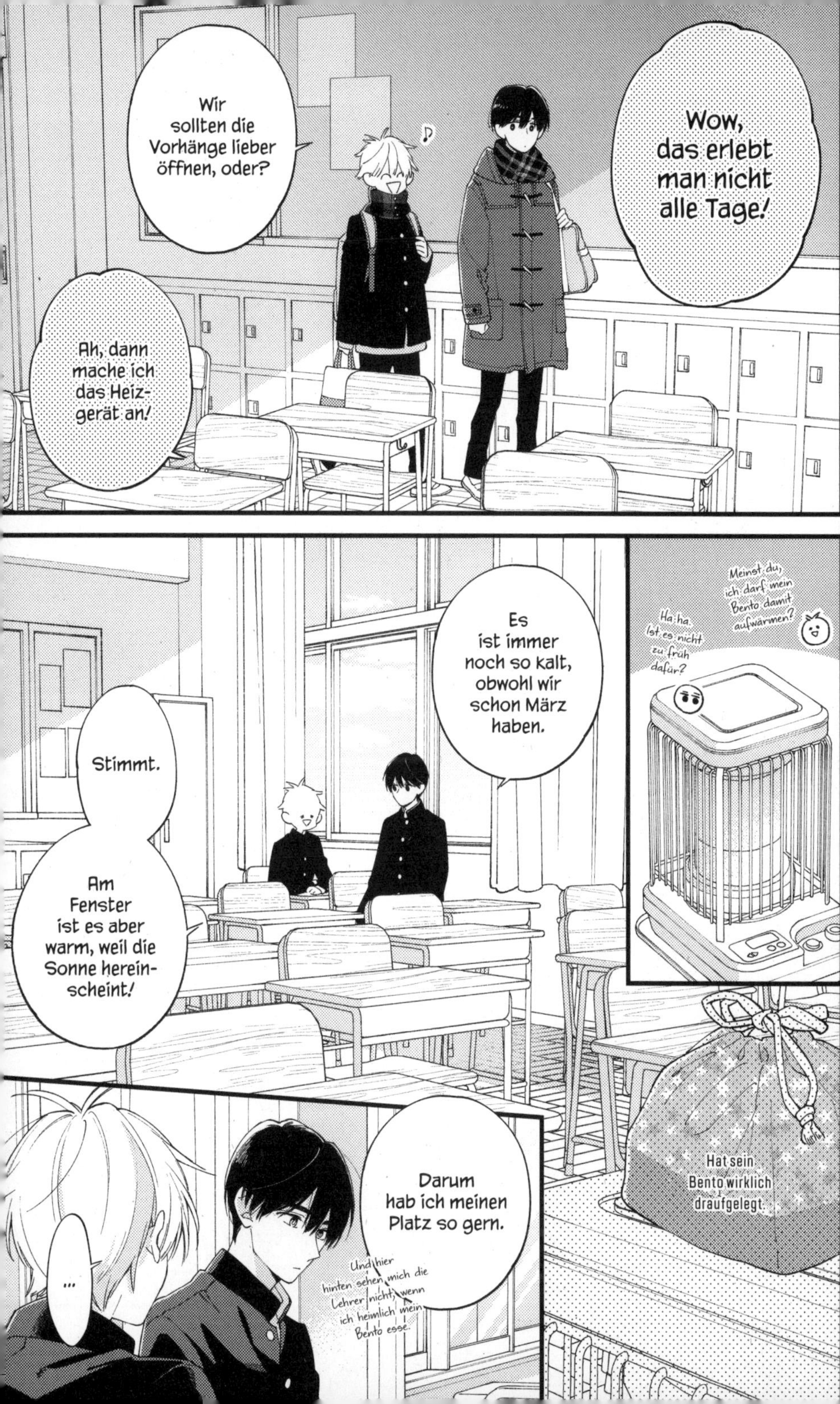
Wow, das erlebt man nicht alle Tage!
Wir sollten die Vorhänge lieber öffnen, oder?
Ah, dann mache ich das Heizgerät an!
Meinst du, ich darf mein Bento damit aufwärmen?
Ha ha. Ist es nicht zu früh dafür?
Es ist immer noch so kalt, obwohl wir schon März haben.
Stimmt.
Am Fenster ist es aber warm, weil die Sonne hereinscheint!
Hat sein Bento wirklich draufgelegt.
Darum hab ich meinen Platz so gern.
Und hier hinten sehen mich die Lehrer nicht, wenn ich heimlich mein Bento esse.
...

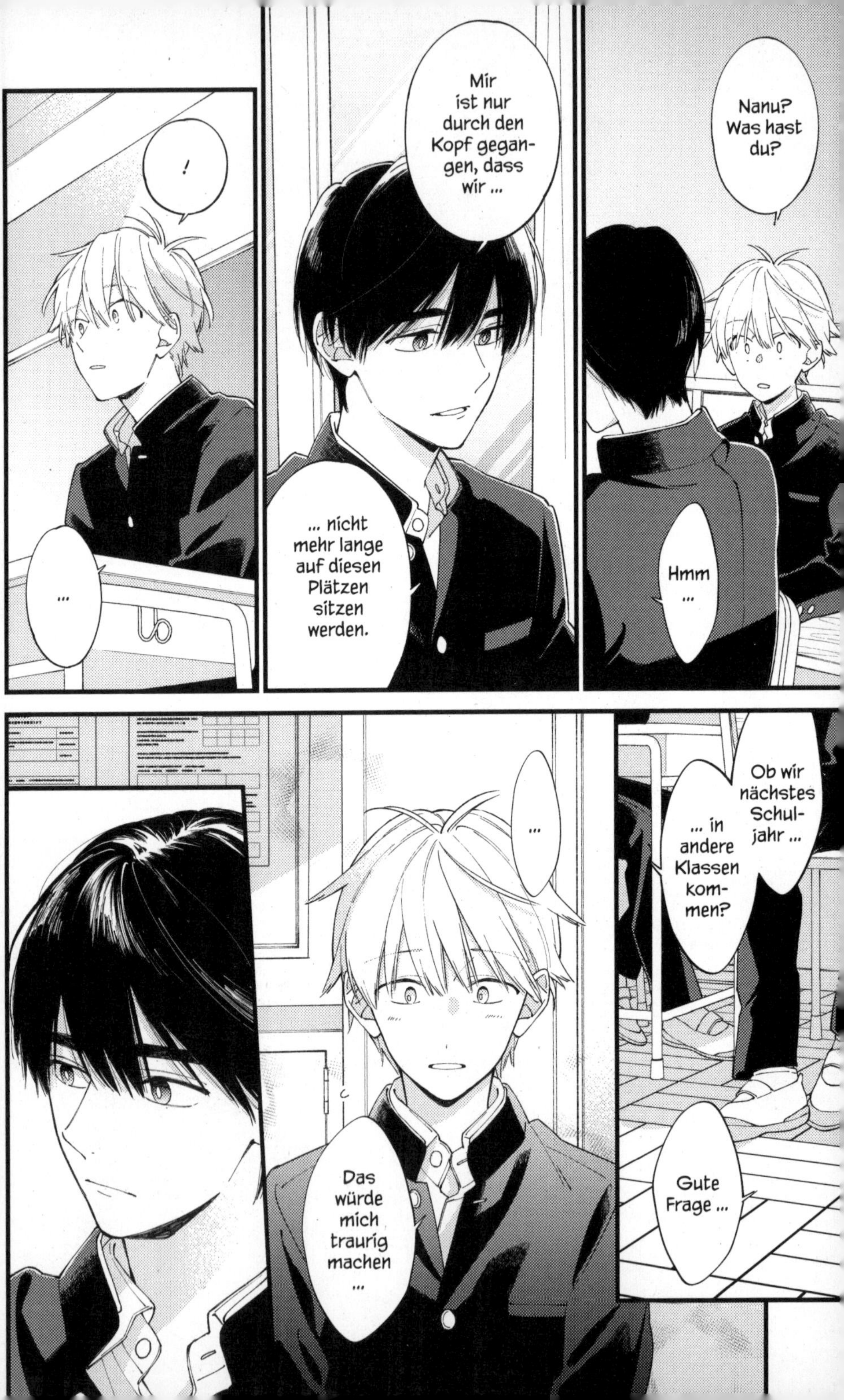
Nanu? Was hast du?
Hmm ...
Mir ist nur durch den Kopf gegangen, dass wir ...
... nicht mehr lange auf diesen Plätzen sitzen werden.
!
...
Ob wir nächstes Schuljahr ...
... in andere Klassen kommen?
Gute Frage ...
...
Das würde mich traurig machen ...

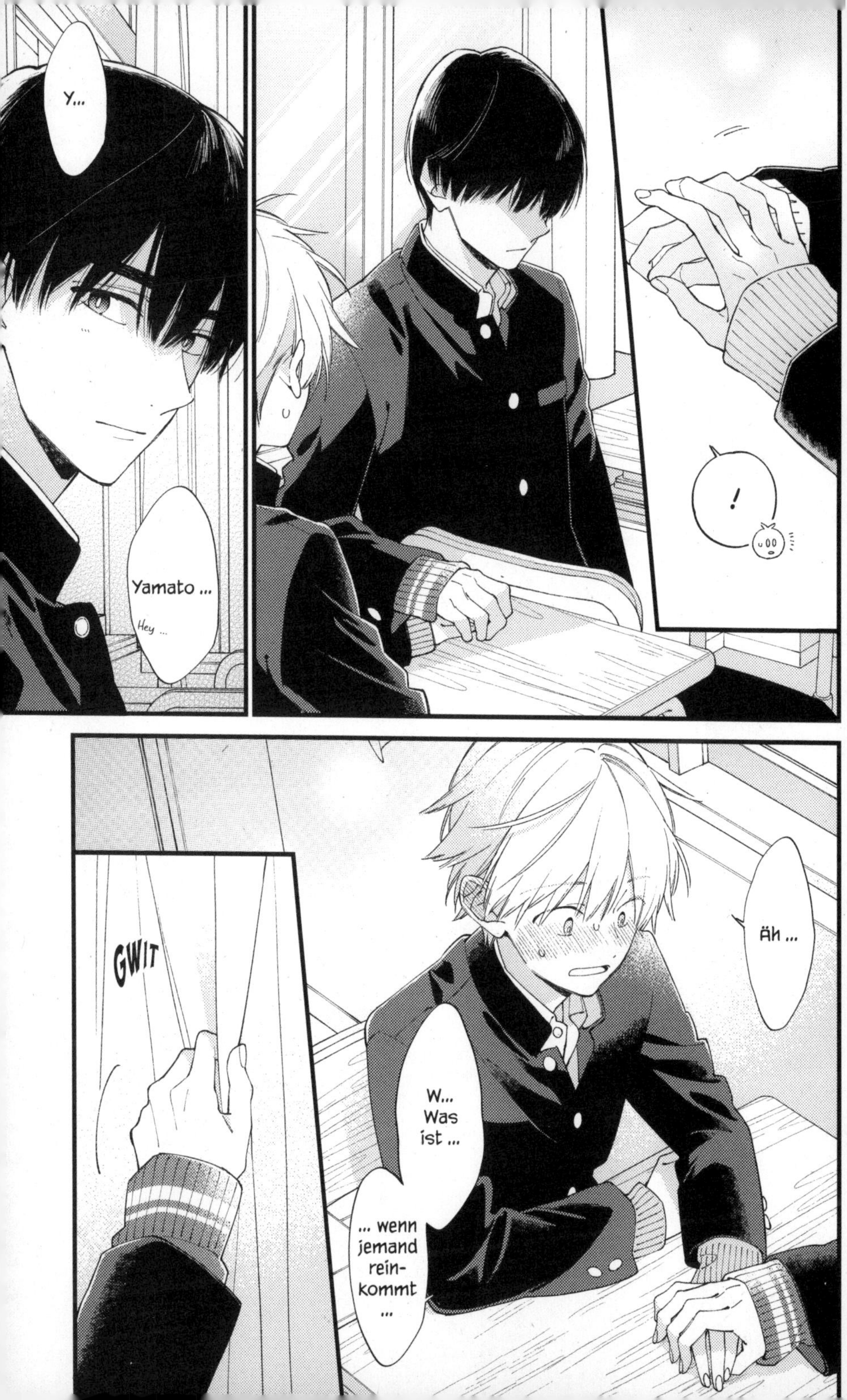
!
Y...
Yamato ...
Hey ...
Äh ...
W... Was ist ...
... wenn jemand rein-kommt ...
GWIT

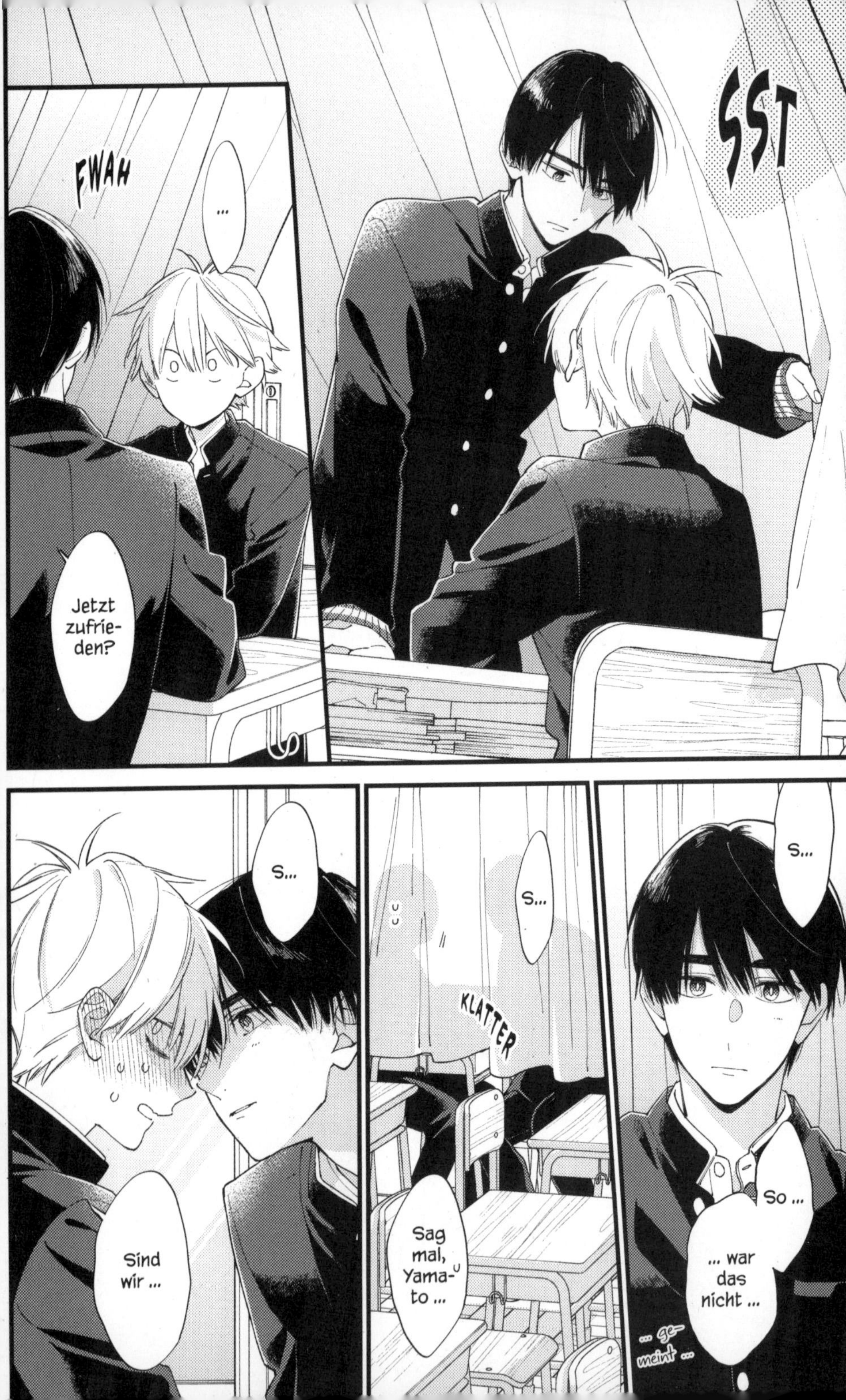
SST
FWAH
...
Jetzt zufrieden?
S...
So ...
... war das nicht ...
... gemeint ...
S...
KLATTER
Sag mal, Yamato ...
S...
Sind wir ...

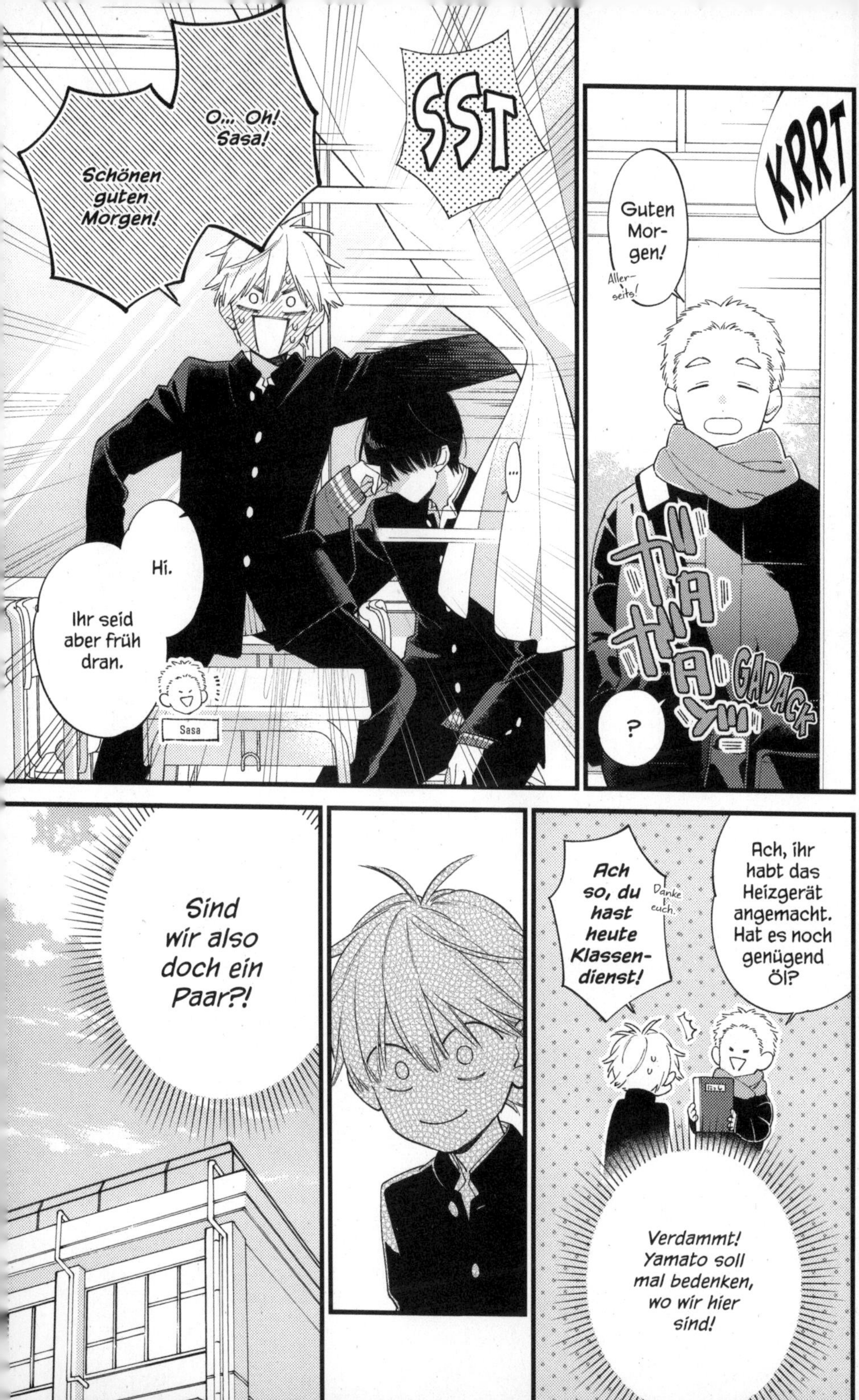
KRRT
Guten Morgen!
Aller- seits!
HUA HUA HUA
GADACK
?
SST
O... Oh! Sasa!
Schönen guten Morgen!
...
Hi.
Ihr seid aber früh dran.
Sasa
Ach, ihr habt das Heizgerät angemacht. Hat es noch genügend Öl?
Ach so, du hast heute Klassendienst!
Danke euch.
Verdammt! Yamato soll mal bedenken, wo wir hier sind!
Sind wir also doch ein Paar?!

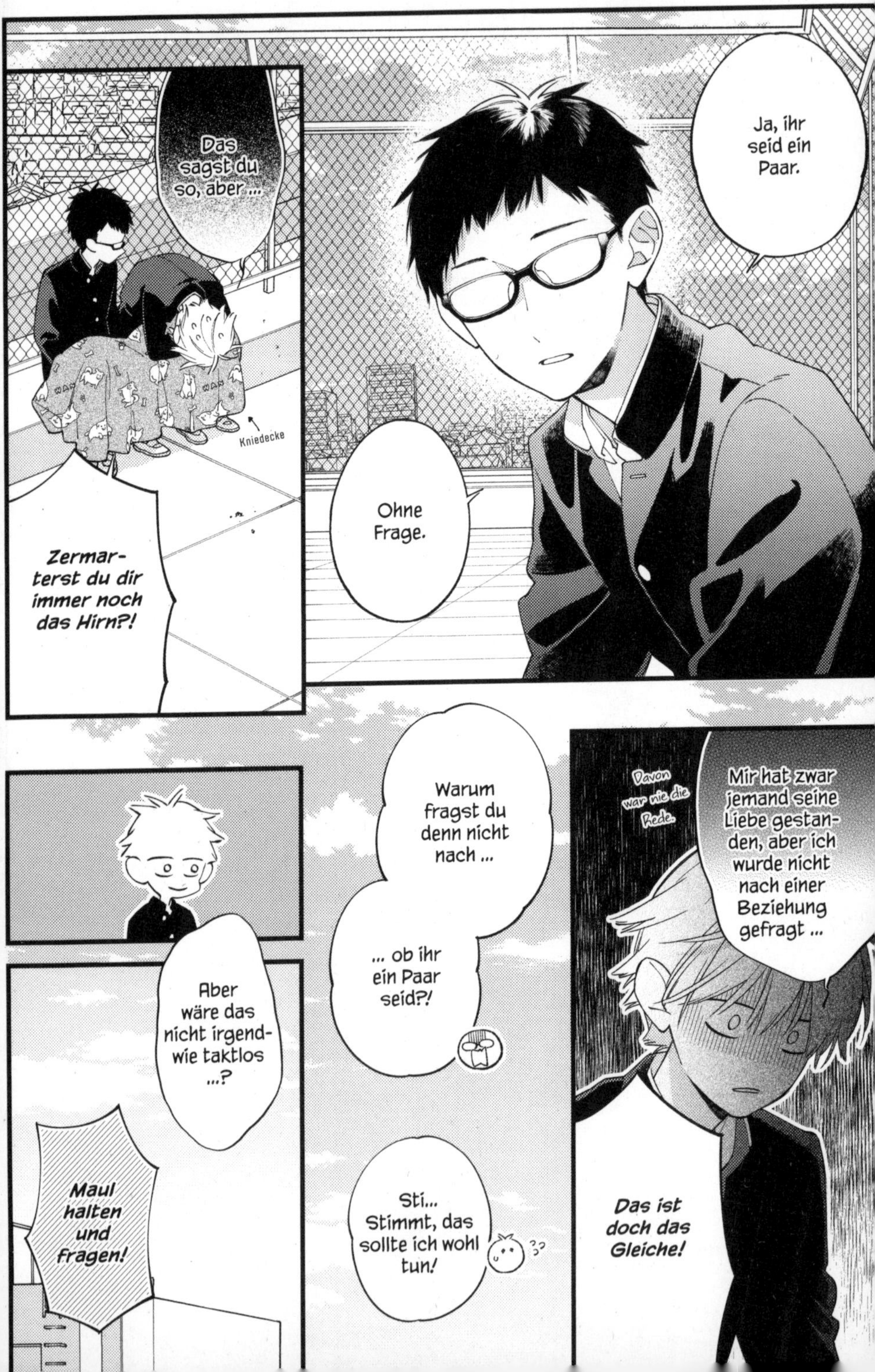
Ja, ihr seid ein Paar.
Ohne Frage.
Das sagst du so, aber ...
Kniedecke
Zermarterst du dir immer noch das Hirn?!
Mir hat zwar jemand seine Liebe gestanden, aber ich wurde nicht nach einer Beziehung gefragt ...
Davon war nie die Rede.
Warum fragst du denn nicht nach ...
... ob ihr ein Paar seid?!
Aber wäre das nicht irgendwie taktlos ...?
Das ist doch das Gleiche!
Sti... Stimmt, das sollte ich wohl tun!
Maul halten und fragen!

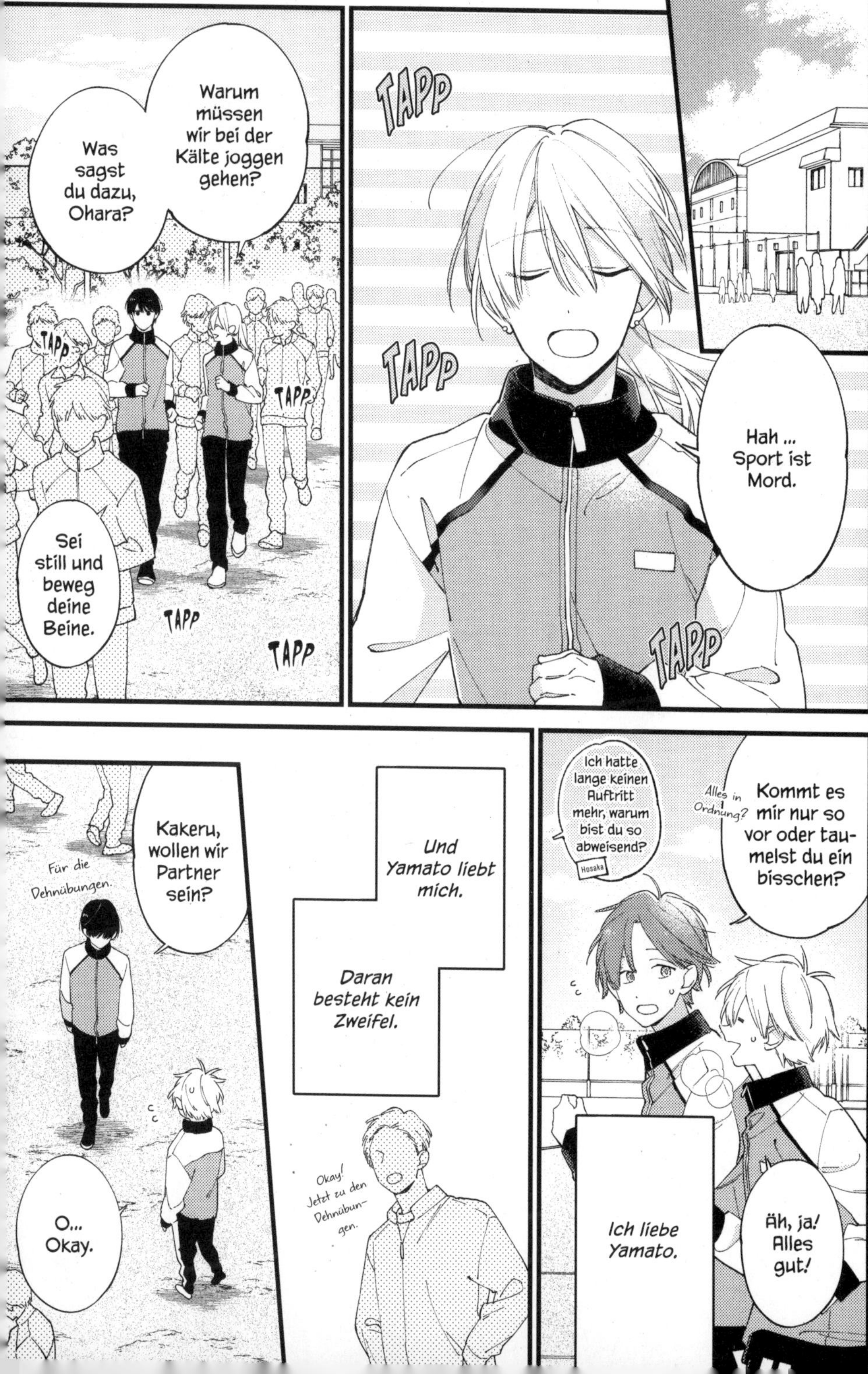

TAPP
TAPP
Hah ... Sport ist Mord.
TAPP
Warum müssen wir bei der Kälte joggen gehen?
Was sagst du dazu, Ohara?
TAPP
TAPP
Sei still und beweg deine Beine.
TAPP
TAPP
Kommt es mir nur so vor oder taumelst du ein bisschen?
Alles in Ordnung?
Ich hatte lange keinen Auftritt mehr, warum bist du so abweisend?
Hosaka
Ich liebe Yamato.
Äh, ja! Alles gut!
Und Yamato liebt mich.
Daran besteht kein Zweifel.
Okay! Jetzt zu den Dehnübungen.
Kakeru, wollen wir Partner sein?
Für die Dehnübungen.
O... Okay.

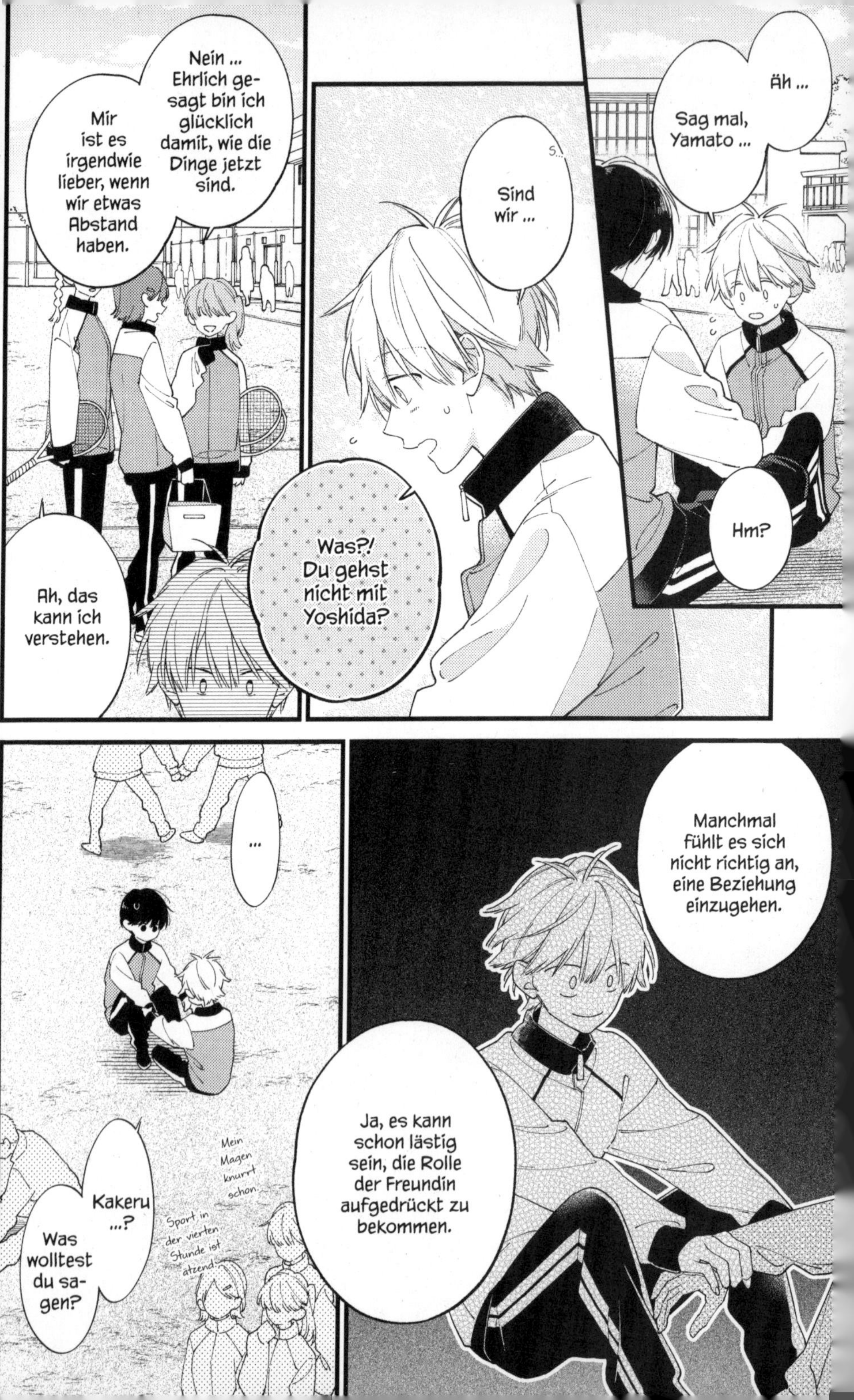
Äh ...
Sag mal, Yamato ...
Hm?
S...
Sind wir ...
Was?! Du gehst nicht mit Yoshida?
Nein ... Ehrlich gesagt bin ich glücklich damit, wie die Dinge jetzt sind.
Mir ist es irgendwie lieber, wenn wir etwas Abstand haben.
Ah, das kann ich verstehen.
Manchmal fühlt es sich nicht richtig an, eine Beziehung einzugehen.
Ja, es kann schon lästig sein, die Rolle der Freundin aufgedrückt zu bekommen.
...
Kakeru ...?
Was wolltest du sagen?
Mein Magen knurrt schon.
Sport in der vierten Stunde ist ätzend.

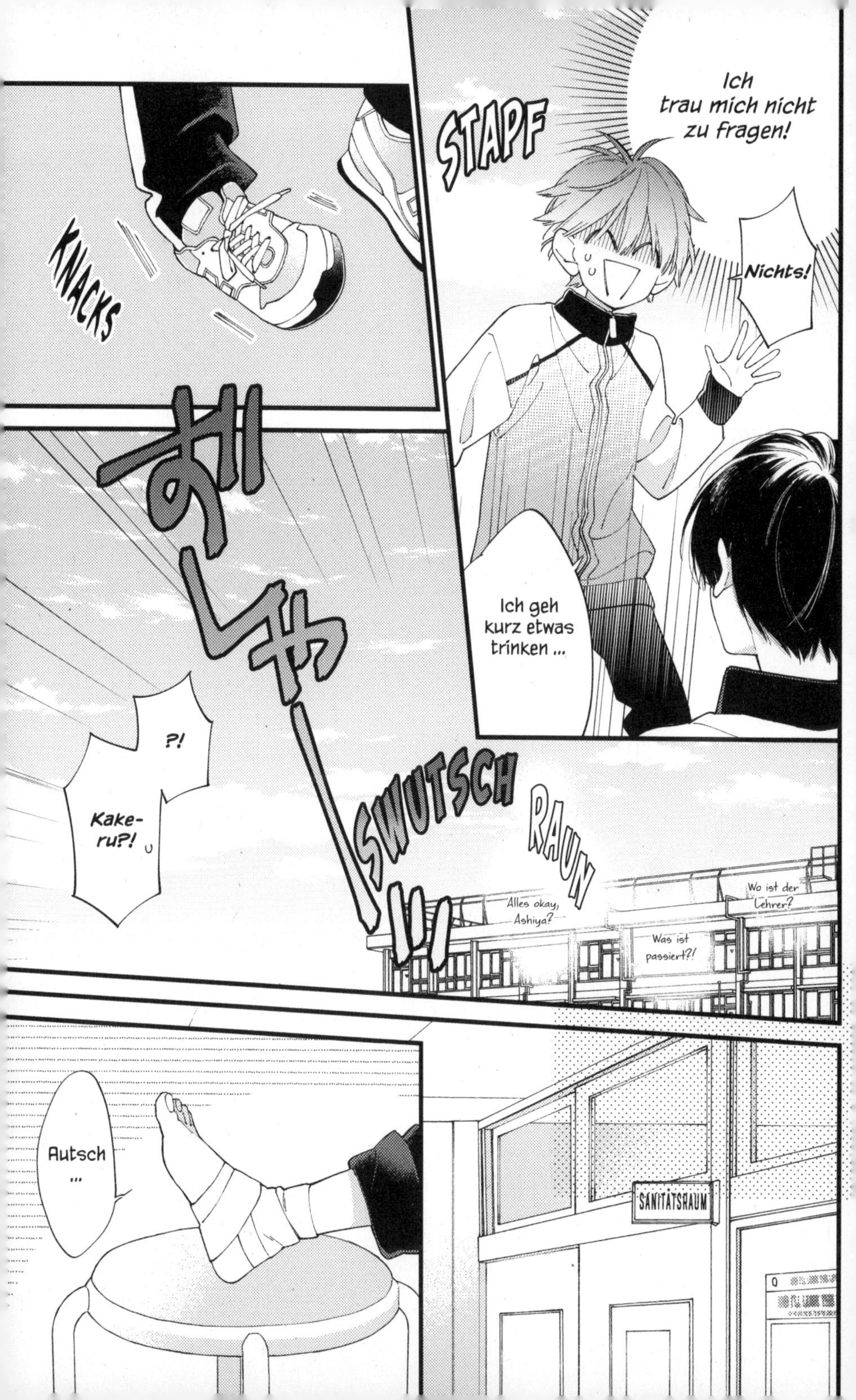

Ich trau mich nicht zu fragen!
STAPF
Nichts!
Ich geh kurz etwas trinken ...
KNACKS
SWUTSCH
RAUN
?!
Kake-ru?!
Wo ist der Lehrer?
Was ist passiert?!
Alles okay, Ashiya?
SANITÄTSRAUM
Autsch ...

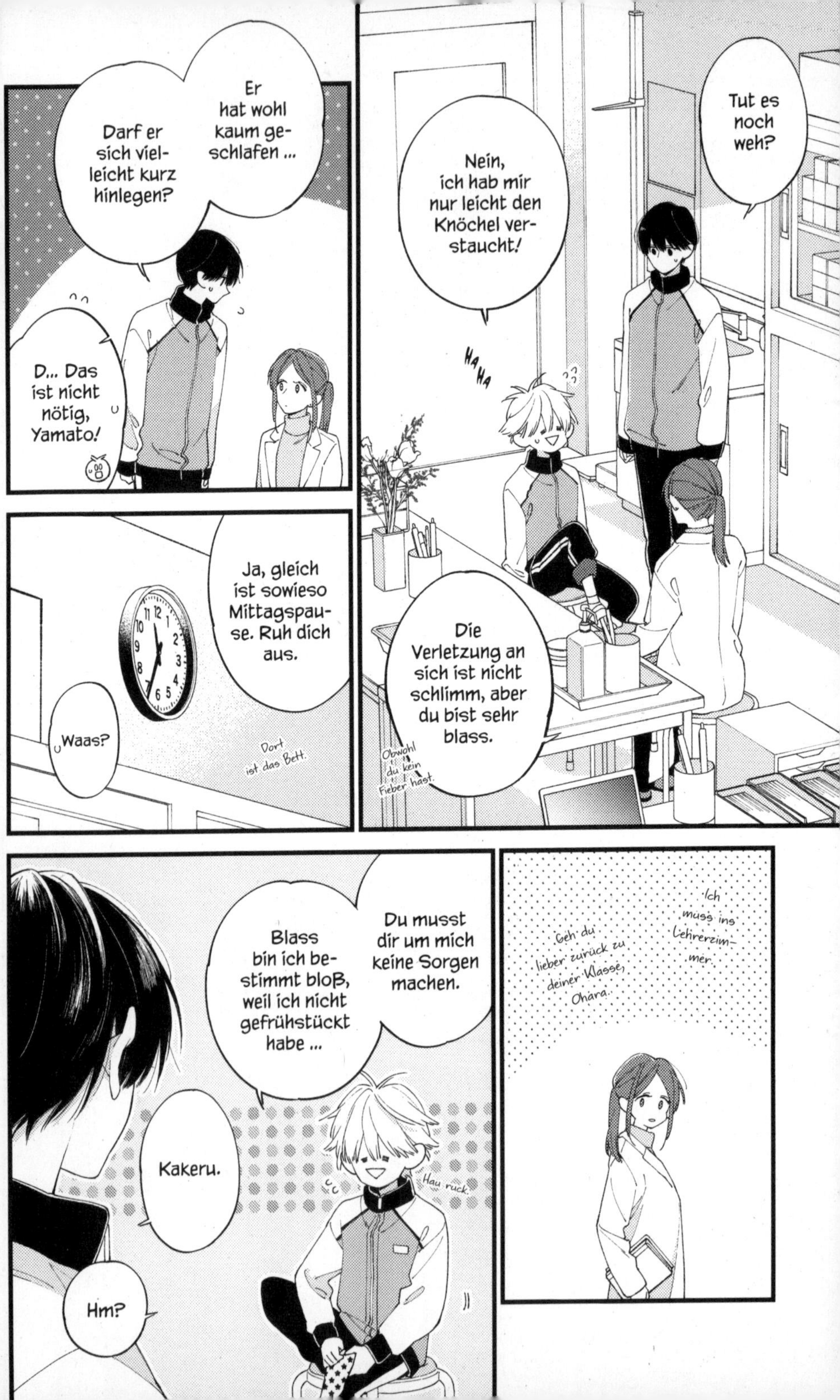

Tut es noch weh?
Nein, ich hab mir nur leicht den Knöchel verstaucht!
HA HA
Die Verletzung an sich ist nicht schlimm, aber du bist sehr blass.
Obwohl du kein Fieber hast.
Er hat wohl kaum geschlafen ...
Darf er sich vielleicht kurz hinlegen?
D... Das ist nicht nötig, Yamato!
Ja, gleich ist sowieso Mittagspause. Ruh dich aus.
Dort ist das Bett.
Waas?
Ich muss ins Lehrerzimmer.
Geh du lieber zurück zu deiner Klasse, Ohara.
Du musst dir um mich keine Sorgen machen.
Blass bin ich bestimmt bloß, weil ich nicht gefrühstückt habe ...
Hau ruck.
Kakeru.
Hm?

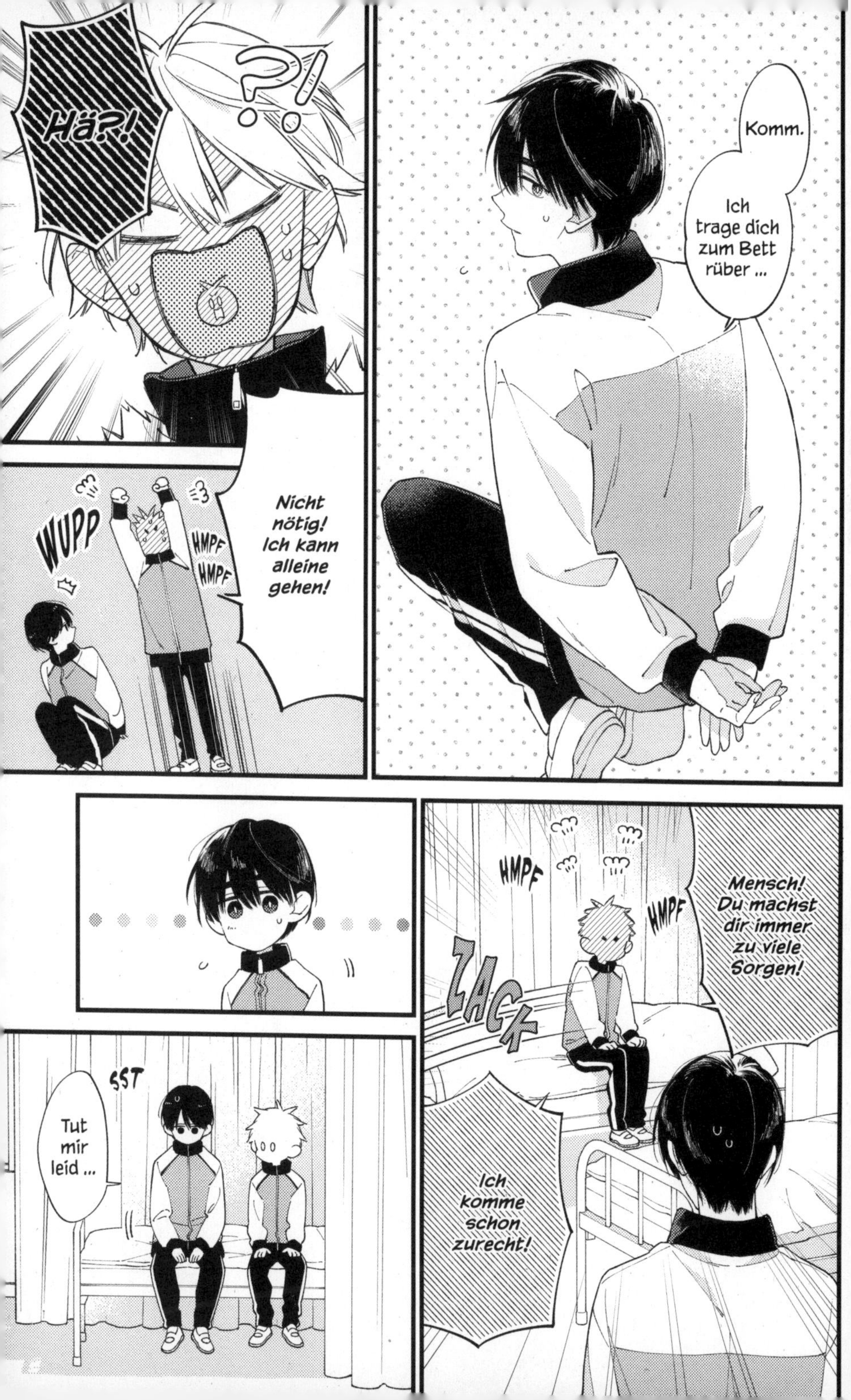
Komm.
Ich trage dich zum Bett rüber ...
Hä?!
?!
Nicht nötig! Ich kann alleine gehen!
WUPP
HMPF HMPF
Mensch! Du machst dir immer zu viele Sorgen!
Ich komme schon zurecht!
HMPF
HMPF
ZACK
SST
Tut mir leid ...

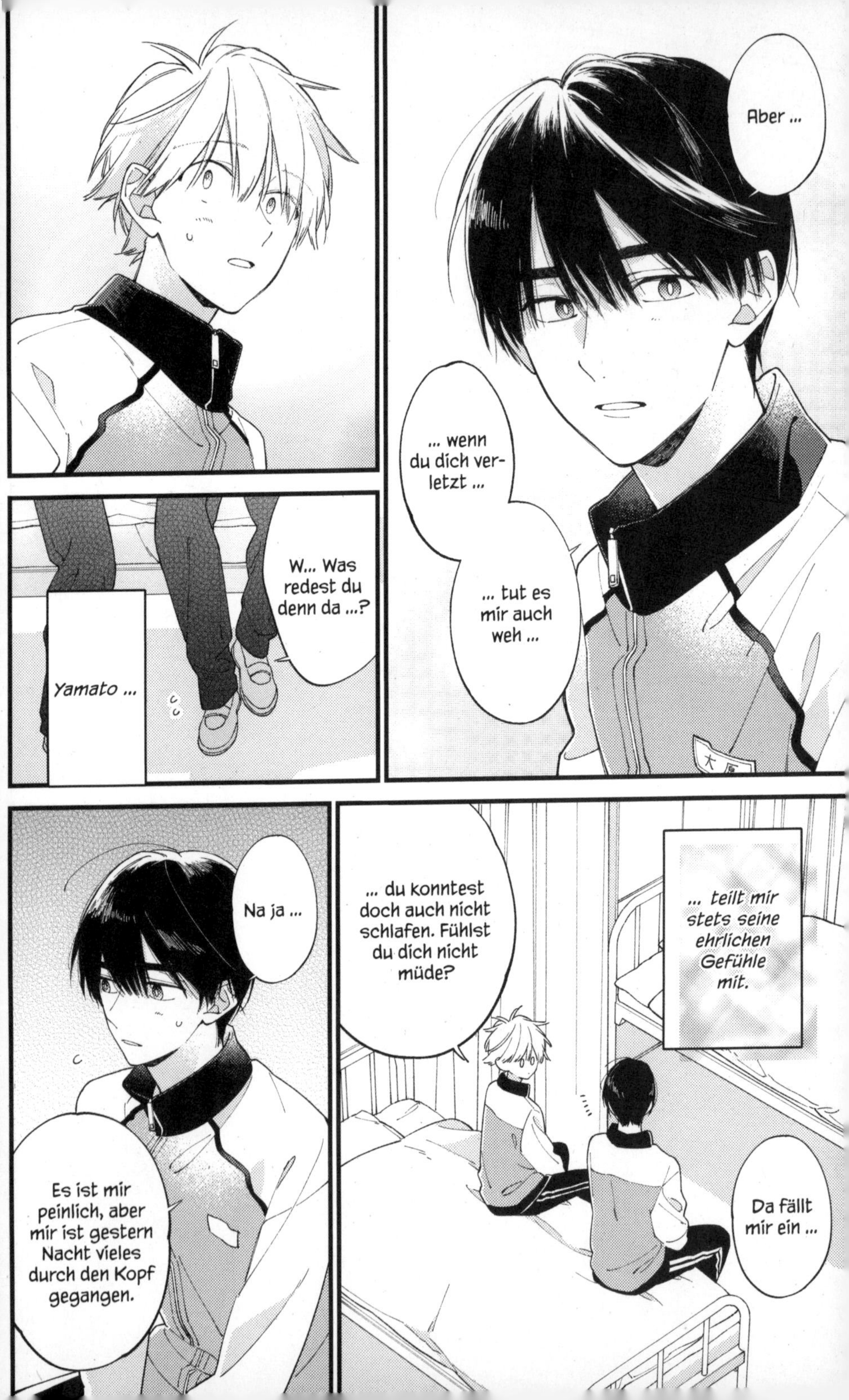
Aber ...
... wenn du dich ver-letzt ...
... tut es mir auch weh ...
W... Was redest du denn da ...?
Yamato ...
... teilt mir stets seine ehrlichen Gefühle mit.
Da fällt mir ein ...
... du konntest doch auch nicht schlafen. Fühlst du dich nicht müde?
Na ja ...
Es ist mir peinlich, aber mir ist gestern Nacht vieles durch den Kopf gegangen.

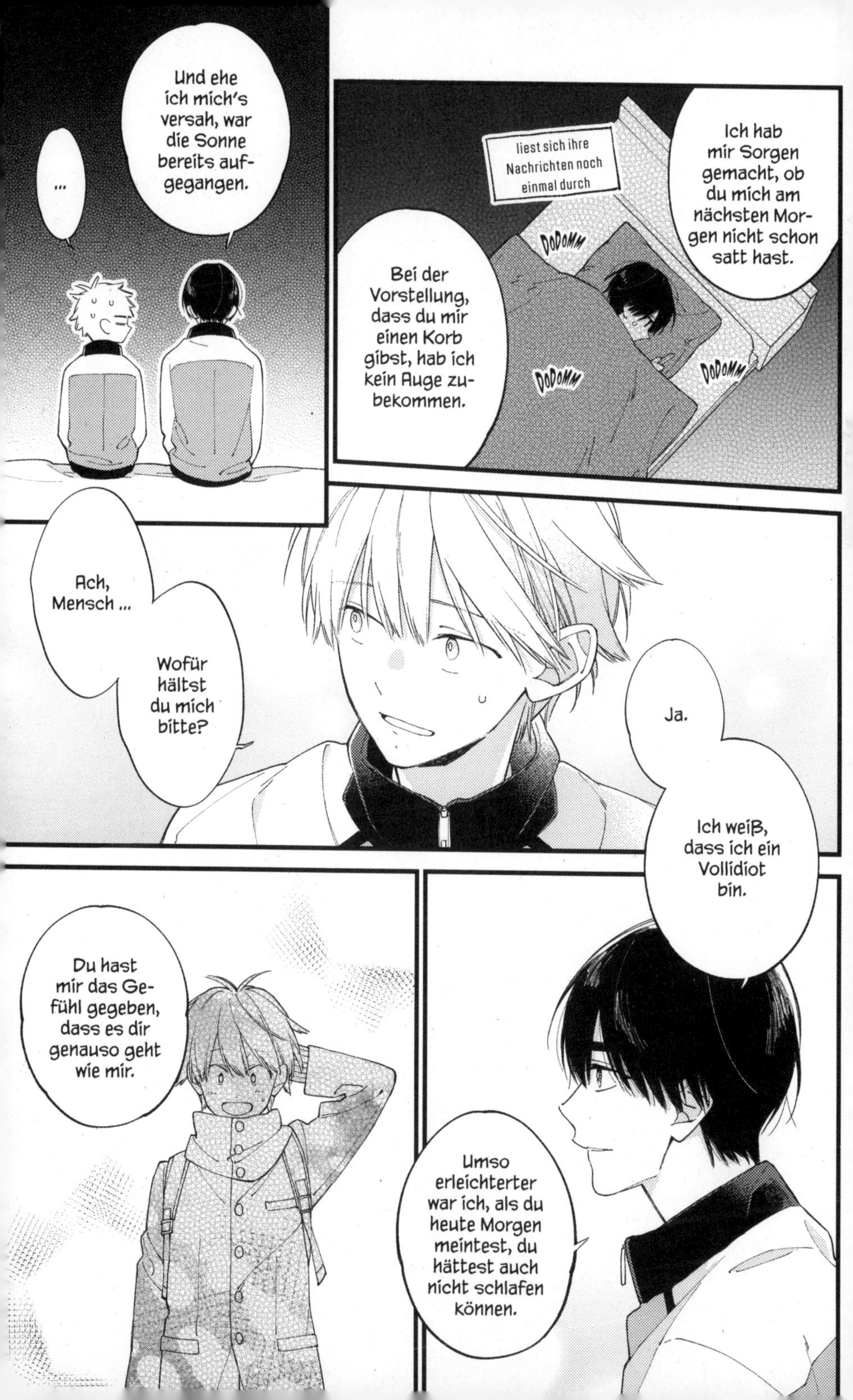
liest sich ihre Nachrichten noch einmal durch
Ich hab mir Sorgen gemacht, ob du mich am nächsten Morgen nicht schon satt hast.
Bei der Vorstellung, dass du mir einen Korb gibst, hab ich kein Auge zubekommen.
DODOMM
DODOMM
DODOMM
Und ehe ich mich's versah, war die Sonne bereits aufgegangen.
...
Ja.
Ich weiß, dass ich ein Vollidiot bin.
Ach, Mensch ...
Wofür hältst du mich bitte?
Umso erleichterter war ich, als du heute Morgen meintest, du hättest auch nicht schlafen können.
Du hast mir das Gefühl gegeben, dass es dir genauso geht wie mir.

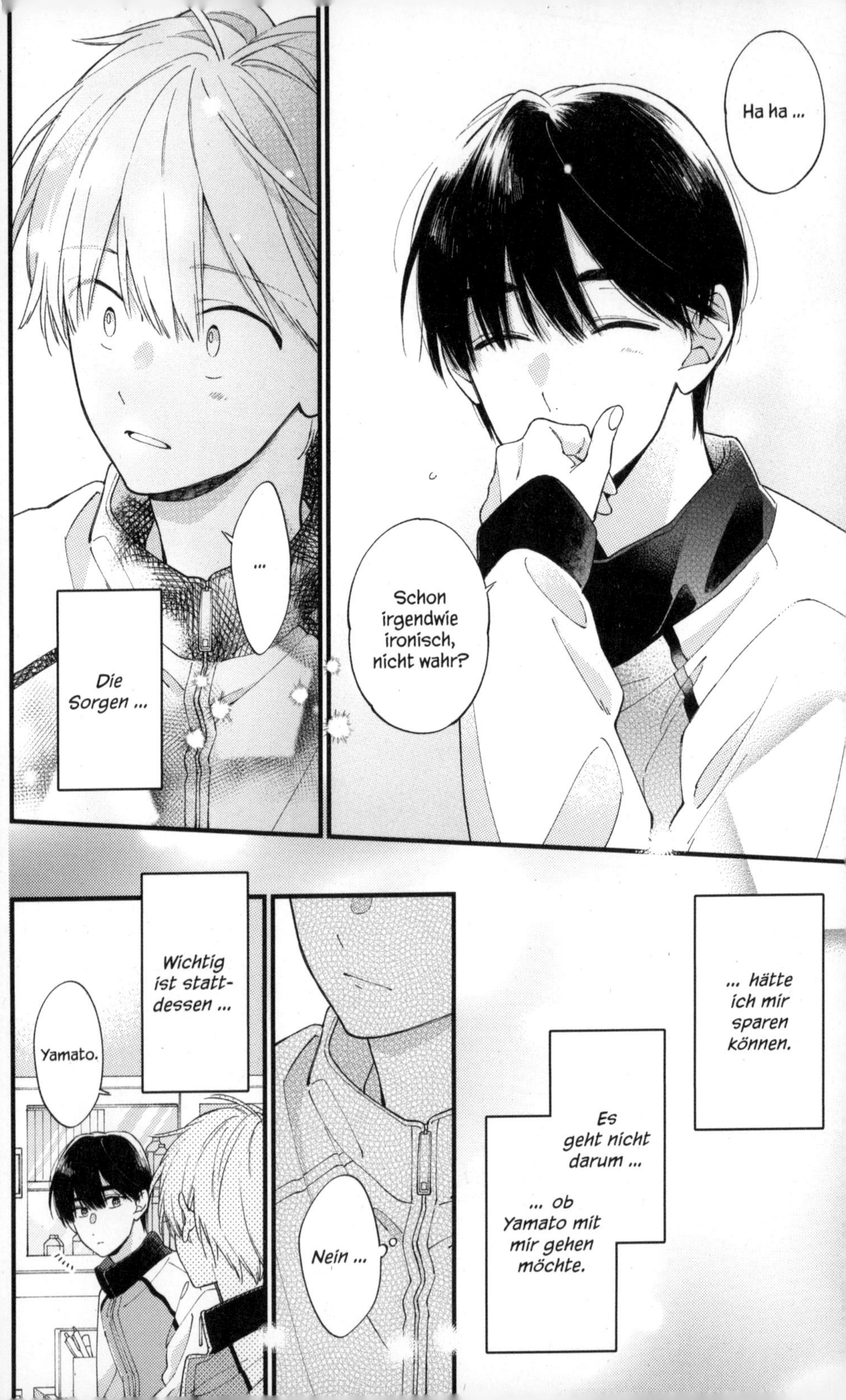

Ha ha ...
Schon irgendwie ironisch, nicht wahr?
...
Die Sorgen ...
... hätte ich mir sparen können.
Es geht nicht darum ...
... ob Yamato mit mir gehen möchte.
Nein ...
Wichtig ist statt-dessen ...
Yamato.

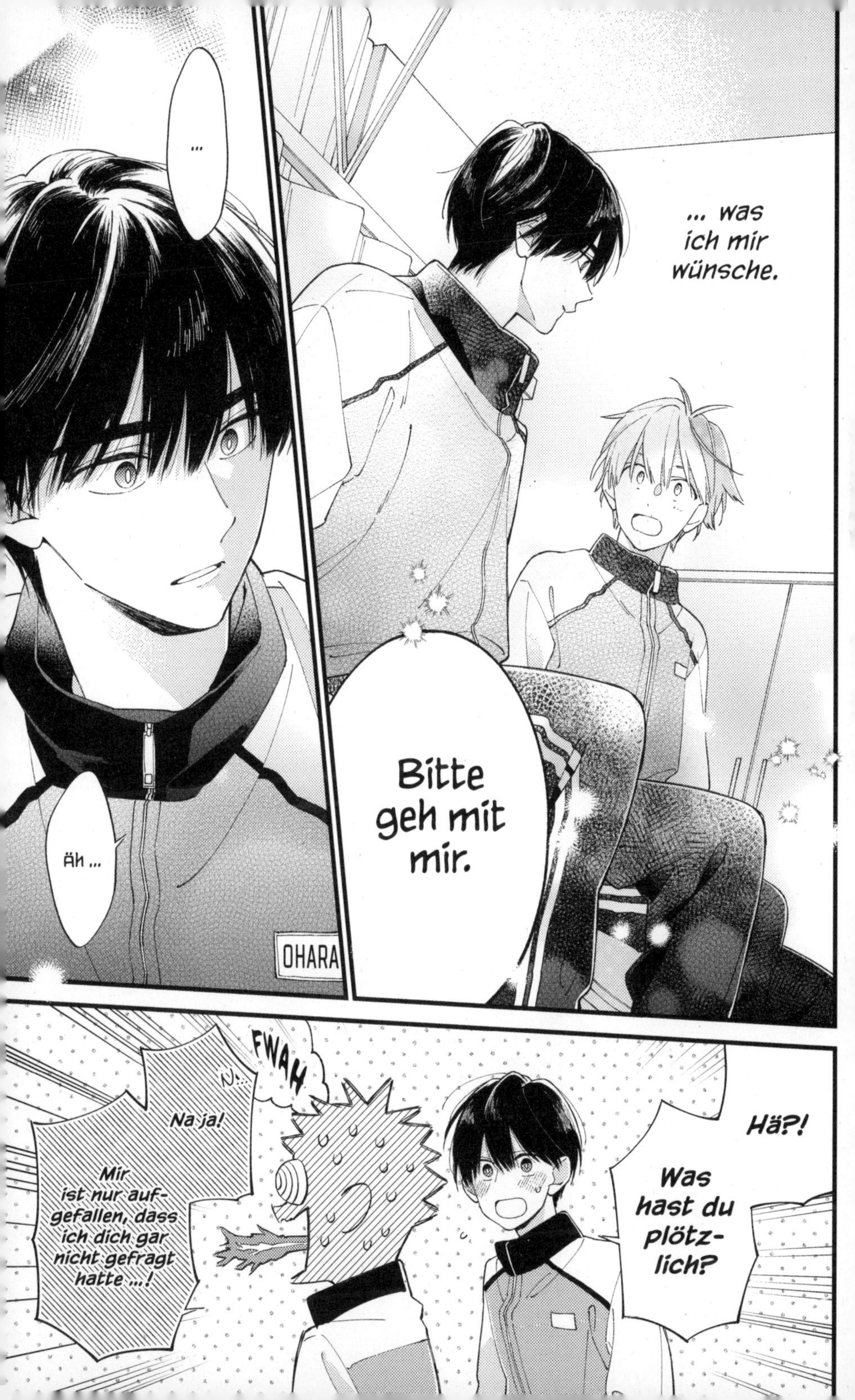
... was
ich mir
wünsche.
Bitte
geh mit
mir.
...
Äh ...
OHARA
Hä?!
Was
hast du
plötz-
lich?
FWAH
N...
Na ja!
Mir
ist nur auf-
gefallen, dass
ich dich gar
nicht gefragt
hatte ...!

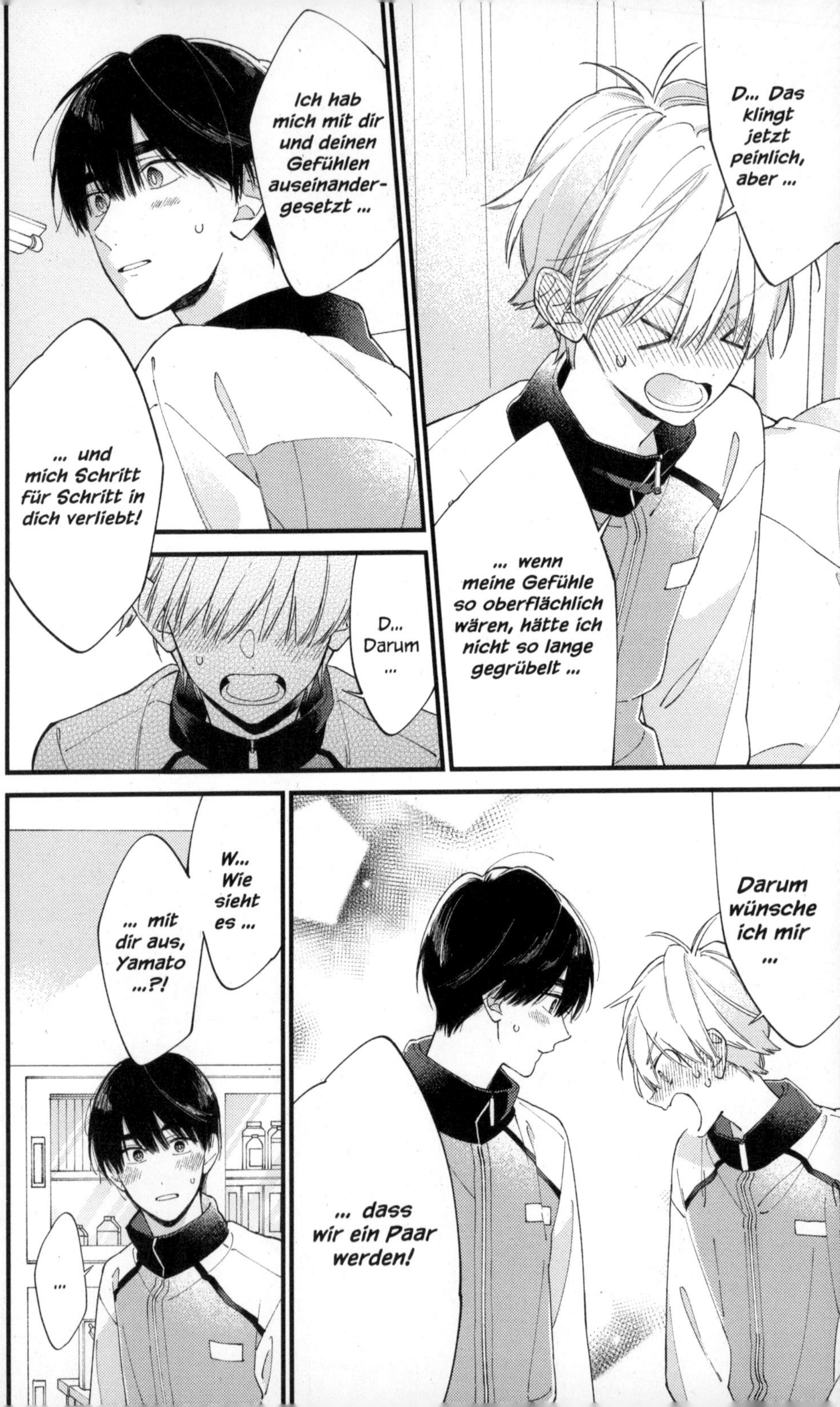
D... Das klingt jetzt peinlich, aber ...
... wenn meine Gefühle so oberflächlich wären, hätte ich nicht so lange gegrübelt ...
Ich hab mich mit dir und deinen Gefühlen auseinandergesetzt ...
... und mich Schritt für Schritt in dich verliebt!
D... Darum ...
Darum wünsche ich mir ...
... dass wir ein Paar werden!
W... Wie sieht es ...
... mit dir aus, Yamato ...?!
...

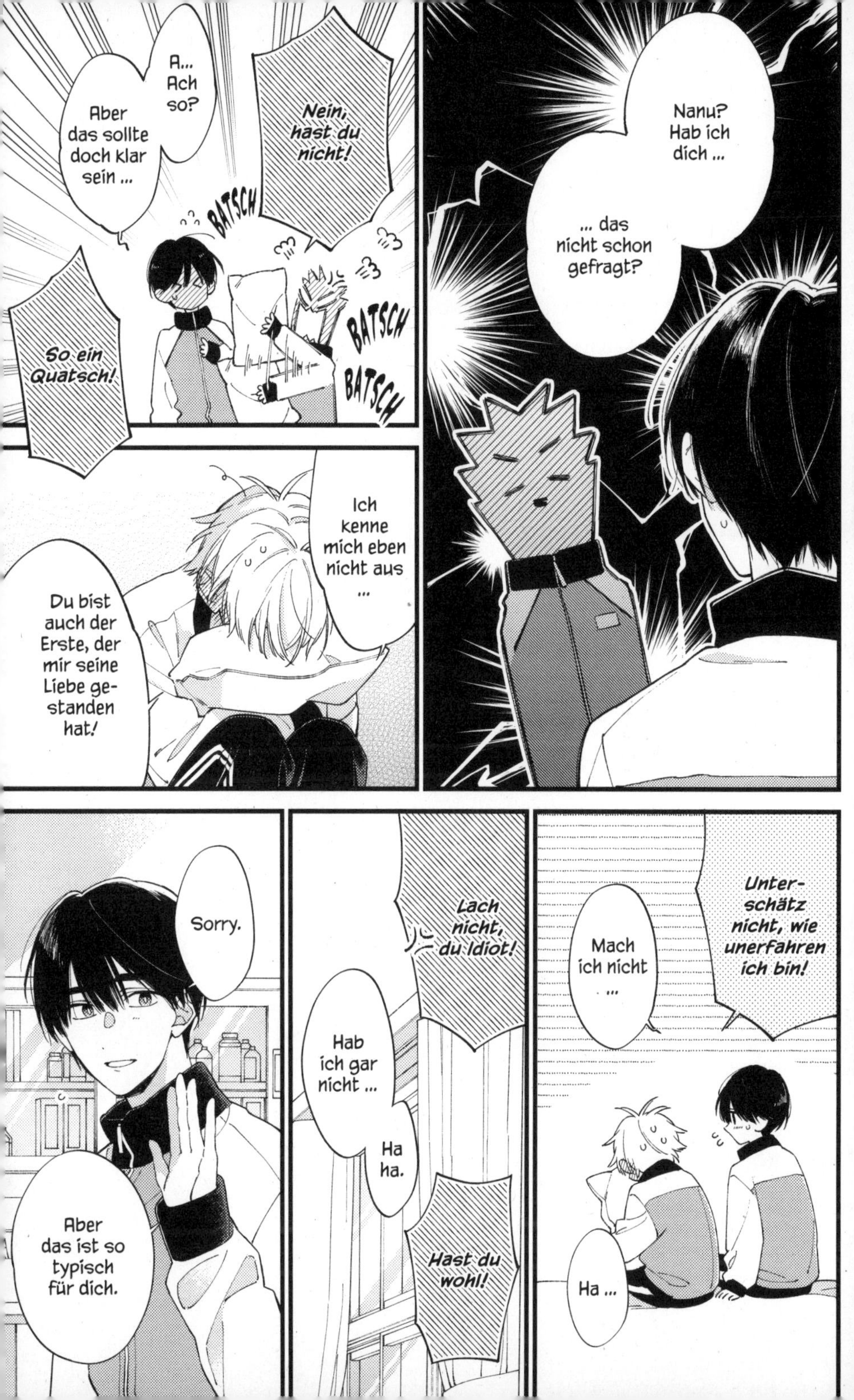
Nanu? Hab ich dich …
… das nicht schon gefragt?
Nein, hast du nicht!
A… Ach so?
Aber das sollte doch klar sein …
BATSCH
BATSCH
BATSCH
So ein Quatsch!
Ich kenne mich eben nicht aus …
Du bist auch der Erste, der mir seine Liebe gestanden hat!
Unter-schätz nicht, wie unerfahren ich bin!
Mach ich nicht …
Ha …
Lach nicht, du Idiot!
Hab ich gar nicht …
Ha ha.
Hast du wohl!
Sorry.
Aber das ist so typisch für dich.

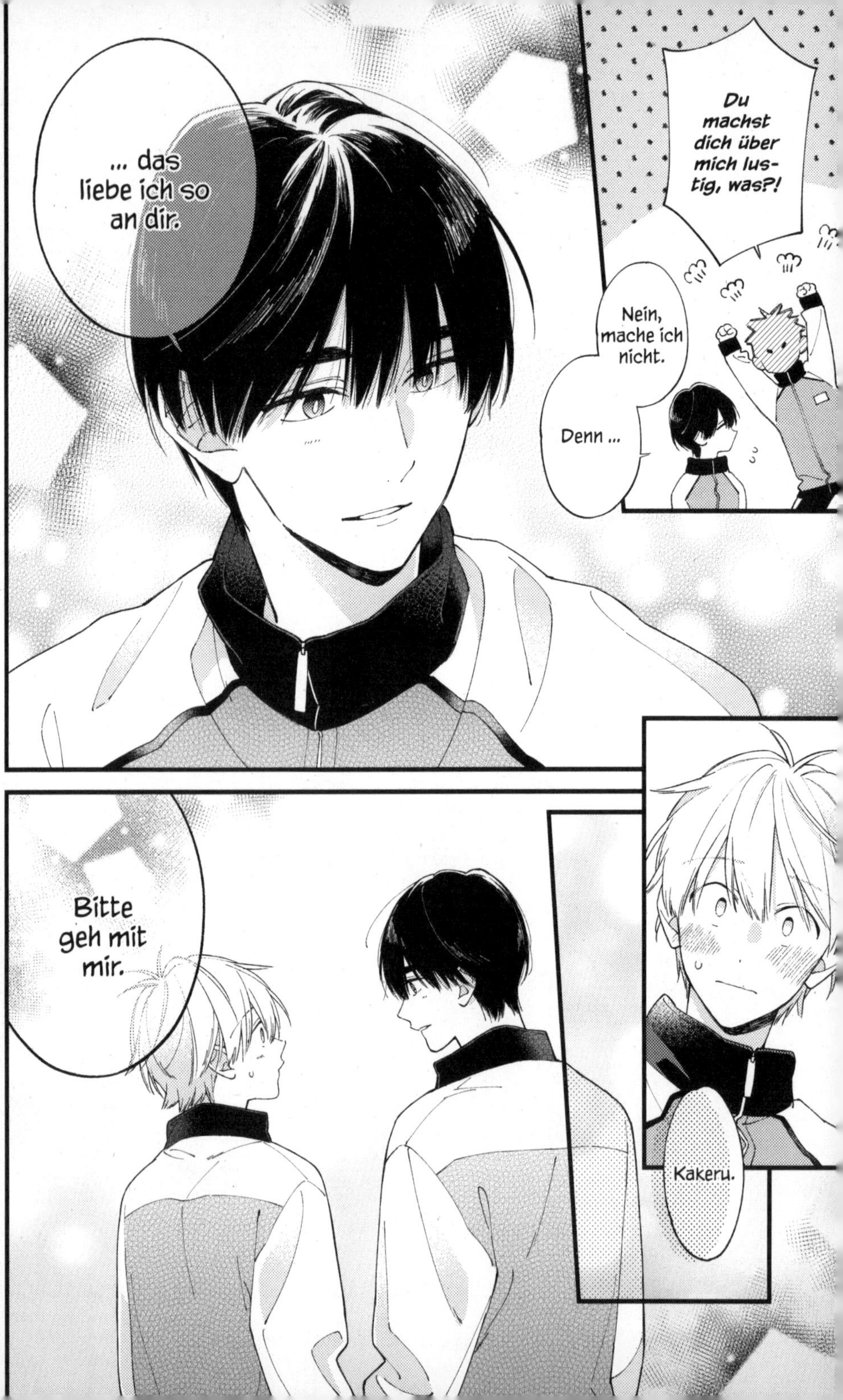
Du machst dich über mich lus-tig, was?!
Nein, mache ich nicht.
Denn ...
... das liebe ich so an dir.
Kakeru.
Bitte geh mit mir.

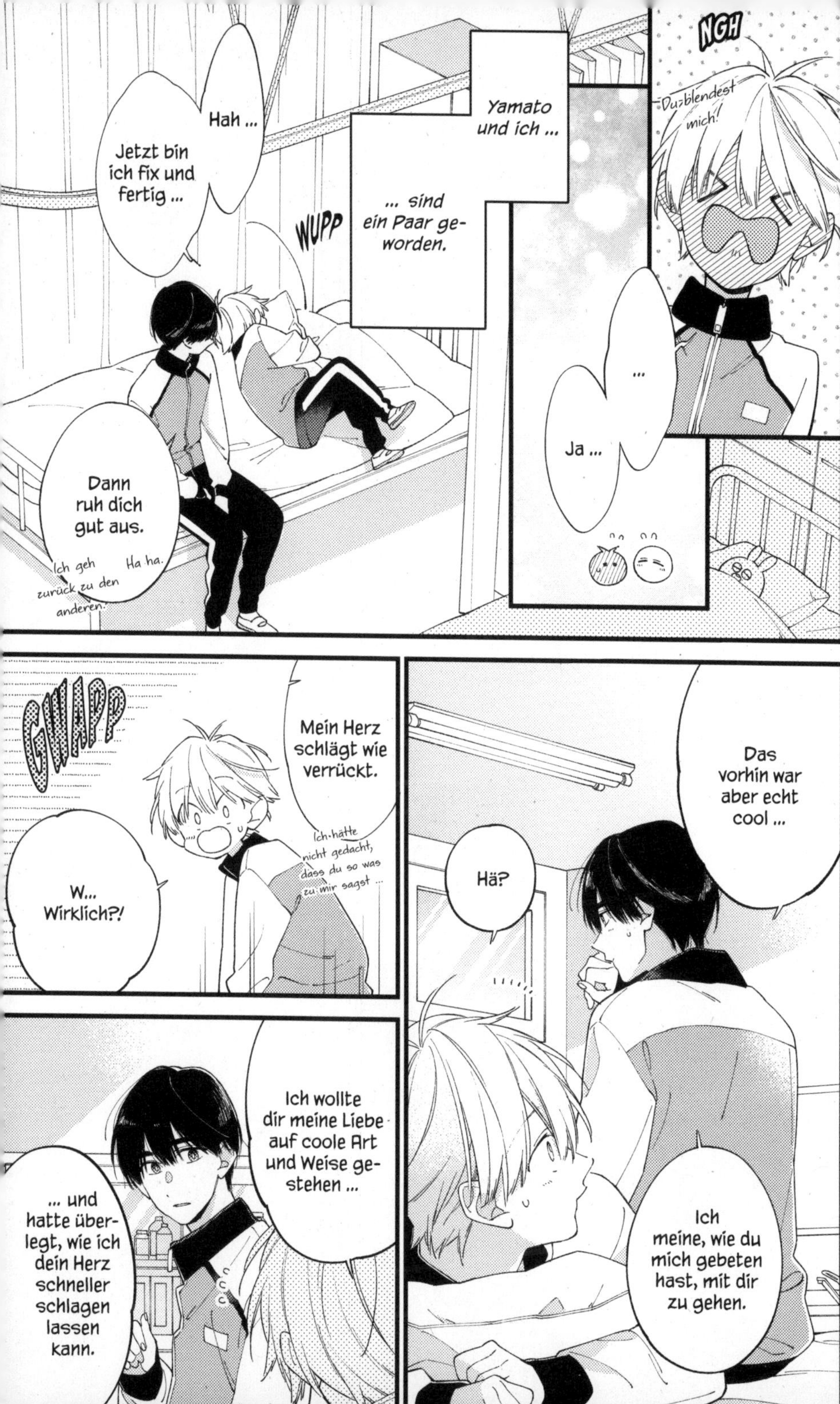
Hah ...
Jetzt bin ich fix und fertig ...
WUPP
Dann ruh dich gut aus.
Ich geh zurück zu den anderen. Ha ha.
Yamato und ich ...
... sind ein Paar geworden.
NGH
Du blendest mich!
...
Ja ...
Das vorhin war aber echt cool ...
Hä?
Ich meine, wie du mich gebeten hast, mit dir zu gehen.
Mein Herz schlägt wie verrückt.
GWAPP
W... Wirklich?!
Ich hätte nicht gedacht, dass du so was zu mir sagst ...
Ich wollte dir meine Liebe auf coole Art und Weise gestehen ...
... und hatte überlegt, wie ich dein Herz schneller schlagen lassen kann.

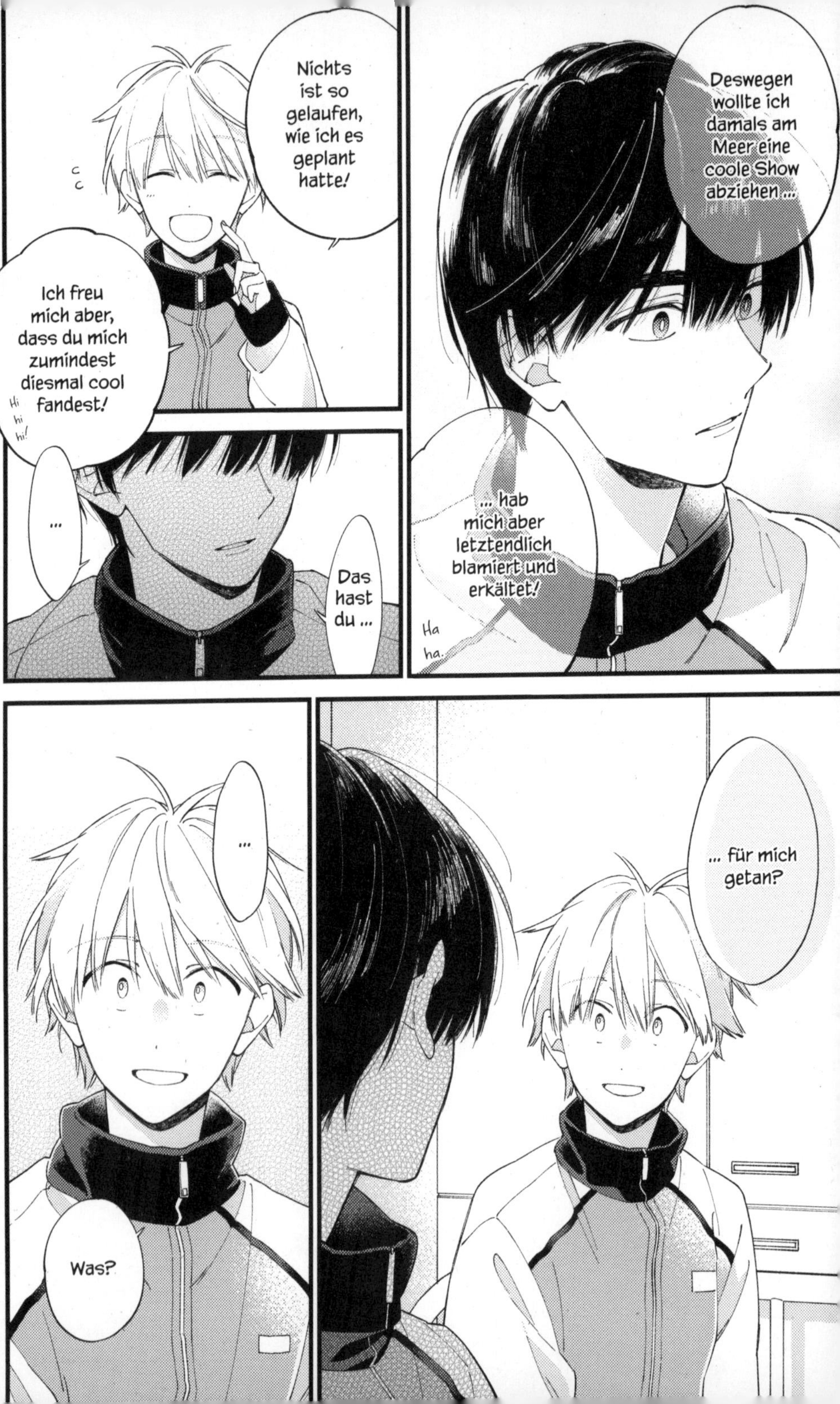
Deswegen wollte ich damals am Meer eine coole Show abziehen ...
... hab mich aber letztendlich blamiert und erkältet!
Ha ha.
Nichts ist so gelaufen, wie ich es geplant hatte!
Ich freu mich aber, dass du mich zumindest diesmal cool fandest!
Hi hi hi!
...
Das hast du ...
... für mich getan?
...
Was?

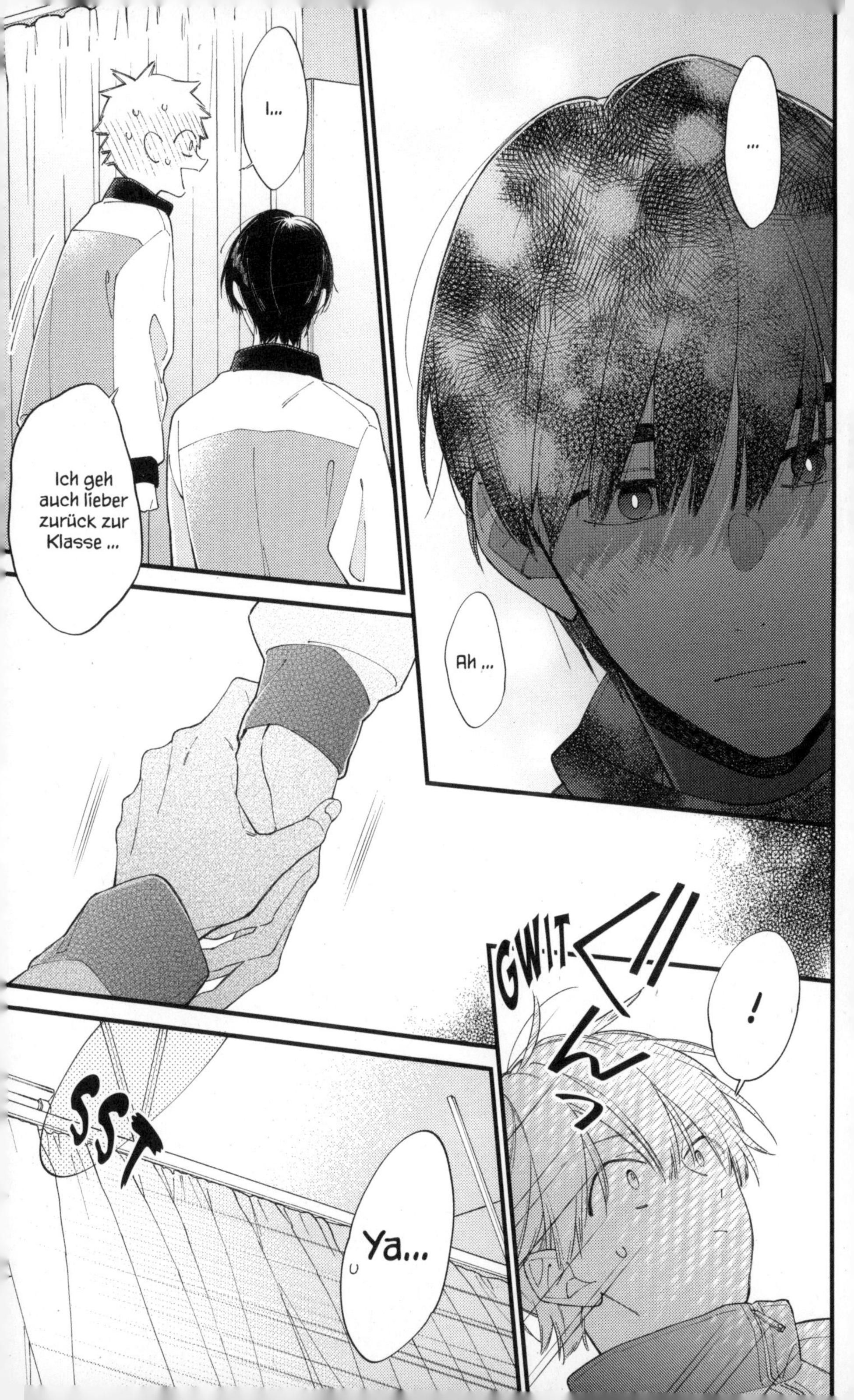
…
I…
Ich geh auch lieber zurück zur Klasse …
Ah …
GWIT
!
SST
Ya…

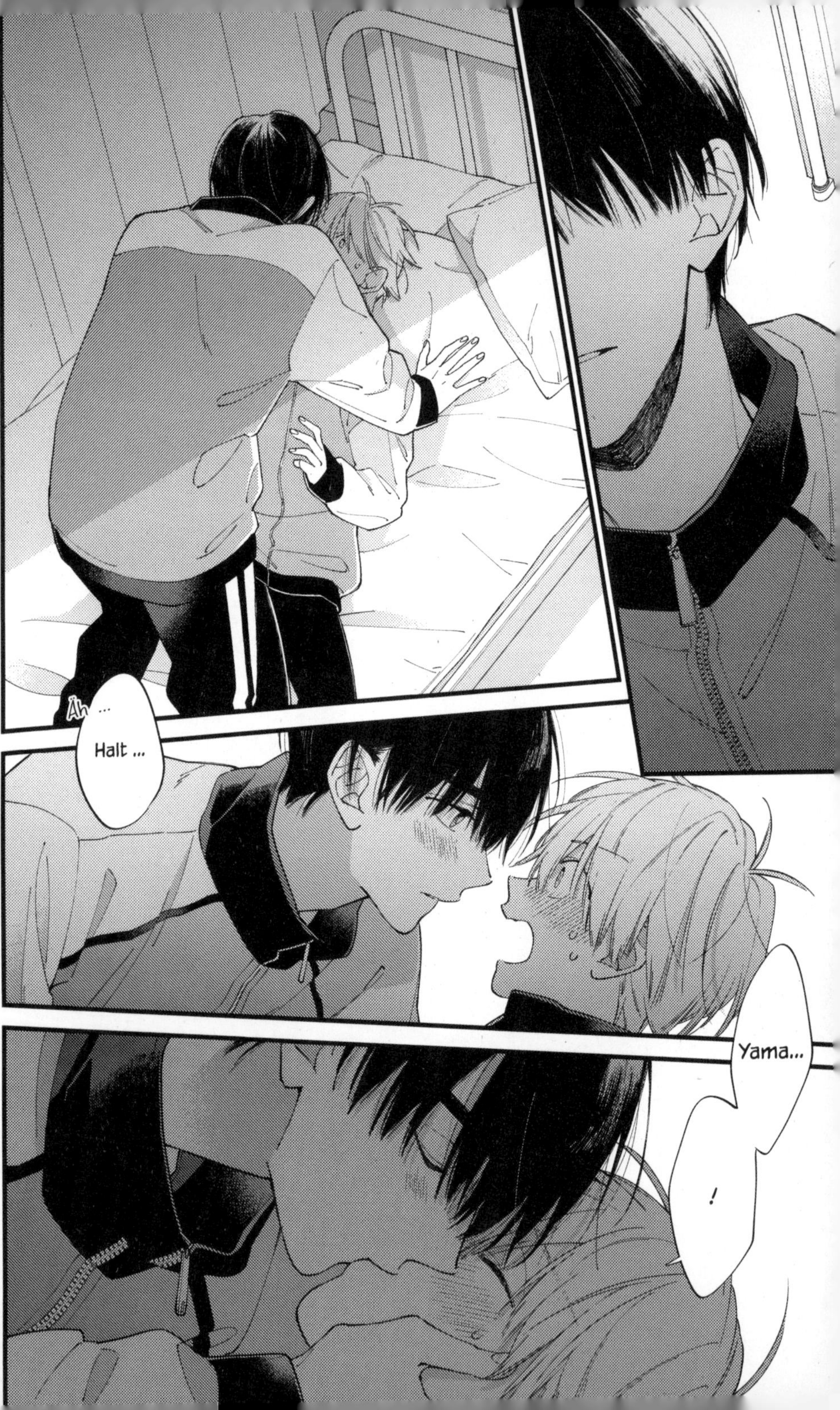
Äh ...
Halt ...
Yama...
!

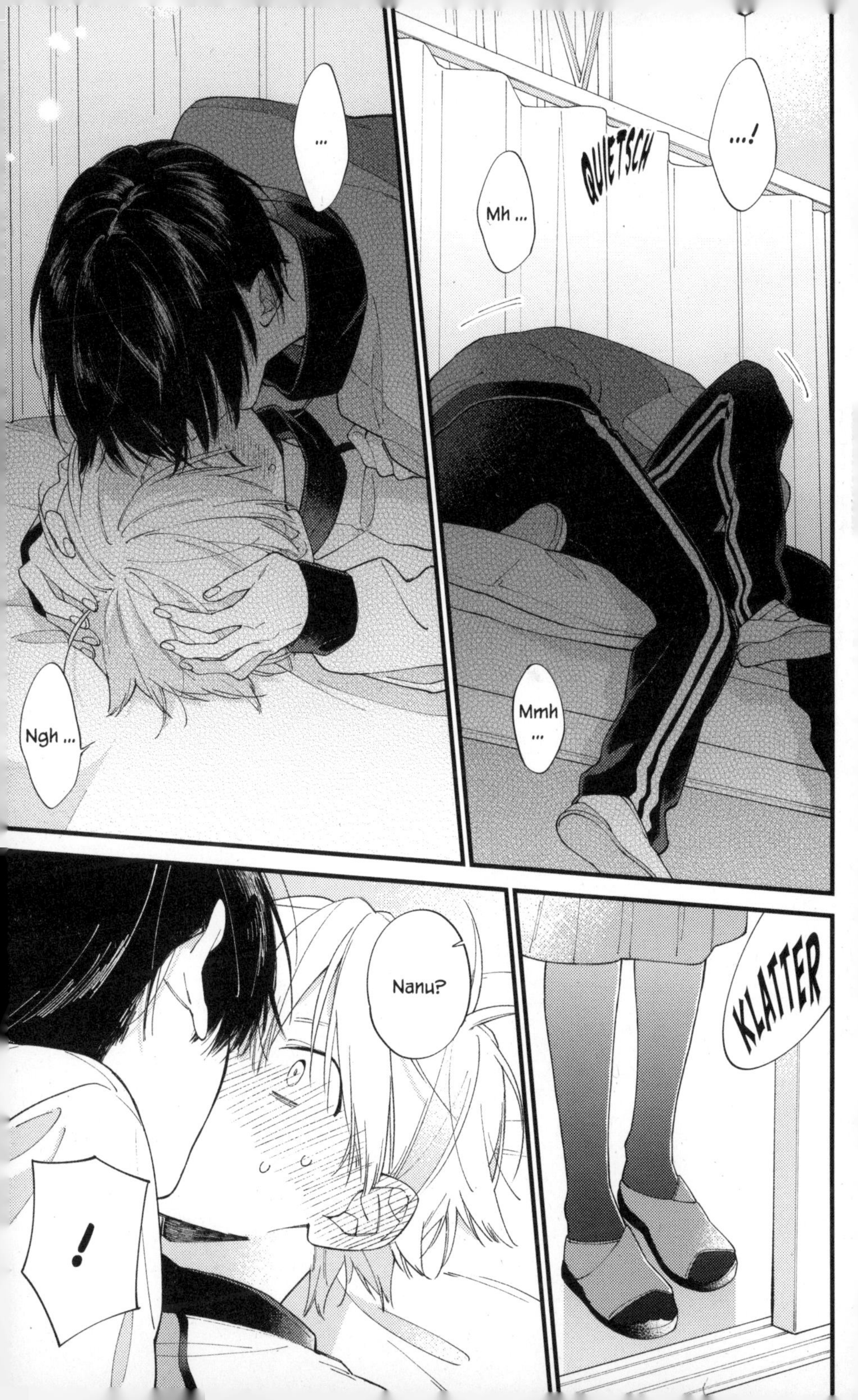
...!
QUIETSCH
Mh ...
Mmh ...
...
Ngh ...
KLATTER
Nanu?
!

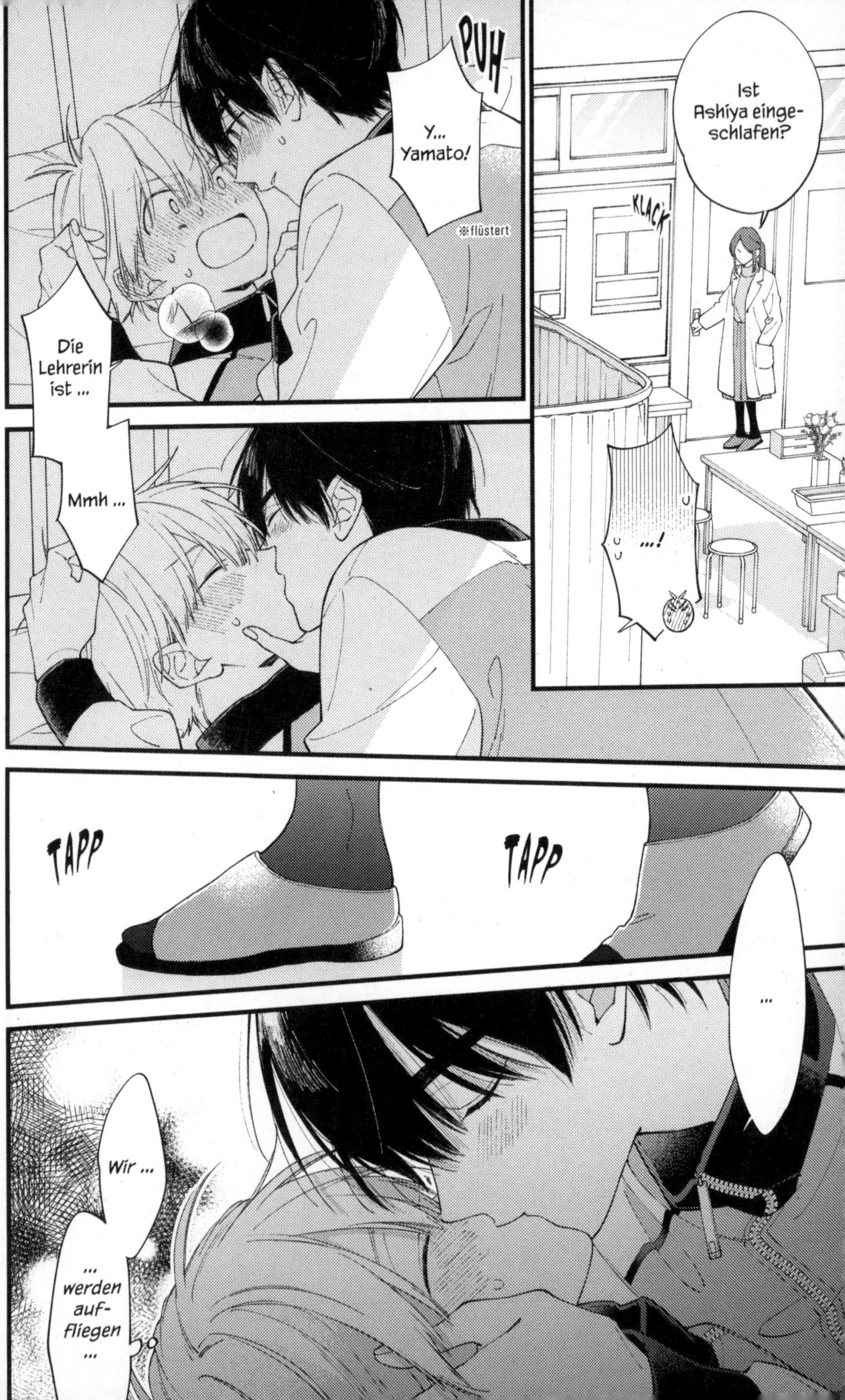
KLACK
Ist Ashiya einge-schlafen?
...!
PUH
Y... Yamato!
※flüstert
Die Lehrerin ist ...
Mmh ...
TAPP
TAPP
...
Wir ...
... werden auf-fliegen ...

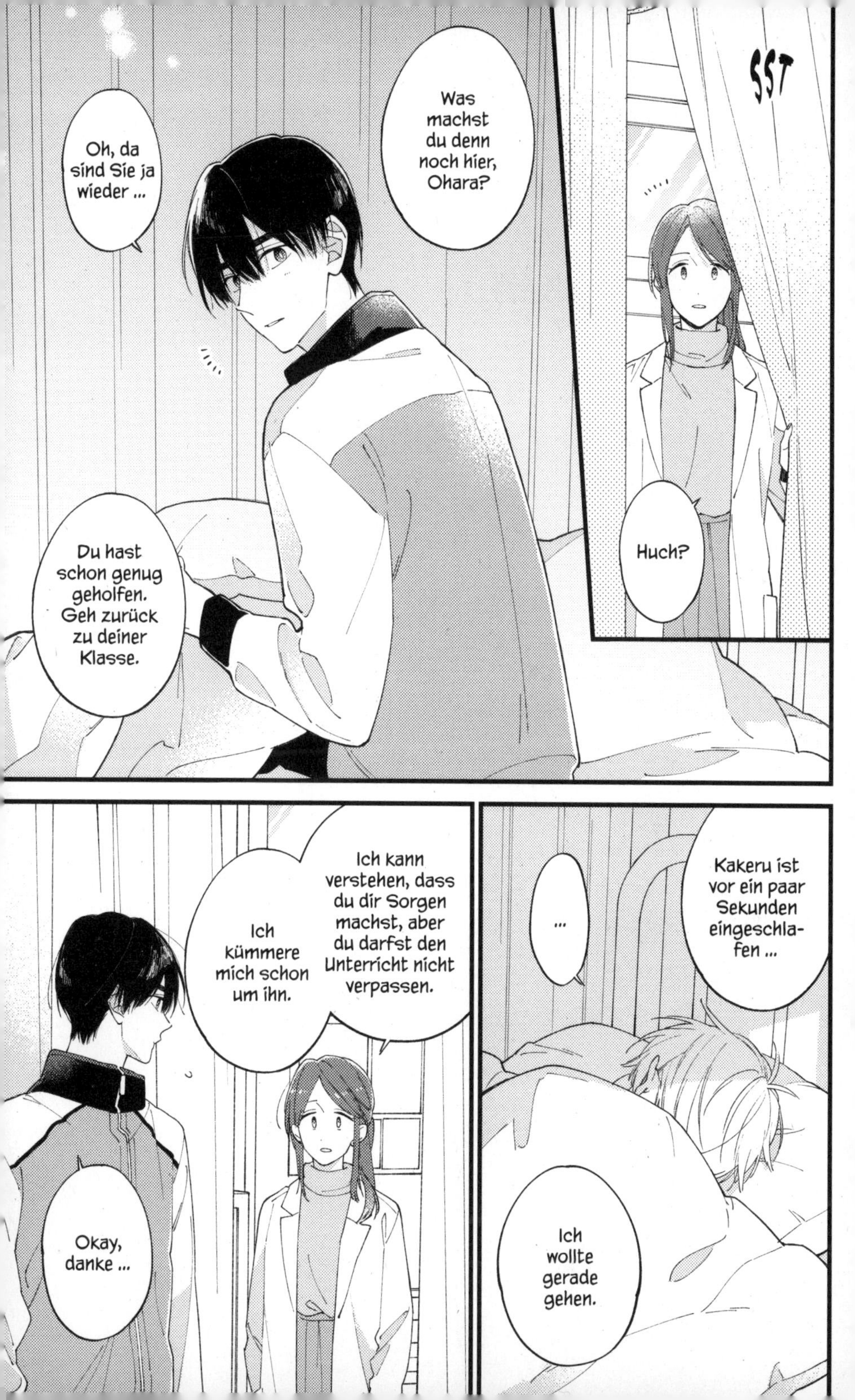
SST
Huch?
Was machst du denn noch hier, Ohara?
Oh, da sind Sie ja wieder ...
Du hast schon genug geholfen. Geh zurück zu deiner Klasse.
Kakeru ist vor ein paar Sekunden eingeschlafen ...
...
Ich wollte gerade gehen.
Ich kann verstehen, dass du dir Sorgen machst, aber du darfst den Unterricht nicht verpassen.
Ich kümmere mich schon um ihn.
Okay, danke ...

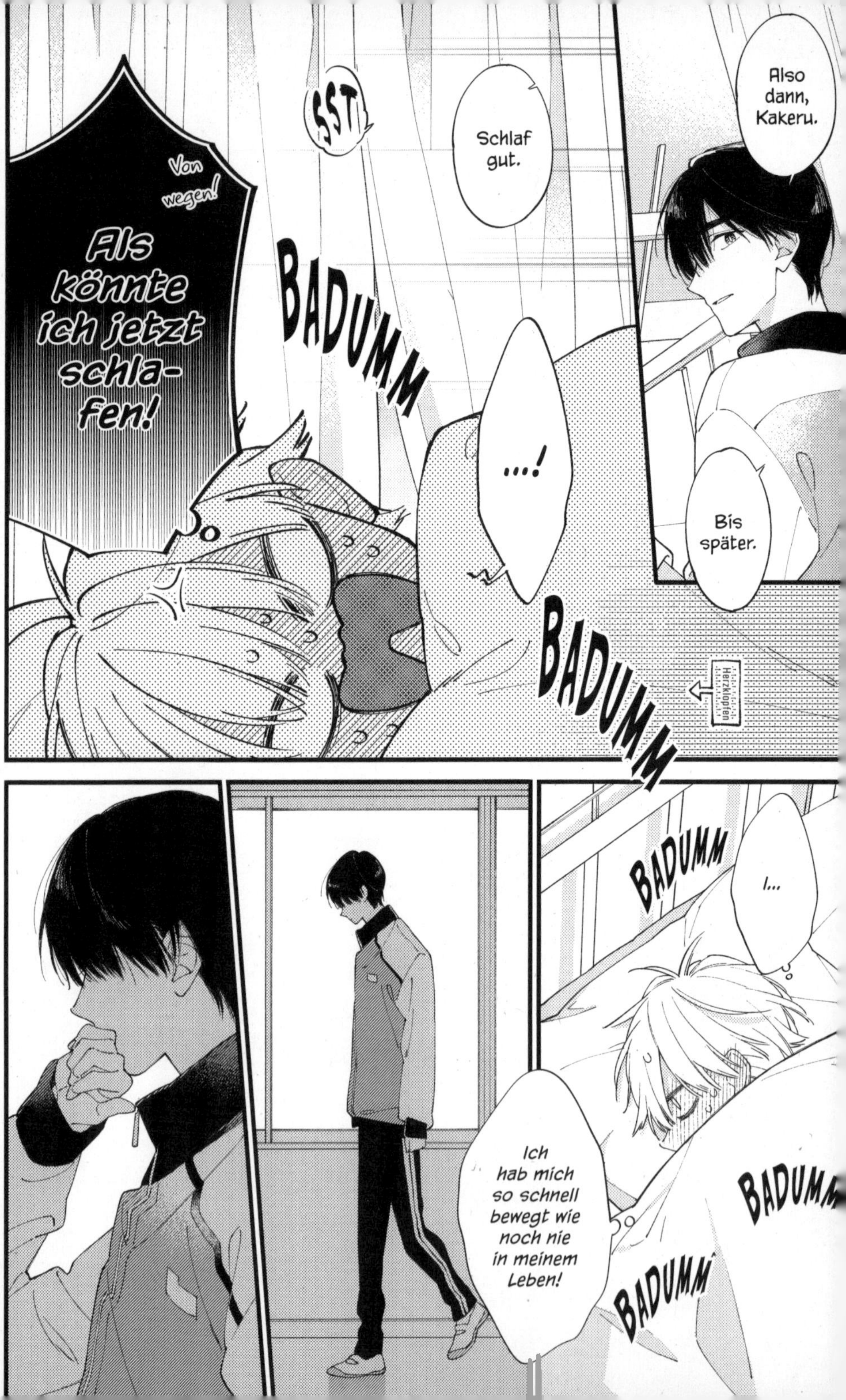

Also dann, Kakeru.
Schlaf gut.
SST
Bis später.
...!
BADUMM
BADUMM
Herzklopfen
Von wegen!
Als könnte ich jetzt schla-fen!
I...
BADUMM
BADUMM
BADUMM
Ich hab mich so schnell bewegt wie noch nie in meinem Leben!

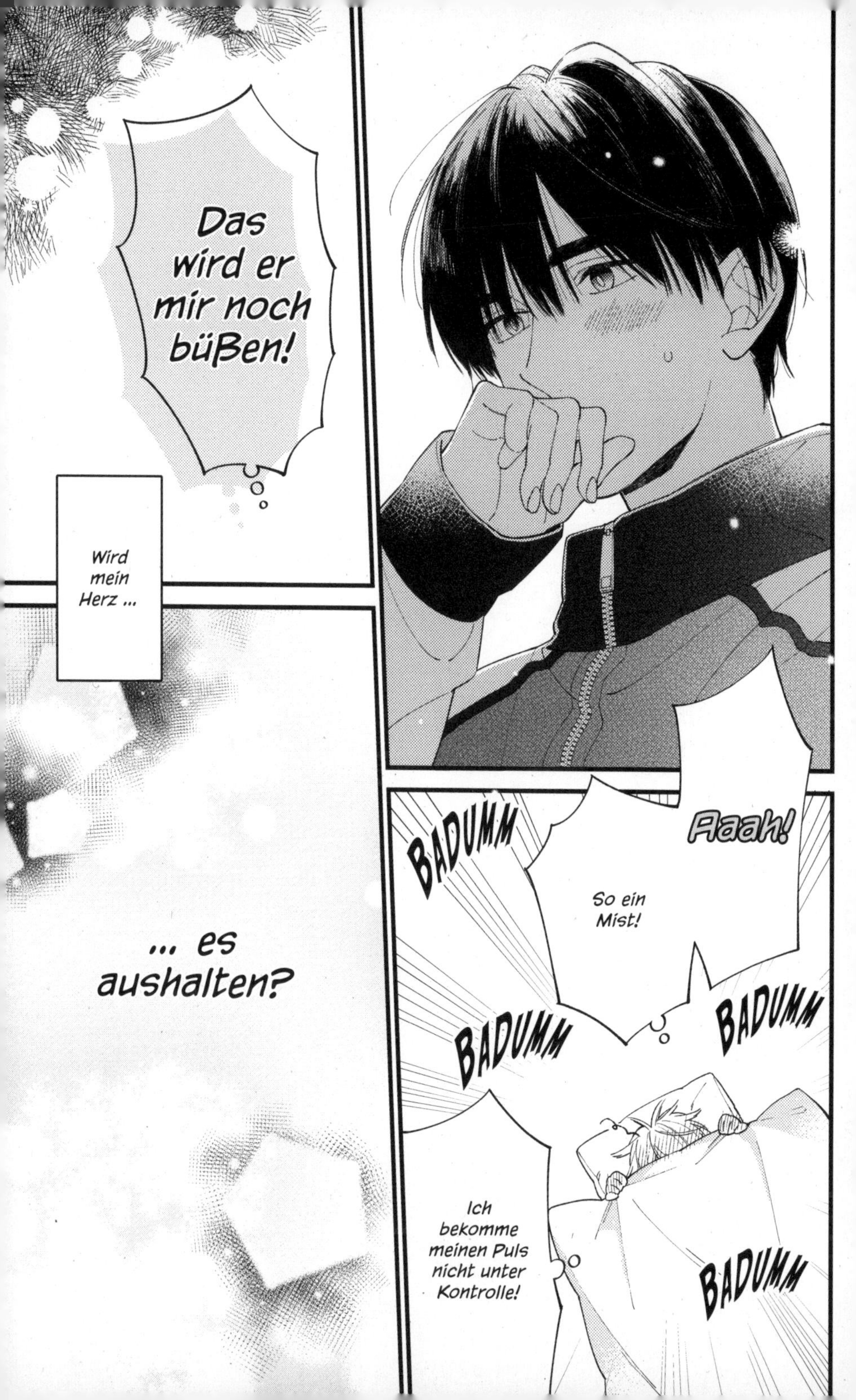
Das wird er mir noch büßen!
Wird mein Herz ...
... es aushalten?
Aaah!
So ein Mist!
BADUMM
BADUMM
BADUMM
Ich bekomme meinen Puls nicht unter Kontrolle!
BADUMM

Ich kann dich
nicht erreichen

Nachwort

Kakeru und Yamato sind ein Paar geworden!

Ehe ich mich's versehen konnte, sind vier Jahre seit Beginn der Reihe vergangen. Vier Jahre hat es gedauert ... Tut mir leid ... Ich habe es aber den treuen Leserinnen und Lesern zu verdanken, dass ich so weit gekommen bin! Vielen herzlichen Dank!
Im nächsten Band werde ich Kakerus und Yamatos Alltag als Paar zu Papier bringen! Auch wenn wegen des Titels des Manga gemunkelt wird, die Geschichte würde jetzt, wo sie einander erreicht haben, bald enden. Nein, sie geht noch weiter!
Ich würde mich freuen, wenn ihr sie auch in Zukunft verfolgt!
Diesmal liegt der April-Ausgabe des „Comic Gene" übrigens wieder eine Hörspiel-CD* bei! Die fünfte! Meiner Meinung nach toppt sie all ihre Vorgänger. Viel Spaß damit! Also dann, bis zum nächsten Mal!

*Nur in Japan erhältlich.

Mika

STOPP! DIES IST DIE LETZTE SEITE!

ICH KANN DICH NICHT ERREICHEN ist ein Manga, und einen japanischen Comic liest man von hinten nach vorne. Auch die Lesereihenfolge der Bilder und Sprechblasen auf den Seiten ist anders als gewohnt: von rechts oben nach links unten.

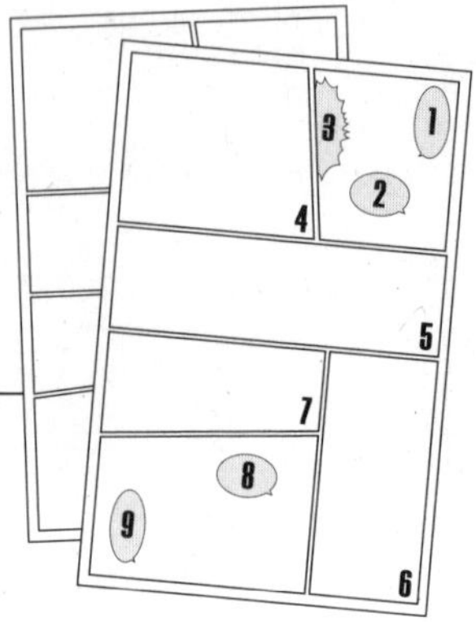

ICH KANN DICH NICHT ERREICHEN 07

von
Mika

1. Auflage, 2024
Deutsche Ausgabe/German Edition
© Cross Cult Entertainment GmbH & Co. Publishing KG | Manga Cult, Ludwigsburg 2024
Verlagsleitung: Andreas Mergenthaler & Luciana Bawidamann

Aus dem Japanischen von Nana Umino

KIMI NI WA TODOKANAI. Vol. 7 © Mika 2023
First published in Japan in 2023 by KADOKAWA CORPORATION, Tokyo.
German translation rights arranged with KADOKAWA CORPORATION, Tokyo through TUTTLE-MORI AGENCY, INC., Tokyo.

Programmleitung: Alexandra Grimsehl
Redaktion & Lektorat: Domenic Wassiljew
Korrektorat: Denise Hedrich
Grafik/Produktionsleitung: Elke Epple
Layout und Lettering: Manga Cult, Datagrafix GSP GmbH, Berlin
Druck: GGP Media GmbH, Pößneck

Alle deutschen Rechte vorbehalten. Nachdruck, auch auszugsweise, verboten. Kein Teil dieses Werkes darf ohne schriftliche Genehmigung des Verlages in irgendeiner Form reproduziert oder unter Verwendung elektronischer Systeme verarbeitet, vervielfältigt oder verbreitet werden.

Print-ISBN: 978-3-7573-0290-0

www.manga-cult.de | Juni 2024